KB038666

교육이 희망이다
: 우간다 교사 성장 프로젝트

유성상·조현아 편저

박영story

시작하는 글

"아프리카 교육의 희망, 교사 성장에서 찾다"

너무 먼 아프리카

우리에게 아프리카는 어떤 이미지로 그려지고 있을까? 자원의 보고? 검은 땅? 말라리아와 에볼라 바이러스? 밀림의 땅? 빈곤의 악순환? 독재와 정치적 부패? 전쟁과 테러? 식민지와 인종차별? 머릿속에 떠오르는 이미지로만 상상해 보면, 아프리카는 단순하고 또 복잡하다. 그래서 아름다운 나미비아 사막과 야생의 부시맨, 찌는듯한 더위와 밀림 속 동물들, 빛나는 해변의 휴양지, 거대한 빅토리아 폭포와 함께 수단의 내전과 남수단의 독립, 반군부시위, 질병에 걸려 앙상한 뼈만 남은 사람들, 창궐하는 에이즈, 전쟁과 민주화 투쟁, 독립투사로 37년 독재자라는 폭정의 상징이었던 무가베 짐바브웨 전 대통령의 사망 소식 등이 동시에 떠오른다. 어쩌면 우리 마음속 아프리카는 이 모든 것들이 어떤 일관성 없이 죽 펼쳐져 있는 것이 아닐까 싶다.

내가 아프리카를 하나의 대륙으로 목격하게 된 것은 2012년 2월 사하라 사막과 조우한 때였다. 당시 유럽에서 비행기를 타고 지중해를 건너 북아프리카, 사하라 사막을 건너고 있었다. 익숙하지 않은 도시 와가두구(부르키나파소의 수도)로 향하는 길이었다. 목적지는 지도상에서 사하라 사막의 남쪽 끝에 위치해 있었다. 창밖으로 푸른 바다의 모습이 사라지자마자 정말 오랫동안 이어져 있는 광활한 '빠알간' 죽은 땅의 모습에 한동안 넋을 잃었었다. 사막 하면 모래벌판의 누런 회색빛을 연상하고 있던 내게 신비로운 사구가 아닌 빨간색 자갈밭 광야는 사하라 사막에 대한 두려움과 함께 아프리카에 대한 이미지를 바꾸는 계기가 되었다. 그렇게 오랜 시간 먼 하늘에서 사하라 사막을 내려다보면서 비로소 그 속에서 힘겹게 살아가는 사람들의 붉은 흙빛의 땅, 검은 세계, 아프리카를 만났었다.

인류의 조상이 아프리카에서 700만 년 전에 시작되었다고 하지만, 우리와 닮은 호모 사피엔스의 그 역사적 이동은 20만 년 전쯤 한 번, 그리고 7-8만 년 전쯤 다시 한 번 이루어졌다. 쉽게 아프리카를 벗어나지 못하고 꽤 오랜 시간을 아프리카 땅에 묶여 있었던 이유는 다름 아닌 사하라 사막 때문이다. 물론 대륙을 감싸고 있는 바다가 있었던 것을 제외하면 말이다. 그만큼 사하라 사막은 인류의 진화와 다른 세계로의 진전을 가로막았던 '무서운' 존재였다. 지금이야 땅에서 10킬로미터 상공을 나는 비행기로 수 시간만에 넘나들 수 있게 되었지만, 여전히 이 땅을 밟고 살아가는 사람들에게 사하라 사막의 광활함과 척박함은 늘 두려움을 던져주고 있다. 그런 점에서, 현재를 살아가는 지구촌 사람들의 삶과 생활양식을 돌아보면 이토록 다양하지만, 지구 생태계의 나이를 생각해보면 지금의 우리는 기껏 수만 년 전 한 무리의 대담한 모험으로 인해 빚어진 이동의 결과였다. 아프리카는 우리 모두의 고향이었지만 우리는 아프리카를 떠나서야 비로소 다양한 모습으로 변할 수 있었다.

동아프리카 진주 속 시골 읍내, 굴루

우간다는 아프리카의 진주로 불린다. 아프리카의 진주! 우간다의 수도 캄팔라(Kampala)에서 북쪽으로 한참을 올라가면, 작은 도시 굴루(Gulu)를 만날 수 있다. 굴루로 향하는 수백 킬로미터의 직선도로 양 옆으로 푸른 초원이 내내 이어지고, 드물게 마을과 교차로가 나타난다. 굴루는 그런 마을들에 비하면 번화한 편이다. 중심지인 타운으로 들어서면 제법 차와 건물이 많아지고 커다란 광고와 간판이 눈에 띈다. 오토바이 택시 '보다보다(Boda-Boda)'는 도로와 차들 사이에 흙먼지를 일으키며, 신호등 없는 교차로에 교통의 흐름을 만들어 낸다.

타운에서 한 블록만 멀어지면 마을과 인가로 향하는 비포장의 구불구불한 주황빛 황톳길이 연결된다. 적도를 지나는 우간다답게 한낮이 지나도록 태양은 그림자를 거의 만들지 않는다. 그 아래를 무심히 걸어가는 키 큰 아촐리(Acholi) 부족. 그들은 오랫동안 이 지역에 머물렀고, 스스로를 전사 부족이라고 여기는 한편, 낯선 이들에게 쉽게 마음을 여는 친절함을 지녔다. 붉은 모래 먼지, 높고 쾌청한 푸른 하늘, 초원 사이의 아름드리나무, 높은 고도 탓에 아침저녁으로 선선하고 건조한 날씨, 이곳이 굴루다.

사진 1.1 망고나무와 높고 큰 하늘을 볼 수 있는 굴루의 마을 풍경(사진: 박수연)

2015년 '교사 학습공동체'를 탐색, 실험하다

2014년 호이(Hope is Education, HoE: 이하 호이)는 '양질의 교육'을 위한 국제교육개발협력 프로젝트를 시행하기 위해 이곳에 첫발을 내디뎠다. 그리고 2015년부터 굴루의 공립초등학교 교사들을 지원하는 학습공동체를 만들기 시작했다. 3개 초등학교 선발에 지원서를 제출한 학교는 총 103개. 꽤 높은 경쟁률이었음에도 사실상 지원서를 어떻게 써야 할지 모르거나, 내용을 모르면서 지원한 학교도 많았다. 그저 국제개발단체가 어떤 일을 하나보다 정도였을 것이다.

1 · 2차 서류 심사와 방문 실사를 거쳐 학교를 선정하는 과정에는 현지 교육관계자들도 참여했다. 심사 기준에는 교사들의 변화 의지, 교장의 태도와 리더십, 그리고 다른 NGO의 지원 대상이 아니면서 외부 지원이 정말 필요한 상황인지의 여부가 포함되었다. '교육의 질은 교사의 질을 넘을 수 없다'라는 믿음과는 반대로, 이 지역 교사들은 결근이 매우 잦고 의욕이 낮았다. 많은 공립학교에는 교실 벽에서부터 책걸상, 화장실, 각종 교과서에 이르기까지 다양한 NGO가 거쳐 간 증거가 남아있다. 국가 역할의 부재와 오랜 원조사업의 부작용인 NGO 피로감, 높은 외부 의존도는 지역과 학교 곳곳에 스며들어 있었다. 이런 환경에서 일하는 교사들에게 학습공동체는 어떻게 받아들여질까?

까다로운 심사를 거쳐 최종 선발된 3개 학교에 '**학교기반학습공동체**(School based Learning Community, 이하 SLC)' 만들기를 시작했다. SLC는 **호이 프로젝트**의 핵심 개념으로 학교 내 전체 교사가 참여하는 수업연구모임이다. 그 안에서 교사들은 자체적으로 회장, 회계, 서기 등의 역할을 맡고, 1주일에 한 번씩 정기적인 모임을 가진다. 호이의 과업은 매주 학교를 방문해 그들의 수업을 참관하고, **수업 후 협의회**를 통해 수업 개선을 지원하는 것이다. 물론 기존에도 수업장학은 존재했으나, 교장이나, 지역장학사가 교사를 개별적으로 평가하는 식이었다. 그래서 참가자들은 SLC처럼 전 교사가 참여하는 수업 참관과 협의를 생소하게 여겼다.

데이비드(David, 아와치 초등학교 Awach Primary School 교장)는 "기존에 했던 수업평가는 내(교장)가 종종 교사의 수업을 참관한 후에

교장실로 그 교사를 불러서 잘못된 부분을 수정하는 것이었다. 거기에 비해서 SLC에서는 모든 교사가 수업에 대해서 토의를 하는 점이 가장 큰 차이점"이라고 했다.

모두에게 자신의 수업을 공개하고 토론하는 일은 쉽지 않았다. 게다가 호이라는 NGO는 낯선 이방인이다. 설사 교육청에서 이러한 내용을 제안했더라도 교사들의 심리적인 장벽을 낮추기는 쉽지 않았을 것이다. 그래서 최초의 SLC는 수업을 공개하지 않고, 협의만 진행했다. 한 교사가 자신의 수업 계획을 간략하게 설명하고, 다른 교사들이 그에 대한 의견을 나누는 식이었다. 그러다가 한 학교에서 작은 변화를 만들었다. 수업 계획을 설명하는 대신, 학생 10여 명 정도를 대상으로 약식 수업을 진행하고 이에 대해 협의회를 진행하는 것이다.

작지만 스스로 만든 변화. 이는 곧바로 다른 학교에도 소개가 되었고 좋은 호응을 얻었다. 그 이후, 다양한 변화와 시도들이 조금씩 쌓여갔다. 점차 SLC는 한 차시 수업 전체를 공개하고, 전 교사가 수업을 참관하고, 협의회에 참석하게 되는 일련의 형태를 갖추게 되었다. 한국으로 보면 일반적인 '연구수업'인데, 처음부터 완성된 모습을 제시한 것이 아니라 현지 교사들의 아이디어와 협력이 더해져 형식화된 점이 특징이다. 수업공개를 하는 교사들은 최소한 해당 차시만큼은 열심히 수업을 준비했다. 그러면서 같은 과목 담당교사들이 학습 자료를 함께 만든다거나, 두 명의 교사가 하나의 수업을 함께 진행하는 등, 개별 교사와 교실 단위를 넘어서는 시도들도 나타났다.

*크리스토퍼(Christopher, 오푸코무니 초등학교 Opukomuny Primary School 교사)*는 "우리 학교에는 수학교사들이 여러 명 있다. 수학에서도 각자 약점과 강점이 있기 때문에 수업에서 자신이 잘할 수 있는 부분을 맡아서 나누어 가르치려고 했다"고 말했다.

수업 후 협의회는 해당 교사를 평가하는 게 목표가 아니다. 학생의 배움과정을 살펴보고, 수업의 강점, 약점, 개선할 점을 찾아보고, 개선할 점에 좀 더 집중한다. 참가한 교사들은 각자의 수업에 적용할 수 있는 시사점을 찾아, 변화를 위한 대상과 방법, 달성 기한을 종이에 크게 써서 교사연구실 벽에 붙여 놓고, 다음 회의에서 실천 유무를 확인한다. 수업 반성은 물론이고, 교사들이 수업을 바라보는 관점, 수업에 대한 태도 변화를 유도하는 게 이 활동의 진짜 목표이다.

학교 간 교류, 새로운 자극이 되다

호이 프로젝트에 참가하는 **파트너학교**들은 중심지인 굴루 타운에서 한참 떨어진 지역에 위치하고 있다. 불편한 교통과 물리적 여건으로 인해 다른 학교, 다른 교사와 만나기는 쉽지 않다. 교사들이 서로 만나 배울 수 있도록, 학기 중에는 호이가 각 학교를 찾아가고, 주말이나 방학에는 모든 교사들을 타운으로 초청해 교사연수와 워크숍을 진행했다. SLC가 학교 내 교류와 소통을 촉진시킨다면, 연수와 워크숍은 학교 간의 교류, 비교, 상호 학습이 일어나는 계기를 마련했다. 교사들 간의 동료의식과 소속감을 다지는 계기가 되기도 했다. *보스코*(Bosco, 오라포요 초등학교 Orapoyo Primary school 교사)는, "우리 학교와 다른 학교의 SLC를 비교할 수 있었고, 우리 학교의 장점도 알게 되었다. 또, 좋은 활동을 많이 소개해 주어서 내 수업에 적용할 수 있는 아이디어를 얻게 되었다."고 말한다. *아돌프*(Adolf, 오푸코무니 초등학교 Opukomuny Primary School 교사) 역시, "우리는 SLC 회의가 교사의 역량을 키워줄 수 있다고 생각한다. 이전에는 교육과정 분석, 수업 계획 작성을 어려워 했지만, 지금은 스스로 할 수 있는 교사가 되었다. 우리 학교 근처에 있는 학교들에도 아이디어를 나누어 줘야 한다고 생각했다."라고 긍정적 피드백을 주기도 했다.

2015년, 호이의 탐색은 안정적으로 안착하고 있었다. 우호적인 분위기가 형성되었고, 2번째 학기를 마친 후 3개 파트너 학교를 추가로 선발해, 총 6개 학교가 파트너가 되었다.[1] 2015년이 끝나갈 무렵에는 학교 간 수업연구 공모대회를 열고, 학생용 워크북을 제작해서 배포했다. 공모 대회의 내용은 학교별로 5학년 영어, 수학 교과의 교육과정을 분석하여 수업계획(syllabus), 교수학습계획서(scheme of work), 교수학습지도안(lesson plan)을 작성하고, 이에 따른 교수학습 자료를 제작하는 것이었다. 학생용 워크북의 경우, SLC 교사들이 내용을 구성하고, 호이에서 제작을 담당했다. 완성된 책자는 파트너 학교 외에도 지역 내에서 요청하는 곳(총 13개 학교에 8753부)에 추가로 배포가 되었다. 이런 과정에서 서서히 호이 프로젝트에 대한 인지도가 올라갔고, 2016년 초, 마침내 굴루 지역교육청(District Education Office, DEO)과 굴루 교육대학(Primary Teachers' College, PTC)과 양해각서(MOU)를 체결해 프로젝트에 공신력을 더할 수 있게 되었다. 2019년,

현재도 학교 내의 교사들이 서로 협력해서 수업공개, 수업 후 협의회 등의 SLC회의를 진행하고 있다.

교육의 희망, 교사 성장에서 찾다

교육은 희망일까? 교육이 미래사회를 장밋빛으로 그려줄 수 있는 힘과 기술을 담보할 수 있을까? 모든 사람들이 교육을 받게 되면 배움의 참맛을 알게 될까? 교육은 사회를 변화시킬 수 있는 희망적 메시지를 온전히 전달하는 역할을 담당할까? 누구라도 배움의 과정에 들어서면 배움이 가져다주는 자기 성찰의 모습을 평생 동안 멈춤없이 갖게 되는 것일까? 서로 배려하고, 삶의 다양함을 인정하고 관용하며 특정 그룹과 사회공동체, 국가와 문화적 테두리를 넘어 세계시민으로서의 자질을 갖추어 가게 될까?

그러나 교육이 실현되는 양상은 교육이 누군가에게는 희망이고 미래이지만, 다른 누군가에게는 꼭 그렇지 않다는 점을 누누이 보여주고 있다. 어쩌면 교육의 본질적 속성은 함께 살아가도록 하기 위한 것이라기보다는 나와 '우리'의 지켜야 할 것을 '우리 이외의 것'으로부터 지켜내려는 활동이 아닌가 싶을 정도이다. 잘 수행된 특정 종교의 교육은 다른 종교에 속한 믿음과 그에 속한 사람들을 혐오하게 한다. 학교에서 특정 이념이 잘 교육된다면 다른 국가 혹은 같은 공동체 속의 다른 이념을 지지하는 사람들을 욕하고 배제하도록 한다. 특정 계층의 사람들에게만 접근 가능한 멋진 학교와 안락한 학습환경은 공동체의 분열과 사회구조의 재생산 고리를 강하게 만든다. 교육은 특정 공동체의 전통과 계층구조를 변함없이 유지하도록 하는 이념적 도구이자 효과적인 수단이 아닐 수 없다.

그럼에도 불구하고 우리는 '교육'이 희망을 담은 메신저이자 희망 자체라고 믿는다. 적어도 이 책에서 만나보게 되는 굴루의 시골 학교 교사들과 이들의 성장을 직접 경험했던 우리 교사들은 교육이 곧 삶의 변화를 가능하게 하는 구체적인 힘이라고 믿는다. 사하라 이남 아프리카의 많은 국가에 적잖은 교육개발협력 지원이 이루어졌다. 부족한 학교 시설을 지어주고, 학생들이 볼 수 있는 교과서, 학습자료를 제공해 주었다. 인권이 보장될 수 있는 우물, 위생시설을 함께 만들었고, 잘 배웠는지를 확인할 수 있는 시험체제를 함께 운영해보기도 했다. 공무원들의 역량을 강화하겠다고 연수가 제공되기도 했고, 학생들의 교육에 관심을 가지라고 지역사회 원로들을 찾아다니며 지원을 요청하기도 했다. 이러한 활동이 교육에 미치는 영향이 작지 않을 것임은 분명하지만, 우리는 누구보다 학생들과 매일 얼굴을 맞대고 배움을 나누는 교사들의 성장이 무엇보다도 중요하다고 생각했다. 그리고 이들의 성장과 변화를 위한 구체적인 만남과 개입이 우간다 굴루, 시내에서 멀리 떨어져 있는 시골 마을의 초등학교에 변화의 씨앗을 뿌릴 수 있다고 보았다.

이 책은 호이 활동에 참여했던 한국의 교육전문가와 교사들이 함께 만들었다. 우리는 교사 자신의 성장과 변화에 대한 헌신이 학생의 배움을 만들어가고, 궁극적으로 학교와 지역사회, 그리고 사회를 바꾸어 갈 것이라고 믿는다. 또한 한국 사회의 희망 또한 교사들의 열성적인 배움에 길이 있다고 믿으며, 매일 매일의 삶에서 이를 실천하고자 노력한다. 교육이란 이름으로 벌어지는 다양한 긴장과 갈등은 그 갈등에 참여하는 주체들 간의 변혁적 대화를 통해 해결되리라 생각하기에, 주변의 서로 다른 관점으로 세상의 교육문제를 논하는 장면들을 그냥 지나치지 않으려 한다. 특정한 사회 계층의 엘리트를 키우는 교육이 아닌 모두가 함께 배우고 더불어 살아갈 수 있는 교육 공동체를 위해 명확한 규칙과 공정한 참여가 보장될 수 있도록 각자의 자리에서 노력한다.

이 책에 담긴 이야기들은 호이가 없었다면 만들어지지 않았을지도 모른다. 그런 점에 있어서 호이가 제공했던 교사 네트워크는 이 이야기를 배태한 모체와도 같다. 그러나 이 이야기는 특정 기관의 이해관계를 떠나 교사의 성장을 자기 사명으로 삼은 교육자의 자기 성찰에 토대해 있다. 더욱이 우리는 교사의 성장이라고 할 때 교사로서 자신의 성장을 함께 고민했다. 비행기를 타고 멀리 날아가 이국 오지에서 만난 부족한 교사들을 계몽하고 일으켜 세우려는 것이 아니라, 학교에서 아이들의 성장을 위해 애쓰는 똑같은 교사로 더불어 무엇을 배우고 또 서로의 만남을 통해 어떻게 더 성장할 수 있을지 고민하지 않을 수 없었던 것이다. 우리가 만난 굴루의 척박한 배움의 환경에서 교육이 가진 변화를 향한 희망의 가능성을 더 강하게 갖게 되었다. 그런 점에서 이 책은 사하라이남 아프리카의 가난한 삶, 우간다 정치가 던져주는 절망적 상황, 굴루 지역 학교와 교사의 무기력한 현실에서 시작하지만, 각 장의 이야기는 한국 사회의 미래를 희망적으로 내다보는 교사들의 자기 성찰을 한가득 담고 있다. 누군가를 도와주기 위해 봉사활동에 나선 사람들이 봉사

활동을 통해 자기를 되돌아볼 수 있는 의식적 전환의 계기를 갖게 되는 것과 같다. 이 작업에 참여한 모든 교사들이 가르침과 배움이 엮어 내는 상호 변증법적 관계에서 우리 공동체의 성장을 가져오는 경험을 했다고나 할까?

우리는 이 책을 아프리카 사회를 알고 싶은 누군가에게 정보를 전달하려는 의도로 기획하지 않았다. 우리는, 우리가 만난 우간다 굴루 교사들의 성장과 변화를 도모하려던 우리의 기획과 실천이 똑같이 어느 국가, 어느 사회, 심지어 이곳 한국의 어느 학교에서라도 일어나기를 간절히 바란다. 혹 멀고 먼 곳으로만 알았던 우간다와 그곳의 교육에 대해 새삼스레 좀 더 많이 알게 되었다면, 그 또한 좋은 배움이라고 생각한다. 그럼에도 우리는 이 책이 교육을 통한 미래 사회의 희망을 만들어가는 데 교사의 성장과 자기 성찰적 배움이 얼마나 중요한지 되새겨 질 수 있는 글로 여러분들 마음에 새겨졌으면 좋겠다. 여러분이 비록 교단에서 아이들을 직접 가르치는 교사가 아니어도, 매일 만나는 누군가에게 선생이 되고 또 동학이 되어 함께 성장하기를 소망한다면 우간다 굴루의 교사들의 고백 섞인 이야기들은 곧 여러분의 이야기로 다시 태어날 수 있을 것이다. 세상을 좀 더 밝게 하려는 배움의 내공이 조금씩 상승한다는 느낌과 함께 말이다.

마지막으로 이 책의 출간이 이루어지기까지 도움을 아끼지 않은 분들의 이름을 열거하지 않을 수 없다. 우선 호이를 설립하고 케냐를 거쳐 우간다의 교사지원 사업을 설계한 박자연님께 아낌없는 박수를 보낸다. 험난한 과정 속에서도 교육이 희망이라는 신념을 담아 단체의 이름(Hope is Education, HoE)을 만들었던 것처럼 호이의 교육이 싹트고 자랄 수 있도록 하는 데 없어서는 안 될 초석을 세웠다. 비록 저자로 직접 참여하지는 않았지만, 지금 호이를 이끌고 있는 김서형 대표님과 사무국의 오유정, 최영선, Ceed 임진호 박사님, 호이 우간다 지부를 거쳐간 김은파, 피로신, 그리고 엠마누엘과 패트릭을 비롯한 현재 우간다 사무실의 모두에게 고마움을 전한다. 이들의 도움과 지원 없이는 한국 교사로서 의미 있는 만남과 그 속에서의 배움은 불가능했을 것이다. 또한 굴루에서 만남이 이루어졌던 학교의 많은 선생님들과 학생들에게 특별한 사의를 표하지 않을 수 없다. 매일매일 열악하고 힘든 여건 속에서 이들이 이루어내는 학교의 활달함은 우리 교사들의 느슨함과 태만을 일깨우는 회초리와도 같았다. 늘 새로움을 만들어가는 그들의 창의적이고 창조적인 변화를 응원한다. 이 책의 출판을 흔쾌히 받아준 안상준 대표님과 박영스토리 출판사도 빼놓을 수 없다. 이선경 차장은 원고가 채 완성되지도 않은 상황에서 관심을 기울여주었고, 우수출판저작으로 선정될 수 있도록 해 우리 저자들의 기를 북돋아 주었다. 머리 숙여 감사인사를 드린다.

마지막으로 우리는 이 책이 세계시민을 꿈꾸고 또 이를 위해 실천에 앞장서는 한국의 교사들에게 좋은 도전거리로 회자될 수 있기를 소망한다.

공저자를 대표하여 유성상, 조현아 쓰다.

차 례

PART 01

동아프리카 우간다의 교육현실

Chapter 01
사하라이남 아프리카의 교육현실

식민 역사와 독립, 빈곤, 질병, 그리고 원조의 굴레

아프리카에는 가장 최근 독립한 남수단을 포함하여 54개의 국가가 있다. (서사하라 Western Sahara는 아직 국가로 인정받지 못하는 곳으로 독립국에 속하지 않는다.) 사하라 사막을 경계로 북아프리카 국가들과 다른 아프리카 국가들이 구분된다. 서아프리카, 동아프리카, 중앙아프리카, 남아프리카 등. 상대적으로 경제적 수준이 높은 남아프리카공화국과 보츠와나를 포함하여 모든 국가들이 소득수준이 낮거나 중간 정도로 평가되는 개발도상국들이다. 지역으로 이들 국가들을 구분하기도 하지만 식민역사를 고스란히 안고 있는 문화적 특징, 특히 국가 공용어가 무엇인가에 따라 국가들을 구분할 수 있다. 영어권 국가, 불어권 국가, 포르투갈어권 국가 및 아프리카 고유언어(스와힐리어, 키스와힐리어, 반투어 등)를 사용하는 국가 등으로 말이다.

아프리카 대륙의 경제적 성장을 무한한 잠재적 힘으로 설명하기도 하지만, 1차 산업에 기반한 자원수출을 토대로 하는 아프리카 대륙이라는 개발도상국이 선진국으로 발돋움할 수 있다는 가능성을 현실적으로 믿는 사람들은 많지 않다. 식민체제에서의 해방과 국민국가로의 자주적 독립 이후 이어진 전쟁의 상흔, 철권통치로 유지되어 온 독재국가들, 불투명한 국가운영과 부패한 정치문화는 아프리카 개발도상국의 성장과 변화의 싹을 무시해 버리게 하는 흔한 이야기들이다. 한편으로는 풍부한 자원, 상부상조하는 공동체성, 억척스러운 삶의 의지가 새로운 변화의 통로로 칭송되지만, 다른 한편으로 빈곤과 질병, 자본에 잠식된 시장체제, 신뢰받지 못하는 정치적 리더십, 해결되지 않은 과거의 상처들이 변화보다는 각 국가들이 직면해 있는 현재의 혼란에 집중하게 만든다. "이것이 아프리카야!"라는 식의 조각난 경험에 기반한 서술과 파편화된 데이터로 이미지화되는 '아프리카'가 주변에 떠다니고 있다.

그러나 아프리카를 바라보는 시선은 다양하다. 『넥스트 아프리카Next Africa』(Bright & Hruby, 2016)는 아프리카를 부상하는 신흥시장으로서 조명하면서 다가오는 세기의 주인공으로 그려본다. 이 책은 열대밀림과 질병, 빈곤으로 이미지화된 아프리카를 잊으라고 한다. 불안한 정치적 상황에서도 점차 늘어나는 인구 규모와 전 세계의 진화하는 기술이 아프리카인들에게서 다시 산업화로 연결되고 있음을 보여준다. 또한 독특한 문화적 자원은 다른 글로벌 문화의 영향력을 키워가고 있다고 보여진다. 아프리카는 아프리카인들에게 뿐만 아니라 전 세계인들에게 기회의 땅이라는 것이다. 이러한 장밋빛 전망은 개발원조를 매개로 거의 모든 국가들이 아프리카에 진출하고 있다는 점에서 그리 틀린 말이 아닌듯하다. 특히 아프리카에 자리 잡고 있는 중국과 인도의 협력적 태도는 그 어떤 지역보다 아프리카 국가들과의 협력적 연계가 중요하다는 점을 보여주고 있다.

그래서인지 아프리카를 연상시키는 단어는 원조가 아닌가 싶다. 지난 수십년 동안 수량화하기 어려울 정도의 자원이 아프리카로 쏟아져 들어갔다. 2000년 이래 새천년개발목표(MDGs)와 지속가능발전목표(SDGs)는 가장 경제발전이 더딘 아프리카 대륙, 그 중에서도 사하라이남 국가들의 빈곤, 질병, 무지의 문제를 해결하는 데 집중하고 있다. 그럼에도 불구하고 경제발전의 사다리를 오르는 국가가 없다는 비판이 이어져왔고, 이를 원조의 굴레로 설명한다. 여기에 오랜 식민지배의 부작용 혹은 자연적 조건의 저주라는 비관적 설명이 덧붙여지기도 한다. 이런 점에서 담비사 모요의 비판이 주목을 받는다. 그녀는 『죽은 원조Dead Aid』라는 책에서 아프리카 대륙의 경제가 죽어가는 이유를 '원조'때문이라고 일갈한다. 선의를 담아 전달되는 원조가 아프리카의 생태적 시장을 죽이고 있고, 스스로 살아갈 방법을 찾으려는 아프리카의 경제적 희망을 무너뜨리고 있기 때문이라고 했다. 모요의 비판은, 전달되는 원조자금의 액수는 엄청나게 크지만, 원조라는 것이 수혜자, 즉 원조수혜국의 성장과 자립, 더 나아가 발전으로 이어질 수 없다는 점을 간파하고 있다.

아프리카의 내일을 내다보는 장밋빛 전망도, 그렇다고 원조를 부정하는 모요식의 비관적 비판도 아직 아프리카를 온전히 보여주는 것이라 하기는 어렵다. 거대한 땅을 하나의 아프리카라고 부르고 그 땅에서 살아가고 있는 12억 5천만 명(2018, UN은 2050년이면 25억 인구를 가진 지역으로 성장하리라 추정한다)의 인구를 모두 아프리카인으로 부르는 데 머무른다면 우리는 아프리카를 영원히 이미지화된 미지의 세계로밖에 대하지 못할 것이다. 아프리카는 다양하다. 아프리카에는 너무도 다른 종족, 문화, 정치시스템, 인간의 습성이 존재한다. 그래서 아프리카를 이미지화된 공간과 장면으로 바라보지 말고, 그 속에 살아가는 사람들의 구체적인 삶으로 재구성해 봐야 한다. 그 땅에 살아가는 아프리카 대륙의 사람들은 오늘보다 나은 내일을 바라며 늘 새로운 삶의 고민에 부딪히고 이를 해결하기 위해 노력하고 있다. 우리의 일상적인 삶과 그리 다르지 않은 고민들을 안고 살아간다. 우리는 아프리카의 사람들이 우리와 크게 다르지 않다는 점을 새삼 배워 나가야 하지 않을까 싶다.

적어도 이 책에서 다루고 있는 우간다의 교육, 교사들의 이야기는 오늘보다 나은 내일이 구체적으로 어떤 것인지, 이를 실현하기 위해 어떤 노력을 해야 하는지, 왜 이러한 교육적 몸부림이 중요한 것인지를 찬찬히 기술해 보여주려는 데 목적이 있다. 그리고 아프리카 전체의 희망이 아닌 우간다 북부지역의 조그만 읍내인 굴루(Gulu) 지역 시골마을의 교사들에게서 삶을 이겨내려는 노력이 일군 희망적 성과를 교육이란 이름으로 풀어내고자 한다. 그래서 우리가 보려는 아프리카, 그 중에서도 우간다의 희망을 교육에서 보려는 것이다. 아니, 교육에 꽂힌 사람들이 이들의 희망적 미래를 교육에서 찾고 또 교육이란 이름으로 이를 실현해 내도록 하려는 것이다.

이미지화된 아프리카 아이들의 교육

일반적으로 우리는 교육이 개인과 사회의 미래를 보다 낫게 변화시켜줄 수 있는 희망이라고 말한다. 교육을 간단히 정의해 보자면, 교육은 가르치고 배우는 조직적인 활동을 의미한다. 이러한 활동을 계획하고 실행하고 결과를 평가하는 것까지 체계적으로 수행하는 전담 기관, 그것이 학교다. 교육은 학교에서만 이루어지지 않기 때문에 학교 밖에서 이루어지는 배움에도 관심을 기울이게 된다. 또한 교육이 이루어지는 특정 연령층의 청소년들에게 관심을 기울이는 것은 맞지만 배움은 '요람에서 무덤까지' 이루어지는 것이라고 강조된다. 언제 어느 곳에서라도 배움이 일어나는 교육은 보다 나은 삶과 사회를 만들어가는 힘으로 읽힌다.

한편, 고정된 아프리카의 이미지를 만드는, 또 이런 이미지를 통하여 사람들의 관심을 아프리카로 끌어들이게 하는 통로로 교육이 이용되고 있다는 점은 아이러니가 아닐 수 없다. 언론매체에서 보여주는 아프리카의 이미지는 '빈곤, 굶주린 아이들의 애처로운 눈빛; 질병, 아픔으로 괴로움과 무기력한 몸뚱이; 무지, 천진난만한 아이들의 막막한 미래'이다. 개발포르노라는 표현이 과하다싶지 않을만큼 이미지화된 아프리카는 12억 5천만 인구가 전통적 문화와 보다 나은 삶에 대한 희망을 품고 살아가는 땅이라는 생각을 무색하게 만든다.

그런 점에서 아프리카를 빈곤과 질병을 매개로 이미지화하기보다 교육을 매개로 이미지화하는 것의 의미는 남다르다. 빈곤과 질병은 피하고 이겨내야 할 현재의 애처로움과 괴로움, 무기력함을 보여주지만, 교육은 오늘을 이겨낸 이후의 희망적인 내일을 그려보여준다. 까막눈 엄마가 글을 읽고 쓰게 되어 얻은 가정의 희망, 물 뜨러 다니던 아이가 학교에 다니면서 갖게 된 새로운 꿈, 새로운 기술교육으로 만든 가족과 지역사회의 통합과 성장... 그러나 교육이 아프리카 대륙의 희망과 꿈을 영글게 하는 중요한 매개가 되어야 한다는 메시지는, 동시에 현재 아프리카의 많은 국가에서 이루어지는 교육이 사람들에게 희망과, 꿈을 주지 못한다는 말이 되기도 한다.

한 교실에 100명이 넘는 아이들이 빼곡히 앉아 카메라를 응시하는 모습, 책걸상이 없어 땅바닥에 주저앉아 있는 모습, 교과서가 부족해 서너명이 둥글게 모여 교과서 하나를 함께 보고 있는 모습, 낙제에 낙제를 거듭하여 중등학교를 졸업할 나이임에도 여전히 초등학교 교실에 남아있는 아이들, 교사가 출근하지 않아 교실에서 놀고 있는 아이들의 모습, 학교 화장실이 없어 학교 주변에 널려있는 오물들, 아직은 먹고 사는 문제로 또 전통적 규율에 따라 여학생들의 공부가 거부되는 현상 등.

그런데 형편없어 보이는 아프리카 여러 국가의 교육은 단지 그렇게 보이는 것이 아니라 실제 그러하다. 그 수준은 재앙이라 불릴 수도 있겠단 생각이 드는 것이 사실이다. 이런 재앙과도 같은 교육의 현실을 가장 잘 보여주는 사례가 있다. USAID는 2013년 모잠비크 정부를 지원하여 초등학교 3학년의 읽기 수준을 측정할 수 있는 평가를 개발하고 실제 평가를 진행했다. 기초읽기능력평가는 전국의 모든 초등학교 3학년생들을 대상으로 실시되었다. 그런데 전국적으로 시행된 기초읽기능력평가의 결과는 공개되지 않았다. 국가적으로 처음 실시된 전국단위 평가였기 때문에 결과가 공개되지 않은 것은 쉽게 이해하기 어렵다. 결과를 정확하게 측정하지 못했기 때문이 아니었다. 결과를 공개할 수 없을만큼 학생들의 읽기능력이 형편없었던 것이다. 평균 6.3점. 처음에 이 숫자를 들었을 때, "만점이 10점인가요?"라는 질문을 했었다. 그러나 여느 평가도구처럼 이 시험에서 만점은 100점이었다. 평균이 6.4점이었지만, 대부분의 시골 지역에서 학생들의 읽기 점수는 0점대 혹은 1점대였다. 대도시와 그 주변 지역의 평균성적은 채 20%가 되지 않았다. 이 정도의 성적이라면 왜 정부가 결과를 국민들에게 공개하지 않았는지 알만도 하다. 그런데 도대체 성취도 평가라고 하기도 민망한 수준의 결과가 나온 이유는 무엇일까?

교육과 관련하여 앞서 이야기했던 대부분의 이야기들이 여기에 다시 등장해야 한다. 2019년 현재 모잠비크의 초등학교 취학률은 94%로 높지만, 초등학교를 졸업하기까지 5년 동안 절반 이상의 학생들이 학교를 중도포기한다. 그리고 겨우 6년째 교육이라고 할 수 있는 중학교에는 11% 정도의 학생만 진학한다.[2] 높은 빈곤율과 여학생들의 학업을 지지하지 않는 사회문화적 요인이 가장 큰 이유일 것이다. 학교교육에 투입할 충분한 재원을 정부가 확보하지 못

(?)했기 때문이다. 부족한 학교운영 예산은 고스란히 교육에 임해야 할 학생과 학부모의 몫으로 돌아간다. 솔직히 무상의무교육은 아직 요원하다. 여기에 학생들이 학업에 흥미를 느끼지 못한다는 점이 중요한 이유로 거론되는데, 이는 형편없는 학교시설(가끔 도로의 큰 나무 밑에서 수업하는 '정식' 학교를 발견하게 된다), 학교 관리에 관심없는 교장, 가르칠 줄 모르는 교사(수학과 과학의 경우 틀린 내용을 가르치기도 한다), 없거나 부족한 교과서, 이름뿐인 교육청 장학 활동이 복합적으로 작용한 결과이다.

무엇보다 교사의 문제가 지적되지 않을 수 없다. 지식을 배우는 과정은 교실에서 교사와 보내는 구체적인 시간 속에서 일어나기 때문이다. 교사는 잘 훈련받고 안정된 환경 속에서 학습준비를 할 것으로 기대된다. 그러나 내가 방문했던 국가에서 만난 교사들은 잘 훈련받은 사람들도 거의 없고, 이들의 근무 환경은 형편없었으며, 학습준비를 나름 한다는 사람도 만나보기 어려웠다. 언제든 좀 더 좋은 조건의 일거리가 생기면 가르치는 일은 그만 둘 수 있는 것이었다. 그러다 보니 가르치는 일에 집중하고 학생의 배움과 성장에 관심을 기울이는 것은 하늘의 별을 따는 것만큼 어려운 일이 아닐 수 없다. 결석하는 교사들이 적잖고, 어떻게 가르치는 것이 효과적인지 연구하려 하지 않는다. 결석하는 아이들을 어떻게 학교에 데려올 것인가보다는 그나마 부족한 시설과 학습도구를 고려할 때 아이들이 결석한 것이 다행이라고 생각하는 것이 자연스럽다.

통계로 보는 사하라이남 아프리카의 교육현실

사실 아프리카, 그중에서도 사하라이남 아프리카 국가들의 교육 현실은 이와 크게 다르지 않다. 이를 국제사회에서 조사한 통계 자료를 바탕으로 현황을 들여다 보도록 하자. 모든 이를 위한 교육(EFA)과 이후 지속가능발전목표(SDGs)에서 제안된 교육의제는 영유아교육부터 청소년, 성인에 이르기까지 모든 연령대의 모든 형태의 교육과 학습을 다루고 있지만, 여기에서는 공교육 기간에 해당하는 초등 및 중등학교 교육에만 초점을 두어 간략하게 정리해보려 한다.

초등학교 교육

1999년에 비하여 2012년까지 등록률의 비약적인 발전이 있었다. 초등학교 등록률이 59%(1999)에서 79%(2012)로 급격하게 올라간 것이다. 인구로 따지면 아프리카 전 대륙의 학령기 학생 중 1억 4천 4백만 명이 학교에 등록하고 있다. 사하라이남 아프리카 국가들의 경우 1학년 등록학생 대비 평균 64% 정도가 초등학교 교육을 마치는 것으로 파악되고 있다(GEM 2019, p. 214). 이는 평균적인 상황으로 많은 개발도상국(우간다, 모잠비크, 잠비아, 짐바브웨 등)의 경우 50%가 안 되는 것으로 파악된다. 북미 및 중동지역의 경우 평균 졸업률이 95%에 이르는 것과 대조적인 상황이 아닐 수 없다.[3]

앞서 모잠비크의 사례에서도 볼 수 있듯이, 학교에 다니기는 하지만 학교에서 배워야 할 적절한 지식을 배우지 못하는 경우가 많다. 읽기 및 기본적인 수학, 과학 지식에 대한 평가에서 사하라이남 국가들의 경우 상당히 낮은 성적을 보이고 있다. UNESCO에서 매년 발간하는 글로벌모니터링보고서(GMR, 2019)에 따르면, 전 세계적으로 387백만 명의 초등학교 아동이 기초학력수준에 이르지 못한 것으로 평가되는데, 사하라이남 아프리카 국가의 경우 거의 90%에 이르는 87%의 초등학교 아동이 기초학력을 갖추지 못한 것으로 평가되고 있다(GMR 2019: 125). 유럽이라던가 북미 지역의 초등학교 학생 중 단 7%정도만이 기초학력에 이르지 못한다는 결과와 대비되는 결과이다. 이러한 낮은 학업성취도 및 학교환경에 따른 양질의 교육이 전달되지 못하는 상황은 중도탈락률의 증가(학령기 아동의 대략 3천만 명 정도로 추산됨) 및 유급학생의 증가를 가져오고 있다.

중등학교

사하라이남 아프리카 중등학교의 경우 1999-2012년 기간 동안 양적으로 비약적인 팽창이 있었다. 등록률이 24%(1999)에서 50%(2012)로 성장한 것이다. 이는 총등록학생수를 기반으로 한 것으로 동년배들을 기준으로 중등학교 등록률을 의미하지는 않는다. 초등학교 졸업생들의 많은 수가 중등학교 교육에 대한 의지와 열망이 있지만, 국가 차원에서 이를 지원해주거나 촉진할 수 있을만한 여력이 부족한 상황에서 교육요구에 따른 공급이 극히 제한적으로 이루어지고 있다. 초등학교 졸업생을 수용할 수 있는 중학교의 수용능력은 겨우 36% 정도 밖에 안 되는 것으로 보고되고 있으며, 특히 도시에서 멀리 떨어져 있는 시골, 사회문화적으로 소외된 지역, 경제적으로 낙후된 지역의 중등학교 진학의 기회는 더욱 제한적이다.

저소득국에서 중학교의 경우는 44.7%, 고등학교의 경우에는 23.2%가 등록하고 있다. 이들 국가의 졸업률을 보면 중학교의 경우는 29.5%, 고등학교의 경우에는 13.9%밖에 안 되는데, 중학교를 졸업하고도 고등학교에 진학하지 않거나 못하는 학생들이 6%, 고등학교를 졸업하고 대학을 진학하지 않거나 못하는 학생들이 6.1% 정도이다. 즉, 초등학교 1학년 입학동기생을 기준으로 했을 때, 7% 정도의 학생들만이 대학교육을 받기 위해 등록하는 정도에 머무르고 있다. 물론 이 데이터는 UNESCO에서 매년 발간하는 보고서에 등장한 것이지만, 이렇게 활용되는 데이터가 정확한 것인지에 대해서는 100% 확신하기 어렵다. 어쨌건 초등교육 이후 중등학교로의 진학이 보편화되지 못한 요인에는 빈곤 및 교육열정을 낮추는 사회문화적 요인들이 있다고 보여진다.

학교 시설 및 학습환경

가장 중요한 학교 시설은 충분한 교실의 확보일 것이다. 그러나 많은 국가에서 학생수에 적절한 규모의 교실을 확보하지 못한 경우가 많으며, 부족한 교실을 해결하기 위하여 2부제, 3부제 수업을 시행하고 있다. 모잠비크의 경우에는 지역에 따라 아예 학교의 교실 건물이 없는 경우가 있으며, 학생수에 턱없이 부족한 교실수로 인하여 교사들의 휴게 공간은 둘째 치고 학생들이 들어설 교실이 부족하여 나무 밑, 학교 건물벽, 혹은 겨우 교실의 경계만 흉내낸 흙바닥 수업이 진행되고 있다.

학교 내 꼭 필요한 깨끗한 물과 위생적인 화장실(Water, Sanitation and Hygiene) 시설 또한 큰 문제이다. 식수공급시설을 갖추고 있는지의 여부, 화장실 시설을 갖추고 있는지의 여부, 위생적인 생활을 교육하고 경험할 수 있는 공간 및 시설이 있는지의 여부, 특히 여학생들을 위한 분리된 공간과 시설을 갖추고 있는지의 여부가 국가, 지역에 따라 아주 다르게 나타난다. 사하라이남 아프리카 지역의 국가들, 예를 들어 앙골라, 차드, 기니, 니제르 등의 국가에서는 모든 학교를 통틀어 절반도 안 되는 학교에서만 식수시설, 화장실이 마련되어 있으며, 식수시설 및 화장실이 있다고 하더라도 지속적인 사용이 가능하도록 하는 관리, 후속 조치는 미비하다. 베냉의 경우 학교 화장실이 부족하지만 혹 있는 시설마저도 남녀 학생이 구분되어 사용되게 만들어지지 않아 여학생들의 화장실 사용이 극히 제한적이다.

사하라이남 아프리카 국가들의 경우 학교 시설이 상당히 열악하다. 특히 전기가 공급되고 있는 초등학교는 전체의 22%, 중학교는 49%에 그치고 있는데, 부룬디, 기니, 마다가스카르, 모리타니, 우간다 등의 국가에서는 초등학교에 대체적으로 전기가 공급되지 않는다고 보고되고 있다. 따라서 전기에 의존하게 되는 교육 기자재 및 교수기기들의 활용은 제한적일 수밖에 없다. 따라서 ICT를 활용하거나 온라인 기반 교수학습은 제대로 작동하기 어렵다. 전기문제를 극복하기 위해 태양열을 이용한 노트북 제공(One Laptop per Child)이 이루어졌었고, 삼성 등에서 관심을 기울여 태양광 인터넷스쿨을 보급하기도 했었다. 그러나 보급 이후 이러한 기자재들이 학습에 큰 효과를 발휘하지 못하고 있으며 폭넓게 활용되기 어렵다는 문제가 있다. 무엇보다 사하라이남 국가의 학교 시설면에서 도시 및 시골 지역 간의 격차가 아주 크게 나타나고 있다.

해결되지 않는 교육 문제들

첫째, 사하라이남 아프리카 국가들은 교육의 책무를 다하고 있는가? 우리나라는 국가가 9년간의 초등학교와 중학교 교육을 무상으로 제공할 의무를 이행하고 있다. 사하라이남 아프리카 국가들 중에는 초등학교 5-7년을 포함하여 9년간의 초중등학교 수준의 교육이 무상의무교육으로 제도화되어 있는 국가들과 그렇지 않은 국가들로 구분된다. 전 세계적으로 70% 이상의 국가에서 9년 이상의 무상의무교육을 기초교육으로 규정하고 이를 지원하기 위한 법률을 제정, 시행하고 있다. 사실 낮지 않은 수치이다. 2015년 세계교육포럼에서 채택된 인천선언의 결의사항 및 이를 시행하기 위한 행동강령에는 6년도, 9년도 아닌 12년의 교육에 대해 국가가 책임을 지고 제공해야 하며, 무상의무교육 기간으로 규정해야 한다고 명문화하고 있다. 이를 기준으로 하자면 겨우 20%가 안 되는 전 세계 국가들만이 12년 동안의 초중등교육 전체를 무상의무교육으로 법규화하고 이를 시행하고 있다. 안타깝게 우리나라는 여기에 속하지 않는다. (고교무상교육은 아직 시행이 미뤄지고 있는 중이다.)

사하라이남 아프리카의 경우에는 40%가 안 되는 국가들만이 9년 이상의 교육제공을 국가책무로 규정하고 있는 상황으로 여전히 법제도적 진전이 필요한 상황이다. 국가가 12년의 초중등교육을 모든 국민에게 제공하겠다고 하는 케냐 등의 국가가 있는가 하면, 모잠비크와 같이 법규상 6년 동안의 교육만을 무상의무교육으로 지정했다가 2018년 11월 법규를 개정해 9년으로 확대, 적용하기로 하는 국가들도 있다. 그러나 법규를 통해서 행정적 규정 및 지원체제, 그리고 이를 엄격하게 시행하기 위한 시행시스템이 마련되어 있는가 그렇지 않은가를 떠나, 대부분의 국가에서는 규정되어 있는 기초교육에 대한 엄격한 시행이 이루어지지 않고 있다. 더욱이 주어진 교육기회에 고무된 등록 학생 및 일상적 학교교육을 지원하는 체제는 제대로 작동하지 않고 있다. 얼마만큼의 예산을 교육예산에 쓰고 있는가는 교육정책의 수준을 따져볼 수 있는 중요한 기준이지만, 불공정한 조세제도 및 예산 집행의 투명성을 고려해 볼 때, 사하라이남 아프리카 지역의 교육예산 비중은 그다지 크게 고려할만하지 않다.

둘째, 교육을 받는데 성차별이 존재하는가? 사하라이남 아프리카 국가에서는 지역교육의 성취에 있어서 남학생과 여학생의 차이가 얼마나 큰 가를 논하기 이전에 성별로 교육기회의 차이가 크게 나타나고 있다. 남녀성별 교육기회의 차이는 초등교육에서 남학생 대비 0.94, 중학교에서는 0.90, 고등학교에서는 0.84를 나타낸다. 이러한 평균적인 남녀성별 차이를 소득수준 및 학교소재지(도시/시골)로 구분해 살펴보면 더 형편없는 결과가 도출된다. 여전히 여학생들의 교육에 미온적이고 소극적인 태도를 보이는 사회공동체가 존재하고, 학교교육에 대한 학비부담이 큰 상황에서 여학생들은 남학생들에 비해 기회가 적다. 사하라이남 지역의 초등학교에서만 여

학생들의 중도탈락률은 9.7%로, 남학생 8.1% 정도보다 높다. 대략 500만 명 정도의 여학생들이 남학생들보다 중도탈락하는 숫자가 많다. 이러한 기회의 차이는 초등학교 이후 중학교 및 고등학교로의 진학, 학업성취도, 졸업률의 차이로 이어진다. 중학교 입학생들 중 30-35% 정도가 여학생으로 나타나고 있으며, 특히 수학 및 과학교과의 성취도에 있어 남학생에 비해 상당히 낮은 성취도를 보이고 있다. 여전히 여학생들이 학교에 등록하고, 상위학교로의 진학, 학업에 집중하기 어렵도록 하는 다양한 사회, 문화적 요인들이 잔존하고 있음을 부인하기 어렵다.

셋째, 학교밖 아이들은 어떻게 할 것인가? 전 세계적으로 2억 6천 4백만 명의 학령기 아이들이 학교 밖 아이들로 조사되고 있다. 그중 초등학교 수준의 아이들은 61백만 명, 중학교 수준의 아이들은 62백만 명, 고등학교 수준의 아이들은 141백만 명이다. 고등학생 연령의 학교 밖 아이들은 해당 인구의 37% 수준에 이른다. 다른 지역에 비하여 사하라이남 아프리카 국가들의 학교밖 아이들 현황은 가장 심각한 수준이다. 초등학교 수준 학령기 아동의 21%, 중학교 수준의 36%, 고등학교 수준의 57% 아이들이 학교밖 아이들로 추정된다. 더 중요한 문제는 한번 중도탈락하게 되면 다시 학교교육 기회를 갖게 되는 것이 거의 불가능하다는 점이다. 나이에 적절한 학교급, 학년에 위치하지 않은 학생들도 많다. 예를 들어, 부르키나파소, 부룬디, 남수단의 경우 50%가 넘는 수의 학생들이 제 나이보다 낮은 수준의 학교급 혹은 학년에서 공부하고 있다. 그러나 무엇보다도 아예 학교 등록조차 하지 않은 아이들의 수는 대략 17백만 명 정

	중도탈락률 2017(%)			중도탈락학생수 2017(백만)		
	초등학교	중학교	고등학교	초등학교	중학교	고등학교
전 세계	9	16	36	64	61	138
사하라이남 아프리카	21	36	57	34	27	36
북아프리카 · 서아시아	10	14	32	6	4	9
중앙 · 남아시아	6	17	47	12	19	67
동 · 동남 아시아	4	9	19	7	8	16
오세아니아	9	4	23	0.4	0.1	0.4
라틴 아메리카 · 카리브해	5	7	23	3	3	7
유럽 · 북아메리카	3	2	7	2	1	2
저소득 국가	20	36	60	24	21	27
중저소득 국가	10	18	45	31	31	87
중상소득 국가	4	7	21	7	8	21
고소득 국가	3	2	6	2	1	3

표 1.1 **초등학교 학령기 아동의 중도탈락률(2000-2015)**[4]

도로 추산되며, 초등학교 학령기 아동의 3%로 추정된다.

넷째, 학교에서의 배움은 있는가? 2013년 모잠비크 초등학교 3학년생의 기초적인 읽기 평가 결과를 상기해보면, 학교에서의 학습성취도는 상당히 낮은 수준에 머물러 있다. 전 세계적으로 387백만 명의 초등학교 아이들, 전체 56%의 학생들이 제 수준에 필요한 최소 읽기 능력에 이르지 못하는 것으로 나타났다. 앞서 언급한 바와 마찬가지로 사하라이남 아프리카 학생들의 87%에 이르는 초등학교 학생들이 읽기 능력에 있어 상당히 뒤떨어져 있다는 점을 강조하지 않을 수 없다. 중등학교의 경우, 특히 중학교 수준의 경우에는 전 세계적으로 61%의 학생들, 대략 2억 3천여만 명의 학생들이 기초적인 읽기/독해 능력에 이르지 못하는 것으로 평가되고 있다. 학교에 얼마나 많은 학생들이 취학했는가의 문제를 넘어 SDGs의 교육 의제를 준비하면서 그토록 '학습성과(learning outcome)'와 '능력개발(skill development)'을 강조한 이유를 알만하다.

다섯째, 학교는 안전한가? 전혀 그렇지 않다. 나이지리아의 경우, 학교 수업을 받던 중등학교 여학생들이 반정부 무장단체인 보코하람에 납치되는 사건이 발생했었다. 대부분의 학생들이 꽤 오랜 시간이 지나 풀려났지만, 이들 학생들의 다수는 무장단체에 성폭행을 당하거나 강제 결혼을 해야 하는 등 폭력적 상황을 경험하였다. 여학생들은 납치되어 있는 동안 임신, 출산을 한 경우가 많았다. 교사들 또한 폭력적 상황에서 피해를 입게 되는 주요한 대상이 되는데, 나이지리아에서 2009-2015년 동안 의도적으로 살해된 교사가 공식적으로 611명이며, 이 기간 동안 폭력적 상황을 피하기 위해 이주한 교사들은 19,000명에 이른다. 사하라이남 아프리카의 여러 국가들은 여전히 내전에 준하는 긴장과 갈등에 처해있는데, 인종, 민족, 종교, 계층 등의 여러 요인들이 복잡하고 혼란스러운 갈등의 요인으로 작동하고 있기 때문이다. 무엇보다도 학교의 학생들이 이러한 국가 내부의 갈등 상황에서 전혀 보호받지 못하는 경우가 많은데, 내전이 발생하는 경우 학교는 자동적으로 문을 닫게 되어 더 이상의 대안적 교육이 이루어지지 못한다. 혹 학교가 문을 연다고 하더라도 언제, 어떤 방식으로 아이들을 대상으로 한 폭력적 행동이 이루어질지, 이들의 안전을 보호할 수 있는 체제가 있기는 한 것인지 확신하지 못한다. 제도를 만드는 수준에서 멈춘 약한 국가에서 교육은 말 그대로 전장에 놓여 각자도생의 선택을 하게 된 것에 불과하다.

여섯째, 각 국가에서 일어나고 있는 교육변화에 대해 우리는 보고서상의 데이터를 얼마나 신뢰할 수 있을까? 안타깝지만 중저소득국들로 구분되는 사하라이남 아프리카 개발도상국들의 통계자료는 신뢰성이 낮다. 필요한 자료를 적절하게 활용할만한 수준의 자료로 수집하는 데에는 꽤 많은 노력, 재정투자, 또 훈련된 행정전문성, 잘 갖추어진 전산시스템이 바탕되어야 한다. UNESCO는 이를 위하여 2000년도 초반 이후 교육행정정보관리시스템(Educational Management Information System, EMIS)을 각 국가들이 도입하도록 촉구하는가 하면 대대적인 정책이행 지원에 나섰었다. EMIS는 정책의 기획부터 평가에 이르는 과정을 구체적인 자료에 근거하여 효율적이고 효과적으로 추진되게끔 자료 생산, 축적, 분석, 활용을 전산화하였다. 그러나 각 국가에서 수집, 공유되고 있는 자료는 현장 상황이 충분히 반영되었다거나 투명한 과정을 거쳤는지 의심되는 경우가 많다. 즉, 자료의 종류, 수준, 활용가치에 대해서는 여전히 신뢰성이 낮은 상황이다.

아프리카의 교육전략 목표와 실천 강령

아프리카연합(AU)은 세계교육포럼(EFA)과 지속가능발전목표(SDGs) 이후 아프리카 국가의 교육발전을 위해 전략을 구상하고 이를 효과적으로 실천하기 위한 보고서를 발간했다. 2016년에서 2025년까지 10여 년 동안 아프리카 국가들은 12가지의 교육발전 전략적 목표를 위하여 7가지의 실천강령을 채택했다.[5]

교육발전을 위한 12가지 전략 목표

1. 교육 수준에 적절한 능력을 갖추고 양질의 교육에 부합할 수 있는 교사를 양성하고 훈련한다.
2. 건강하고 학습친화적인 환경을 갖춘 교육시설 및 기자재를 확충한다.
3. 교육 및 훈련시스템을 효과적으로 관리하고 보다 접근 가능할 수 있도록 ICT 역량을 강화한다.
4. 학교의 학업 성취도를 높이고 습득해야 할 기술/역량을 갖도록 해 졸업률을 개선한다.
5. 교육실천에서 성평등에 기반한 환경을 조성한다.
6. 비문해를 없애기 위한 포괄적이고 효과적인 문해교육을 실시한다.
7. 수학 및 과학 교과교육을 강화하여 과학지식 확산에 기여한다.
8. 중등 및 고등교육에서 직업세계에 부합하는 직업교육훈련 기회를 확대한다.

9. 글로벌 경쟁력을 강화하기 위하여 고등교육, 연구, 혁신을 확산한다.

10. 모든 학교급에서 평화교육을 강화하고 갈등예방 및 해결교육을 촉진한다.

11. 효과적이고 효율적인 교육행정시스템 운영을 위하여 양질의 데이터 수집, 활용, 관리 시스템을 개선한다.

12. 2016-2025년 교육전략 실천을 위한 관련 국가 및 기구들의 협력을 강화한다.

이를 실현하기 위한 각 국가의 노력은 다음 7가지 실천 강령으로 채택되었다.

7가지 실천 영역/강령

1. 교육훈련 영역의 개혁을 진작하도록 강력한 정치리더십을 발휘한다.
2. 평화롭고 안전한 교육환경을 조성한다.
3. 교육훈련 분야의 양성평등 환경을 마련한다.
4. 각국의 조세체제를 통한 교육지원 재원을 마련한다.
5. 정부, 시민사회, 민간의 강력한 협력관계를 구축한다.(투명하고 책무성에 기반한 거버넌스 체제, 이해집단 간의 신뢰에 기반한 참여적 협력체제 유지)
6. 서로 다른 수준과 유형의 훈련을 제공, 지원한다.
7. 학습친화적인 환경 마련을 위하여 지속적인 발전을 이룩한다.

아프리카 지도자들이 채택한 이상의 전략목표와 실천 강령을 읽고 있노라면 놀라움을 금할 길 없다. 이처럼 명확한 단어와 문장을 통해, 정제된 방법으로 교육의 목표와 실천방법을 말할 수 있을까? 이들은 너무도 타당한 내용을 가장 적절한 표현으로 아프리카 국가들의 교육이 추구해야 할 방향과 방법을 제시해주었다. 만약 이대로 잘 시행된다면 바로 앞서 언급했던 사하라이남 아프리카 국가들의 교육문제는 순삭(순식간에 사라질 것)이리라. 교육은 교육 그 자체의 목표를 이루는 것 뿐만 아니라, 이를 통해 국가, 사회, 공동체의 발전적 도약이 이루어지는 핵심 수단이 될 것임이 분명하다.

그런데 한 가지 안타까운 점이 있다. 이런 이야기가 등장한 것이 처음이 아니라는 점이다. 더욱이 이전에 논의하고 채택한 목표와 전략이 앞서 언급한 것과 크게 다르지 않다는 점이다. 수십년 동안 교육을 통한 사회적 발전을 꾀하겠다고 아프리카의 지도자들은 목소리 높여 외쳤지만 정작 교육은, 사회는, 국가는 크게 바뀐 것이 없다. 정말 아프리카, 사하라이남 아프리카 국가들의 교육은 변화할 수 있을까? 어떻게 변화할 수 있을까? 궁극의 합의된 목표와 전략이 무엇인지 알지 못해서가 아니라면 어떻게 교육을, 교육을 통한 사회를 바꿔낼 수 있을까? 정말 교육을 위해 교육이 희망이란 끈을 잡고 있을 수는 있을까? 멋지게 기술된 선언적 목표를 넘어선 실천적 변화가 아프리카 땅에서 벌어질 수 있을까? 그래서 역시 교육이 사회변화의 원동력이고 더불어 사회변화를 이룩하는 희망이었다고 말할 수 있을까?

아프리카 땅의 희망을 담은 '교육'이란 보자기

다시 앞으로 돌아가 모잠비크 기초읽기능력평가 결과를 떠올려보자. 많은 사람들에게 모잠비크의 읽기능력평가 결과가 어처구니 없게 느껴질 수 있을지 모르겠다. 처음 내가 '6.3'이라는 숫자를 들었을 때의 충격만큼. 한국에서 누군가 100점 만점에 10점을 얻었다고 하면 코웃음부터 치지 않겠는가? 그 10점을 맞은 누군가는 어쩌면 성적표를 찢어버리거나 아예 그 결과를 누구에게도 알리지 않을지도 모르겠다. 그러고 보면 모잠비크 정부가 처음으로 받아든 기초학력평가결과, 즉 모잠비크 공교육의 학업성취도 결과를 인정할 수도 그렇다고 인정하지 않을 수도 없는 상황에서, 결과 자체를 '대외비(confidential)'로 처리한 것은 현명한 처사인지도 모른다. 그리고 모잠비크 정부가 자국의 교육개발을 지원하는 기관의 전문가들을 불러모아 솔직히 이 사태를 두고 '충격적인 결과("shocking 6.3!")라고 언급한 것도 충분히 이해가 된다.

그렇다면 다른 사하라이남 아프리카 국가의 교육이 모잠비크의 사례와 크게 다르지 않다고 한다면, 더 이상 아프리카의 교육에는 희망이 없는가? 교육이 희망이라고 불릴 수 없는 아프리카 사회와 그 속에서 살아가는 사람들의 희망 또한 없는 것일까? 꼭 이렇게 극단적으로 희망과 비관이라는 양자택일의 상황으로 우리 삶을 바라볼 필요는 없다. 적어도 희망은 희망이 필요한 삶의 구체적인 맥락에서 생겨나는 것이기 때문이다. 따라서 머나먼 아프리카, 머리와 마음 속에 이미지화된 아프리카의 희망은 적어도 앞서 그려놓은 문제많은 교육현장에서 시작해야 한다. 뭔가 떠올려보고, 그래서 시도해보고 뭐는 되고, 또 뭐는 안 되는지에 대한 진지한 성찰에서 아프리카의 교육은 희망으로 기능할 수 있을 것이다.

만약 모잠비크 정부가 여기에서 결과를 감추고 아무런 행동에 나서지 않았다면 뭔가 희망을 이야기할만한 계기는 없었을 것이다. 2013년 결과가 2014년에 분석되어 논의되었고, 모잠비크 정부는 전 세계 관심있는 전문가와 지원 기관을 찾아다녔다. 그리고 충격적인 결과의 요인이 무엇인지, 이를 해결할 수 있는 방법은 무엇인지 알고자 했다. 더 나아가 조사, 분석된 대로 학교현장에서의 '배움'을 가져오기 위해 어떤 정책적 지원이 필요한지, 부족한 재원과 훈련을 어떻게 하면 가능하게 할 수 있는지 찾아 다녔다. 어쩌면 한국국제협력단(KOICA)이 UNICEF-Mozambique와 함께 모잠비크 교사훈련 및 교육환경 개선사업에 참여하게 된 것은 우연이 아닌 필연이었을 수도 있겠다. 적어도 아프리카의 교육에서 미래 아프리카의 희망을 보고자 한다면, 지금 여기에서 벌어지는 교육의 실천과 그 속에서 분투하는 많은 사람들의 땀방울을 함께 볼 수 있기를 바란다. 이미지로 머리 속에 그려지던 것이 손에 하나라도 잡히게 된다면, 비로소 작은 변화의 씨앗이 싹트고 있다는 증거가 되니 말이다. 그 씨앗을 잘 키워내기 위해 누구 탓할 것 없이 함께 해야 하지 않겠는가? 당신이 교육이 희망이라고 믿는 사람이라면 말이다.

Chapter 02
우간다 역사, 사회, 학교교육

'우간다'라는 국가

아프리카의 진주, 우간다! 우간다는 동아프리카지역에 위치한 내륙국가이다. 내륙국가라고 하지만 바다만큼 넓은 빅토리아호수에 접해 있어 내륙연안국가라고 할 수 있다. 동쪽으로는 케냐, 북쪽으로는 남수단, 서쪽으로 콩고공화국, 남서쪽으로는 르완다, 남쪽에는 탄자니아와 접해 있다. 최근 뉴스에 의하면 아직도 해결되지 않은 콩고공화국의 에볼라 바이러스 전염병이 급기야 우간다에 상륙했다는 이야기가 들려오기도 한다. 좀 더 과거로 가보면 남수단의 독립과정에서 난민촌이 우간다 북부에 설치되었었고, 저항군(Lord's Resistance Army, LRA)의 우두머리 조셉 코니(Joseph Kony)가 남수단과

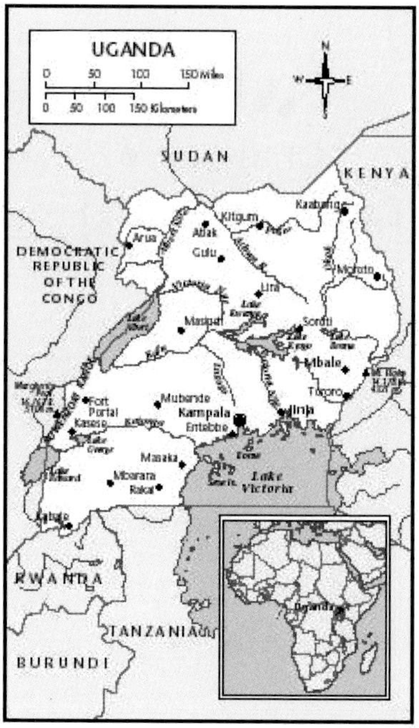

그림 1.1 **우간다 전도**[6]

우간다 국경지대를 근거지로 삼아 활동했었다.

우간다는 대한민국의 2.5배 넓이의 영토를 가지고 있고, 인구는 대략 4,100만 명 정도이다. 2019년도 기준 1인당 GDP는 US$769 정도로 전 세계 180위권(2018, PPP기준으로는 165위)의 저소득국에 속한다. 우간다를 대표하는 산업은 사탕수수, 담배연초, 면화 플랜테이션이다. 이를 기반으로 섬유산업이 발달해 있다. 여기에 건설 및 제철업이 일부 가동되고 있다. 농업이 발달해 있다 보니 여전히 농촌거주 인구가 많다. 최근 수도인 캄팔라 등으로 인구가 집중되는 도시화 현상이 나타나고 있다. 그런데 우간다의 낮은 경제적인 수준보다 더 걱정되는 지표는 인간개발지수(HDI)인데, 0.516으로 전세계 162위권에 기록되어 있다. 이는 경제적인 지표로 나타나는 것보다 실제 일상생활에서 살아가는 사람들의 삶의 만족도가 더 낮을 수밖에 없는 이유가 된다.

우간다는 우리에게 꽤 먼 아프리카의 낯선 나라임에 분명하다. 그러나 한국에게 우간다가 나름 익숙하게 다가오는 계기가 있었다. 우간다는 한국정부가 추진했던 새마을 운동의 성공적인 사례로 언론에 자주 소개되었었고, 반기문이 UN 사무총장 시절 지원했던 새천년마을프로젝트(Millenium Villages Project)의 시범지역이기도 했다. 주변 국가에 비해 토질이 우수하고 농업이 발달한 우간다에서 지역사회개발을 위한 방편으로 한국의 1970-80년대 새마을운동을 차용하려 했던 것이 한국과 우간다가 맺어진 계기가 되었다. 그러나 한국에게도 또 우간다에게도 두 국가의 사회, 경제, 문화적 이해관계는 감정적 거리만큼 차이가 큰 것이 사실이다.

영국 보호령에서 국민국가로의 이행

우간다는 영국의 식민지(1894-1962)였다. 정확하게 이야기하면 우간다는 영국의 보호령(Protectorate) 아래 있었다. 식민지가 되기 이전에는 분요로 키타라(Bunyoro-Kitara), 부간다(Buganda), 토로(Toro), 앙콜레(Ankole), 부소가(Busoga)등의 왕조들이 지역 패권을 다투며 살아 왔다.

이들 왕조들은 동아프리카의 반투문화와 18세기까지 영향력을 행사해 오던 이슬람문화권이 복합된 것들이었다. 영국의 선교사들은 홉스 봄의 표현대로 제국의 시대를 개척하기 위해 동아프리카 지역에 들어왔고, 이후 영국 무역상들은 케냐, 탄자니아, 우간다를 포함한 지역 상권을 장악하기 위해 동아프리카척식회사를 세웠다. 선교사들의 무자비한 포교에 맞서 토착민들이 거행했던 저항은 이 지역의 개신교, 가톨릭, 이슬람교 등 종교를 앞세운 몇 차례의 전쟁으로 비화되었고, 결국 영국 정부가 군사력을 동원해 1894년 보호령을 선포하기에 이르렀다.

우간다 독립 이후의 사회적 변화를 담담하게 그려나간 파레스 부티브와(Phares Butibwa)는 영국령 우간다의 식민통치 양태를 다음과 같이 서술하고 있다.

“영국통치방식의 주요 특징이라면 당시 왕조였던 부간다(Buganda)를 하나의 국가로 전환하여 대리 통치하도록 한 것이었다. 빅토리아 여왕 시기 대영제국이 통상적으로 해오던 바와 같이, 국가가 선교사들을 초빙하고 기독교를 받아들이는 태도를 취했다. 둘째, 바간다[7] 귀족들이 영국 정부에 부역하는만큼 영국은 부간다를 대했다. 셋째, 영국 통치 영역을 부간다 밖으로 확대하도록 바간다가 도구로 사용되면서 소위 특권계층이라는 것이 생겨났다. 넷째, 부간다가 빅토리아 호수를 끼고 있는 동아프리카지역에서 가장 강력하고 막강한 군사력을 가졌었던 왕조라는 점을 고려해보면, 바간다에게서 항복을 받아내는 것이 너무도 중요했다. 그러나 바간다에게 항복을 받아내는 것은 부간다 귀족층을 얼르고 부간다를 영국 보호령의 작은 국가로 만드는 것으로만 가능할 수 있었다. 즉, 영국은 통합되어 있던 지역을 더 많이 분할시키는 정책으로 우간다를 통치했다."

사실 교육은 우간다의 분할통치를 가속화하고, 당시 왕조였던 부간다 내 각 부족 간의 갈등을 부추기는 수단으로 활용되었다. 1922년 최초로 설립된 단과대학 마케레레대학(Makerere College)은 오로지 남부지역의 바간다 출신들만 교육받을 수 있는 장소로 여겨졌고, 바간다가 정치, 경제, 교육, 문화를 총체적으로 대표하는 유일한 특권 부족으로 자리잡도록 했다. 이는 초등교육에서도 나타나는데, 1920년대에서 독립이 이루어지는 1962년까지 328개의 초등학교가 설립, 교육을 담당했다. 거의 대부분의 기관들은 남부에 위치해 있었고, 북부지역에는 교육기관이라고는 거의 찾아볼 수 없었다. 즉, 교육기관을 어디에 설립할 것인지, 누가 그 교육기관에서 교육받을 수 있는가라는 문제를 통해서 영국은 우간다의 지역간, 부족간, 계층간 갈등을 부추겨 효과적인 통치를 이어갈 수 있었다.

사실 이러한 분할통치가 가능하도록 한 것은 1900년 부간다왕조와 영국 간의 협정이 체결되면서 강화되었다. 즉, 주변국이었던 케냐나 탄자니아처럼 영국이 직접 통치하기보다 이 지역의 주도권을 가진 왕조를 이용하여 우간다를 통치하려 했기 때문이었다. 흥미롭게 간접통치가 이루어진 우간다는 케냐나 탄자니아보다 독립을 위한 정치적 운동에 덜 열성적이었다고 보아야 한다. 물론 부간다의 주류 부족이 아니었던 소수 그룹들의 경우를 제외한다면 말이다. 영국의 보호령 속에서 권력을 유지하려는 측과 권력 집단에 대한 저항과 함께 제국주의적 억압에서 벗어나려는 시도가 있었던 것이다. 비록 1962년 영국으로부터 독립하게 되지만, 지역적으로 서로 다른 정치적 지형과 비전을 가진 집단들은 오늘날까지 긴장관계를 이어오고 있다.

영국으로부터의 독립 이후 왕조를 유지하려고 하던 우간다 권력층은 군사적 힘을 가졌던 독립투사들에게 정권을 넘겨주지 않을 수 없었다. 지역적으로 남과 북으로 분할되어 서로 다른 차원에서 발전이 이루어졌다는 점, 이 속에서 혜택을 입었던 우간다 남쪽의 정치적 선호는 독립보다는 유지를 택했다는 점, 이를 극복하자고 군사적인 저항운동을 했던 독립인사들(Milton Obote, Idi Amin, Yoweri Museveni)이 독립 후 권력 쟁탈전을 벌이며 거대한 살육을 자행했다는 점은 오늘을 사는 우간다를 이해하는 데 중요하다. 북부지역에 근거지를 두었던 오보테(Obote)와 서북지역에 근거지를 두었던 아민(Amin), 그리고 다시 서남지역에 근거지를 둔 무세베니(Museveni)는 비록 같은 정치적 이해관계를 가졌었지만 서로를 믿지 못했다. 1962년 독립 후 1986년 무세베니(Museveni)가 집권하기까지 100만 명(국제앰네스티추산)이 살해 혹은 실종되었다. 1985년 인구규모가 대략 1500만이었던 것을 생각해보면 어마어마한 숫자가 아닐 수 없다.

1970-2000년 동안의 우간다 여성과 여학생들의 인권침해와 억압적 삶을 인권 차원에서 살펴본 데이비드 무콜리(David Mukholi)는, 독립 이후 지금까지의 우간다가 걸어 온 역사적 상황을 다음과 같이 조명하고 있다.

"독립 이후, 우간다 역사는 악정, 인권침해, 법규파괴, 경제침

체로 규정된다. 우간다는 피로 얼룩진 시대를 지나왔다. (인권침해로 가득한 이 책의 증언자들은) 잔인무도함, 인간다움의 실종, 독립국가에 대한 기대가 사라진 모습을 강조해 보여주고 있다. 우간다가 독립한 1962년 10월 9일, 사람들은 다가올 밝은 미래에 상기돼 축하의 대열을 이루었다. 그러나 독립된 우간다는 곧 폭군, 무정부상태, 독재, 전쟁의 늪으로 빠져 들어갔다. 약속했던 법에 따른 집행과 인권 및 민주주의에 대한 존중은 폭압적 정권의 법을 앞세운 살인, 재판 없는 구금, 오만하고 무자비함에 의해 색이 바랬다."

우간다에서 가장 유명한 사람은 대통령 무세베니(Yowery Museveni)일 것이다. 사회정치적으로 부정부패가 일상화된 국가에서 대통령의 명성이 두드러진다는 말이 결코 좋은 의미를 갖기는 어렵다. 그는 우간다의 독립영웅이었던 이디 아민(Idi Amin, 1971-1979)과 밀튼 오보테(Milton Obote, 1980-1985)의 뒤를 이어 1986년 대통령에 당선되었다. 그리고 현재(2019)까지 34년째 대통령으로 우간다를 다스리고 있다. 더욱이 2018년 7월 21일 우간다 대법원은 헌법상 5년 임기 5번으로 정해져있던 대통령 재직연한을 없애버림으로써 무세베니 대통령이 실질적으로 평생 대통령직에 머무를 수 있는 여건을 만들어주었다. 참 대단한 대통령이고, 참 대단한 국가의 정치세력이 아닌가 싶다.

36년 집권의 우간다 무세베니 대통령과 마찬가지로 아프리카 대륙에는 로버트 무가베(37년, 짐바브웨), 에두아르두 산토스(37년, 앙골라), 오비앙 은구에마(37년, 적도기니), 비야(33년, 카메룬), 사수 은구에소(32년, 콩고), 알바쉬르(27년, 수단), 데비(26년, 차드) 등 오랜 기간 대통령직에 머무르는 지도자들이 아직도 많다. 더욱이 20-30년을 훌쩍 넘기는 독재자들과 함께 아프리카 대륙의 사회정치체제는 수만-수백만의 인명을 살상했다고 보고되는 폭력적인 군인들의 세상으로 그려진다. 1960-80년 사이에 오랜 식민체제를 벗어나 독립국가의 길을 걷게 된 국가들인만큼 안정된 국가 경영, 지속적인 발전이 쉽지는 않더라도 이토록 오랜 독재와 살상, 내전으로 얼룩진 세상이 여전히 존재한다는 것은 받아들이기 쉽지 않다. 세계시민교육과 지속가능발전을 이야기하는 오늘, 우리에게 비민주적인 사회문화적 체제는 넘기 어려운 장벽임에 틀림없다. 변화의 움직임이 없지는 않다. 우간다의 바로 옆 나라인 짐바브웨에서는 로버트 무가베(Robert Mugabe)가 2017년 1980년부터 시작된 37년의 장기 집권을 멈추고 가택연금 상태로 대통령직에서 물러났다. 리비아의 가다피(Muammar Gaddafi)는 2011년 42년간의 통치를 비극적인 결말로 끝냈다. 리비아와 국경을 맞댄 부르키나파소의 콩파레(Blaise Compaoré)는 1987년부터 시작된 27년간의 통치제한 규정을 2014년에 없애려다 오히려 권좌에서 물러나게 되었다.

주변국가의 이러한 정세를 모를 리 없겠지만, 우간다에서는 아직 이렇다 할 변화가 나타나지는 않고 있다. 잠깐 변화의 조짐이 있기는 했다. 2018년 국회의원 보궐선거를 치르는 우간다 북부지역에서 차량 폭발사고가 있었다. 우간다 정치가 전 세계적으로 주목받게 된 사건이었다. 이 지역은 전통적으로 야당 지지세가 강한 곳으로 정부 여당의 '미움'을 받는 곳이기도 하다. 오랫동안 정부에 비판적인 목소리를 내온 곳에 대해 전제적 정치를 이어온 독재자가 가만히 있을 리가 없었다. 더욱이 대통령은 이 지역을 토대로 자신에게 대항하는 야당 정치인들이 등장한다는 위기감에 사로잡혀 있었다. 이 지역에서 발생한 차량 폭발사고는 야당 정치인이 자신을 죽이려던 정치공작이 되어, 당시 대통령 선거 출마를 공식화한 야당 정치 지도자 보비 와인(Bobi Wine, 본명은 Robert Ssentamu Kyagulanyi로 우간다 인기 가수였다.)을 체포, 구금, 고문했다. 사실 이 사건의 추이를 국제사회가 지켜보고, 보비 와인이 고문에 따른 치료를 위해 미국을 방문하면서 우간다의 오랜 독재 정치가 마무리되지 않을까 잠시 생각했던 적이 있다. 그러나 무세베니는 지난 해 대통령 선거에서 6번째 5년 임기의 대통령에 선출되었다.

2018년 무세베니 대통령이 6번째 임기를 시작하게 되면서 나는 그의 독재가 우간다에 지나친 해를 끼친다고 생각했다. 인터넷에 무세베니의 나이를 물어보면 75세(1944년생)라고 알려준다지만, 그의 나이를 정확하게 아는 사람은 없다는 것이 그 동네 사람들의 이야기이다. 30년을 훌쩍 넘기게 된 그의 독재는 우간다의 민주적 정체형성, 다양성에 기반한 국민통합, 자유로운 경제활동에 적잖은 염려를 하게 한다. 도대체 제대로 된 국가는 언제쯤이나 만들어질 수 있을까? 아직도 떠나지 않는 질문이었다. 물론 전임자들의 폭정은 말할 필요가 있겠나 싶다. 무티브와의 표현대로, 이들의 독재는 "잔인한 동물(bad animal)" 그 자체였다. 이들은 우간다가 독립된 국민국가로 이행하는데 적잖은 장애를 만들었다고 할 수밖에 없다. 우간다의 오늘을 이해하는데, 우간다 내부의 오랜 군사적 충돌 배경으로 제국주의자들의 이간과 분열 정책이 깊숙이 자리잡고 있다는 것을 잊어서는 안 된다.

우간다의 사회정치적 변화는 가능할까? 우간다에서 가장 유명한 사람이 독재 정치인이 아닌 시대, 문화와 사회적 특징, 인민(사람들)의 삶에 초점이 맞추어지는 시대가 다가올까? 당분간은 어렵지 않을까 싶다. 오랜 독재를 이어가는 대통령의 영부인이 2016년부터 교육부 장관으로 재직하고 있는 상황은 이를 더 극명하게 보여준다.

우간다의 사회와 문화

앞서 영국의 식민지배를 받던 시기부터 독립에 이르기까지, 그리고 국민국가로 우여곡절을 겪었던 상황에서 볼 수 있듯이, 우간다는 다양한 부족과 이들의 언어, 문화, 사회구조가 혼재되어 있다. 대부분은 우간다 언어(Luganda)를 사용하지만 지역에 따라 반투어(Bantu), 스와힐리어(Swahili), 닐로틱(Nilotic, 굴루지역을 중심으로 자리한 아촐리부족 사람들이 사용하는 언어)어를 사용한다. 종교는 식민지시기 이식된 기독교(85%)가 가장 대중적이다. 우간다 기독교는 가톨릭과 개신교가 각각 절반 정도씩으로 나뉘어 있다. 또한 인구의 12% 정도가 이슬람교도이며, 이외에도 식민지시기 대거 유입된 인도인의 영향을 받아 시크교도와 힌두교도가 있다. 따라서 수도인 캄팔라에서 이 책의 배경이 되는 북부 굴루를 향해 대여섯 시간 동안 이동하다 보면 길가의 교회성당과 함께 크지 않은 이슬람 사원들을 함께 볼 수 있다.

그런데 우간다를 구성하는 여러 문화권에서 절대적으로 우세하다고 할 수 있는 부족은 존재하지 않는다. 사실 이 문제 때문에 그토록 오랜 시간 우간다의 정치적 불안이 이어져 왔다. 식민제국이었던 영국은 바간다(전체인구의 17%)를 이용하여 간접통치하면서 남부지역을 근거지로 삼은 부간다왕조를 집권 엘리트 세력으로 만들었다. 그러나 이에 저항하는 다른 부족들, 예를 들어, 서닐로틱(Western Nilotic)(전체인구의 21%), 동닐로틱(Eastern Lilotic)(전체인구의 15%), Basoga(전체인구의 8%), 서반투(Western Bantu)(전체인구의 9%), 바기수(Bagisu)(전체인구의 5%) 등은 빅토리아 호수를 끼고 경제적 부를 향유해 온 남쪽 지역에 비해 적잖은 인구규모를 갖고 있다. 더욱이 우간다는 수단과 콩고공화국, 르완다, 탄자니아로부터 이주한 사람들이 우간다 국경지대에 다수 거주하고 있어 사회문화적 다양성을 더해준다.

여기에 아시아 이주민들이 문화 다양성을 더하고 있다. 영국은 식민지로 삼은 동아프리카 지역에 농산물을 생산하기 위한 플랜테이션을 시작했다. 커피, 면화, 사탕수수 등의 농장을 만들고 이에 동원될 노동력을 주변국인 케냐, 탄자니아, 그리고 인도로부터 들여왔다. 특히 인도로부터 대규모의 이주민이 들어와 자리잡은 이후 우간다의 도매 상권을 장악했다. 마치 지금의 아프리카 어느 국가를 가더라도 중국산(Made in China) 제품과 함께 이를 유통하고 있는 중국 도매상들을 보게 되는 것처럼 말이다. 이디 아민은 자신이 정권을 쥐고 폭력적인 상황을 연출하던 시기(1971-1979)에 국민 경제를 위한다는 조치로 도매업에 종사하던 아시아인(주로 인도인들)의 상권을 박탈하거나 쫓아냈다. 그러나 사업 경험이 거의 없거나 사업수완이 좋지 않았던 우간다인들은 이를 넘겨받지 못하고 더 혼란스런 상황을 맞게 되었다. 결국 인도인들은 아민의 퇴진 이후 다시 우간다에 들어와 상권을 장악하게 되었다. 도시화가 한창 진행되고 있기는 하지만, 여전히 농업 중심의 경제체제로 인하여 우간다의 생산력은 낮다. 앞서 1인당 GDP가 769불에 지나지 않는다고 이야기했던 것처럼, 산업구조는 아직 제조업(5%)이나 서비스업(13%)보다는 소규모 1차 생산물을 생산, 유통하는 산업(82%)에 의존하고 있다.

우간다는 전통적으로 남성주도의 권위적 사회였다. 변화가 있다고는 하지만 도시를 벗어난 지역에서 여성은 편견 가득한 시선으로 활동에 많은 제약을 받고 있다. 예를 들어, 전통적으로 여성은 말을 할 때, 무릎을 꿇고 머리를 조아려 말해야 한다. 물론 이러한 남성과 여성의 불평등한 인습이 얼마나 폭넓게 시행되고 있는지에 대해서는 말하기 어렵다. 오랜 정치적 내전이 진행되어 오면서 여성은 전통적인 사회의 규범에서 해방되어 온 과정을 거쳤다. 군인으로 직접 전투에 참여하거나, 정치적 목소리를 내는 정당을 결성, 영향력을 확대해 왔다. 그러나 여전히 우간다 사회는 가정에서 남성이 중요한 결정을 하고 여성은 이에 따르는 방식을 취한다. 따라서 도시를 떠나 시골지역으로 가면 초경에 접어든 여아들은 이른 결혼을 해야 한다. 그들은 돈을 들여 공부해야 할 주체로 여겨지지 않는다. 2000년대 이후 급격히 초등학교 등록률이 높아지기는 했지만, 시골지역에서는 졸업 및 중학교 진학을 앞두고 5-7학년 동안 중도 포기하는 여학생들이 많다.

우간다 교육체제 및 교육현황

이제 간단하게 우간다의 교육체제 및 주요 교육현황을 살펴보도록 하자. 우간다는 2013년부터 교육통계자료를 내고 있다. UNESCO에서 개발도상국에 지원해 교육시스템의 질적 개선을 도모하려고 '교육행정정보시스템'을 마련하도록 했다. 우간다 또한 이 지원에 힘입어 정부 차원에서 각 지방정부의 교육수준을 아래로부터 정보를 수집하고, 이를 종합하여 보고서를 발간하고 있다. 본 장에서 다루고 있는 우간다의 교육현황은 2016년 발간된 교육통계 자료를 바탕으로 하고 있음을 밝힌다. 사실 UNESCO에서는 교육의제의 추진 상황을 담은 보고서를 매년 발간하고 있지만, UNESCO 또한 자체적으로 조사하기보다는 해당 정부의 자료를 바탕으로 한다는 점에서 가장 최근에 발간된 우간다 교육부의 자료를 참고하는 것이 나을 것이다. 우선 우간다의 학제를 살펴보자.

[표 1.2]에서 볼 수 있듯이, 우간다는 취학전 교육, 초등학교교육, 중등학교(중학교, 고등학교), 고등교육으로 구분되어 있다. 각 단계의 교육은 취학전 2년, 초등학교 7년, 중학교 4년, 고등학교 2년의 과정으로 구성된다. 이는 영국 학제를 따른 것으로, 중학교육 과정까지 마친 11년째 대학예비학교를 위한 11+시험(우간다에서는 Uganda Certificate of Education, UCE, O-level)을 치르게 되기 때문이다. 대학 입학을 앞두고 영국에서 중등학교수료평가(General Certificate of Secondary Education, GSCE)라고 부르는 A-Level 시험을 치르는데, 마찬가지로 우간다에서는 고등수학평가(Uganda Advanced Certificate of Education, UACE)

고등단계(ISCED 5-8)	고등교육기관(대학교 및 전문대학)	
중등단계(ISCED 2-3)	고등학교(2년)	직업기술원(2년)
	중학교(4년)	직업기술학교(3년)
초등단계(ISCED 1)	초등학교(7년)	

교육단계	교육연한	졸업요건	상위학교급
취학전교육 (비의무)	2년		초등학교
초등학교	7년 (6-12세)	Primary Leaving Exam(PLE)	중학교, 직업기술학교
중학교 (O-Level)	4년 (13-16세)	Uganda Certificate of Education(UCE)	고등학교, PTC, 직업기술원
고등학교 (A-Level)	2년 (17-18세)	Uganda Advanced Certificate of Education(UACE)	대학교 및 전문대학
대학교	3-5년 (19-21세 이상)	준학사/학사학위 (Diploma/Degree)	대학원

표 1.2 **우간다의 기본 학제 개괄**

로 불리는 A-level 시험을 치른다. 그러나 우간다는 앞으로 이러한 학제의 변화를 꾀하고 있다. 7-4-2체제를 6-3-3체제로 바꾸는 방안을 채택하려고 한다. 이는 대학교육을 받는 학생들이 극히 적은 엘리트 교육체제를 염두에 둔 것으로, 전 국민에게 보다 대중적인 교육기회를 부여하려면 초등교육을 줄이고 중등교육을 보다 보편적인 체제로 전환해야 하기 때문이다. 앞으로 어떻게 바뀔 지는 두고 볼 일이다.

어찌되었건 기존 시스템 속에서 일반교육은 초, 중학교를 거쳐 대학교육 예비단계인 고등학교로 구성되어 있다. 어쩌면 초등학교

7년, 중학교 4년, 고등학교 2년으로 되어 있는 시스템 속에서 많은 학생이 UCE 시험이나 대입을 위한 UACE 시험을 치를 것으로 생각할 수 있다. 그러나 우간다의 초등학교 취학률이 거의 100%에 이르지만, 실제 대학입학시험을 치르는 단계까지의 교육을 지속하는 비중은 상당히 낮다. 다음의 교육현황을 보도록 하자.

우간다의 초등학교 수는 19,718개로 이중 공립학교는 12,109개로 61%에 해당한다. 중등학교는 총 3,070개로 이중 공립학교는 1,058개이며, 34%에 해당한다. 초등학교보다 중등학교에서 사립학교의 비중이 크게 나타난다. 이는 주요 도시가 위치한 부간다 지역에서 훨씬 크게 나타나는 현상으로, 사립학교는 도시에서 기업인들이, 시골에서는 종교단체가 설립한 경우가 많기 때문이다. 학생수 현황은 [표 1.3]과 같다.

초등	전체	P1	P2	P3	P4	P5	P6	P7
남	4,294,473	949,261	676,636	672,964	655,305	564,606	466,660	309,041
여	4,361,451	939,586	676,257	676,329	672,730	591,859	491,638	313,052
전체	8,655,924	1,888,847	1,352,893	1,349,293	1,328,035	1,156,465	958,298	622,093

중등	전체	J1	J2	J3	J4	S1	S2
남	765,406	183,195	177,788	164,684	144,783	48,516	46,440
여	691,871	175,529	168,262	152,645	132,027	32,737	30,671
전체	1,457,277	358,724	346,050	317,329	276,810	81,253	77,111

표 1.3 **우간다 학교급/학년별 학생수(남/녀), 2018**

정확한 인구 통계가 잡히지 않는 상황에서 우간다 학생들의 취학률을 명시하기는 쉽지 않다. 이를 UNESCO의 추정 통계를 바탕으로 이야기해보면, 대략 초등학교의 총 등록률(GER)은 2017년 기준 99%에 이른다. 이는 연령에 상관없이 학교에 등록한 학생들이 학령기 아동인구에 거의 맞먹는다는 이야기이다. 그러나 통계자료에 등장하듯이 제 나이에 학교에 가지 못하는 경우가 많다. 초등학교 1학년은 만 6세가 되어야 등록하는 것으로 되어 있지만, 1학년에 등록하는 학생들은 만 6세가 안되는 경우를 포함하여 13세 아동까지 포함하고 있다. 뿐만 아니라 해가 지나도 학년을 승급하지 못하는 경우가 있는만큼 낙제생들의 경우 제 나이에 학교를 다니지 못하는 경우가 많아지게 된다. 총등록률보다는 제 나이대의 인구 대비 학교에 등록하는 비율을 통상적으로 살펴보는데 이를 순등록률(NER)이라고 한다. 우간다의 순등록률은 90%정도로 2010년 이후 지금까지 큰 폭의 변화가 없는 것으로 보고되고 있다. 물론 등록된 학생들이 전부 학교에 오는 것처럼 기대해서는 안 된다. 이에 대한 자세한 이야기는 이 장의 맨 마지막을 보면 좋을 것이다.

앞서 표에서 살펴볼 수 있는 흥미로운 점들이 있다. 초등학교와 중등학교에서도 여학생들의 비중이 남학생에 비해 그리 낮지 않다는 점이다. 초등학교의 경우 남녀 비율은 거의 1:1 정도이며 중등학교의 경우에는 남녀 비율은 53:47 정도가 된다. 마치 남녀의 교육기회가 거의 나타나지 않는 것처럼 보이지만, 이는 도시가 아닌 시골학교의 경우에 여학생의 등록률이 낮아진다는 점에서 유의해 살펴보아야 한다. 또 다른 흥미로운 것은 1학년 등록 이후 2학년이 되면 거의 30%에 해당하는 등록학생이 사라진다. 가장 많은 중도탈락률을 보이는 시기가 된다. 이는 졸업시험을 앞둔 7학년 등록학생수의 비율이 1학년수 대비 32% 정도 밖에 되지 않는다. 사실 이렇게 추정하는 것은 정확하지 않다. 동일한 학생집단의 변화를 분석한 것이 아니기 때문이다. 1학년에 함께 입학한 학생들이 7년 동안 등록률에 있어 어떤 변화를 보이는지 7년간의 변화를 살펴보는 것이 가장 타당한 분석법이 될 것이다. 그러나 이러한 시계열적 자료가 부족한 상황에서 방문했던 몇몇 초등학교의 자료들을 통해 유사한 패턴이 나타나는 것을 확인할 수 있다. 즉, 2학년이 되는 시기와 6-7학년으로 올라가는 시기에 중도탈락하는 학생수가 가장 많아진다.

이를 중등학교의 등록학생수와 비교해 보면(마찬가지 논리로), 중학교 입학 및 고등학교 입학 시기에 가장 많은 중도 탈락률이 나타난다. 초등학교 1학년 입학생 수에 비해 중학교 입학생은 남녀 대체적으로 19% 정도 밖에 되지 않으며, 고등학교 졸업반(S2)의 경우 남학생은 4.9%, 여학생은 3.3% 정도만이 남아있게 된다. UNESCO의 통계자료를 대조해서 살펴보면, 초등학교를 졸업하게 되는 비율은 대략 35% 정도(2016)로 추정하고 있으며, 중학교로 진학하는 학생의 비율은 졸업생수 대비 남학생, 여학생 각각 61%, 57%로 나타나고 있다. 고등학교를 졸업하고 대학에 진학하는 학생들의 경우에는 남학생, 여학생이 각각 5%, 4%(2014)로 보여주고 있다. 약간의 통계적 차이가 있기는 하지만, 전체적으로 학교교육에 참여하는 우간다 학생들의 등록률 변화를 보여주기에 충분하다고 본다. 이를 요약하면, 같은 나이의 110명 중 대략 100명 정도가 초등학교 1학년에 입학한다. 그러나 1년이 되기 전에 30명이 중도 탈락하고 겨우 35명 정도의 학생만이 초등학교를 졸업한다. 그리고 17-19명 정도가 중학교에 입학하는데, 고등학교 과정 2년을 졸업하고 대학에 가는 학생들은 겨우 남자 5명, 여자 3-4명 정도가 된다.

학생의 배움에 직접 영향을 미치는 교사에 대해서 잠깐 살펴보자. 초등학교의 교사는 총 202,617명이며 이중 여교사는 86,508명으로 43% 정도이다. 중등학교에는 총 58,100명의 교사가 있으며, 이중 여교사의 비중은 25% 정도이다. 학교유형별로 살펴보면, 초등학교 교사 중 공립학교에서 일하고 있는 교사의 비율은 65%, 중등학교의 경우에는 44% 정도 된다. 학교수로만 보면 공립 초등학교가 61%, 공립 중등학교가 34% 정도 되는 것으로 학교당 교사 수 비중은 사립학교보다 공립학교가 높은 편이다. 사립학교가 공립학교보다 학생 수 및 학업성취도 측면에서 더 안정되고 우월할 것이라 생각할 수 있지만, 사립학교의 설립주체, 정부재정지원 여부, 학교위치에 따라 학교의 규모 및 성취도 수준의 차이가 상당히 크다. 교사의 경우에도 마찬가지라고 보면 된다. (초등학교의 경우) 학급당 학생수는 학년별로 상당히 차이가 크며, 공립학교인지, 사립학교인지에 따라서도 상당히 다르다. [표 1.4]를 참조하라.

[표 1.4]에서 볼 수 있듯이, 공립학교보다 사립학교의 학급당 학생수가 훨씬 적다. 일반적으로 이야기하면 교사가 학생들을 관리, 통제하기 좋은, 쉽게 이야기해 교수-학습 환경이 낫다. P1-P5에 이르기까지 거의 60-70명에 이르는 학생들이 한 학급에 배정된

구분	학급수			학생수			학급당 학생수		
학년	공립	사립	계	공립	사립	계	공립	사립	계
P1	20,749	9,946	30,695	1,573,699	315,148	1,888,847	76	32	62
P2	16,095	8,532	24,627	1,095,678	257,215	1,352,893	68	30	55
P3	16,218	8,392	24,610	1,100,382	248,911	1,349,293	68	30	55
P4	16,690	7,935	24,625	1,101,382	226,653	1,328,035	66	29	54
P5	15,809	7,227	23,036	959,015	197,450	1,156,465	61	27	50
P6	14,885	6,477	21,362	790,391	167,907	958,298	53	26	45
P7	13,141	5603	18,744	491,133	130,960	622,093	37	23	33
계	**113,587**	**54,112**	**167,699**	**7,111,680**	**1,544,244**	**8,655,924**	**63**	**29**	**52**

표 1.4 **초등학교 학년별 학생수, 2018**

다. 그러나 실제 학교에 등록되어 있는 학생들을 살펴보면, 100명을 훌쩍 넘긴 곳도 많고, 심지어 170-180명이 등록생으로 되어 있는 P1-P2 학급도 있다. 흥미로운 것은 P7에 이르면 학생수가 갑자기 줄어드는데, 이는 P7에서 치르는 시험이 무의미하다고 느끼는 경우라거나, 이미 12-15세의 이른 학생들은 가정의 경제를 돌봐야 하는 경우가 많기 때문이다. 물론 도시와 도시 근교 지역의 학교에서는 이런 경우가 덜하지만, 시골에서는 정도가 훨씬 심하다. 여학생의 경우 10대 임신 및 조혼 풍습에 따라 학교를 중퇴하는 경우도 있고, 초경에 이른 여학생들의 경우 위생시설이 부족하거나 또래 남학생들의 놀림 때문에 학교를 그만두는 경우도 있다.

이 책에서 다루고 있는 우간다 교사의 이야기를 하려면, 교사가 어떻게 길러지는지 다루지 않을 수 없다. 초등학교와 중등학교의 교사 자격을 부여하는 교사교육기관은 서로 다르다. 초등학교 교사교육은 (우리나라 방식으로 이야기해보자면) 교육대학(Primary Teacher Colleges, PTCs)에서 3년간, 중등학교 교사교육은 (우리나라 식으로 이야기하자면) 사범대학(National Teachers Colleges, NTCs) 및 대학 교직과정에서 2년간 이루어진다. 초등학교 교사가 되고자 하는 예비교사는 11년의 중학교 과정(O-level)을 마치고 PTC에 입학하여 2년 동안의 교육을 받는다. 우간다에서는 평균적으로 만 17세에 교대에 입학한다. 입학을 위해서는 졸업성적(UCE)과 영어, 수학, 과학 2교과 등을 포함하여 6개 과목의 시험을 거쳐 선발과정을 거쳐야 한다. 전국적으로 52개의 교대(공립 45개, 사립 7개)가 있는데, 정부에서 지정한 정원은 학교당 450명이다. 이들은 2년의 교육 이수 후 졸업과 동시에 각급 학교에 배치되어 3년 동안의 실습교사 과정을 마쳐야 한다. 교사교육을 받는 동안(2년+3년) 정부는 학생들에게 일종의 수당을 제공한다. 학교 학년 및 교과목에 상관없이 가르칠 수 있는 자격("Grade III")이 부여된다.

사범대학에는 A-level 과정을 마친 학생들이 인문계통 2과목 이상 혹은 과학계열 1과목 이상과 다른 2과목의 평가를 거쳐 선발된다. 전국적으로 6개의 사범대학이 지역별로 존재하는데 공립 사대 5개, 사립 사대 1개가 있다. 모든 사대에서는 정부에서 고지한 교육과정에 따라 교사교육이 이루어지는데, 수학 기간은 2년이다. 이들은 졸업과 동시에 중등학교에서 자신이 전공한 교과를 가르칠 수 있는 자격("Grade V")이 부여된다. 졸업하기까지 총 16주에 걸쳐 교육

교사자격 구분	공립			사립			총계
	남교사	여교사	계	남교사	여교사	계	
초등교사자격(DPE)	16,140	11,486	27,626	1,592	884	2,476	30,102
2급 교사자격	138	117	255	330	390	720	975
3급 교사자격	48,849	35,762	84,611	19,909	16,505	36,414	121,025
4급 교사자격	979	752	1,731	611	601	1,212	2,943
5급 교사자격 (DSNE, DSE, DTE)	4,654	3,183	7,837	1,737	868	2,605	10,442
학사 자격교사	3,810	2,228	6,038	727	510	1,237	7,275
일반학사학위 자격교사	169	97	266	1,468	1,068	2,536	2,802
다른 훈련 과정	142	106	248	3,734	3,283	7,017	7,265
미고지(Not Stated)	1,256	863	2,119	9,864	7,805	17,669	19,788
총 계	76,137	54,594	130,731	39972	31914	71,886	202,617

표 1.5 **우간다 교사자격별 교사수**

실습을 실시하는데, 2년차에 8주, 3년차에 8주가 진행된다. 사대와 마찬가지로 전국에 위치한 28개 종합대학(공립 5개, 사립 23개) 내 사대의 학사학위를 마친 학생들은 교사 자격이 부여된다. 4년으로 학사학위 과정이 고정되어 있지 않은 관계로, 학사학위를 얻는 데 소요되는 시간은 3-4년으로 유동적이다.

그러나 우간다의 교사교육 및 훈련을 이야기하다 보면 교사교육시스템이 이렇게 간단하지 않다는 것을 발견하게 된다. 일례로 2016년 통계자료에 따르면 교사자격에 따른 초등학교 교사 분포도를 [표 1.5]에서 확인할 수 있다.

초등학교 교사가 되는 방법에는 대학에서의 초등과정 교직과정 이수(DPE), PTC 졸업(Grade III와 IV), NTC 졸업 및 일반대학(과학, 인문, 직업기술) 학사과정 이수(Grade V), 대학원 졸업(Graduate Teacher), 기타 자격(Licence) 소유 등으로 다양하다. 여기에 Grade II 자격 소유 교사 및 미고지 교사들이 있는데, 이들의 경우에는 과거 적절한 교사교육 없이 교사가 되어 별도의 훈련을 받아야 하는 경우에 해당한다. PTC의 경우 2008년 이후 2년 과정으로 확정되었으며 이전에는 6개월, 1년 등으로 다른 교육/훈련 양상을 띠었다.

우간다 교육의 주요 이슈

간단히 말해, 우간다는 사회경제적 수준이 열악하다. 안타깝게 교육 수준도, 교육에 대한 투자도, 따라서 학교의 교수학습환경도 열악하다. 학교시설, 교사수, 교육기자재가 부족하고, 학생들이 공부에 몰입할 수 있는 동기는 크지 않다. 심지어 공부하겠다는 아이들의 열의를 꺾어 놓는 사회문화적 저해요소가 있고, 학업성취도의 지역간 격차는 크다. 지역 교육청(District Office of Education, DoE)에는 수업 및 학교관리를 감독하는 장학시스템이 있지만, 제대로 작동한다고 보기 어렵다.

문제는 이것만이 아니다. 그러나 우간다의 교육문제를 크게 두 가지로 정리하여 이야기해보고자 한다. 하나는 정부교육예산의 부족문제이고, 다른 하나는 학교 학생의 출석률 문제이다.

우선 우간다 정부의 2019/2020 교육예산 규모는 3조 2800억 우간다 실링(약 US 9천만불)이다. 이러한 예산 규모는 정부 전체 예산의 10.26%, GDP 대비 2.6%에 해당하는 것으로, 사하라이남 아프리카국가들 중에서도 상당히 낮은 수준에 해당한다. 전년에 비해서도 우간다의 교육예산 비중은 줄어들었다. 규모는 5040억 우간다실링만큼 늘었지만, 정부예산 비중은 11.8%에서 10.26%로 줄어들었다. 이중 교사 및 관련 공무원들의 급여가 65%를 차지하고, 교육활동에 투입되는 비중은 25% 정도에 그친다. 따라서 절대적으로 부족한 교육예산은 원조자금(정부 교육예산의 10% 수준)으로 충당하게 된다. 우간다 정부에서 교육예산의 비중이 충분하지 않은 몇 가지 이유가 있다.

첫째, 조세제도의 미비 및 엄격한 조세집행 유예로 인하여 세수 규모가 절대적으로 작다. 이러한 조세규모의 절대적인 부족은 비단 우간다만의 문제는 아니다. 정부의 제도 및 정책집행이 잘 이루어지지 않는, 즉 약한 국가체제를 가진 국가들이 겪는 기본적인 문제들 중 하나이다. 사하라이남 국가들의 대부분은 조세정의가 낮은 상황에서 부족한 재원을 국외로부터의 자금 유입, 유·무상원조에 의존하게 된다. 이렇게 국제사회에서 자금이 필요한 국가에게 돈을 빌려주고 자금을 통한 주종관계를 통하여 정책적 영향력을 행사하는 국제기구들이 있다. 세계은행 및 IMF, 그리고 각 대륙별로 구성되어 있는 지역개발은행 등이 여기에 해당한다. 원조자금의 유입은 단지 돈을 통하여 부채관계가 성립하는 것을 넘어선다. 부채관계는 채무를 이행해야 하는 당사자가 부채를 청산해야 한다는 당위적 조건 위에 성립하는 것으로, 채권자인 국제기구는 자금 투입을 위한 다양한 국가정책적 구조조정을 조건으로 내건다. 결국 부족한 세수의 보완책으로 외부자금에 의존하는 상황은 국가 통치권이 대외적으로 큰 개입의 여지를 낳게 한다.

둘째, 개발도상국은 국제사회의 개발 의제를 다양한 구조적 압력 속에서 받아들이지만, 정작 이를 효과적이고 효율적으로 이행할 만한 정책집행의 능력이 부족한 상황이다. 그렇다고 국제개발의제를 받아들이지 않으면 이런 저런 원조자금의 유입이 원활하지 않다는 점 때문에 어정쩡한 입장을 취한 채 가만히 있을 수도 없다. 특히 사회개발과 관련된 다양한 국제사회의 조치 및 개발의제는 국가의 정책적 개입과 적극적인 참여를 요구하는만큼 이에 대한 국가적 대응은 필수적이라 할 수 있다. 교육분야에서 개발의제로서 '모든 이를 위한 교육 마련', '보편적인 기초교육제공', '지속가능발전을 위한 포용적이고 형평적인 평생교육 향유'는 1990년대 이후 거의 모든 국가에서 합의하고 각 교육정책의 개혁방안에 받아들인 내용들이다. 그러나 이러한 의제들이 국가의 정책 내용과 추진체제에 반영되어 있다고 하더라도, 정부는 이러한 정책을 집행하는데 소요되는 예산이 없다는 이유로 아무런 일이 일어나지 않는다. 우간다에서는 초중등학교를 포함한 기초교육 9년 동안을 무상의무교육기간으로 법제화하고, 모든 국민들에게 양질의 교육을 제공하겠다는 것을 천명했다. 이에 따라 일부 학교 및 교실이 확충되기는 했지만, 교육을 받겠다는 수요에는 턱없이 부족한 대응이 이어졌고 결국 기존의 학교 시설에 몰려드는 학생들을 억지로 쑤셔넣는 결과들이 발생했다. 더불어 늘어난 학생수에 걸맞는 교사를 확보하지 못해 교사들의 부담은 갈수록 커졌고, 부담이 커진 교사에 대한 지원은 아무런 변화 없이 지속되었다. 엎친 데 덮친 격으로 국제사회는 양질의 교육에 교사가 미치는 영향력이 크다는 이유로 교사양성 및 교사교육/훈련의 중요성을 부각시키고 교사관련 정책적 시스템을 전환하도록 요구했다. 학생수의 증가, 교실의 부족, 교사의 업무 가중, 교육/훈련의 변화없는 시스템의 전환 요구로 이어지는 교육정책의 구조는 말 그대로 어디에 손을 대야할지 알지 못한 채 내쳐진 상황으로 남아 있다.

셋째, 기초교육에 대한 정책적 개입은 1948년에 선포된 세계인권선언의 선언적 주장에 근거한다. 교육받을 권리는 인간이라면 태생적으로 부여받은 인권의 중요한 부분으로, 모든 국가는 초등수준의 교육을 무상으로 제공할 의무를 갖는다. 문제는 선언적 주장이 필연적으로 구체적인 자연인으로서의 개인들에게 구체적인 정책적 서비스로 제공되지는 않는다는 점이다. 여기에 미치는 요인은 다양할 것이다. 그중 빼놓을 수 없는 것은, 교육에 대한 재정투입들을 가로막는 정치적 선택이 존재한다는 것이다. 즉, 기초교육에의 관심과 정책은 단기간에 정책 결정자 및 결정자들에게 성과라고 할 만한 가시적인 효과를 보여주지 못한다는 점이다. 따라서 교육재원의 규모가 정해져 있는 상황에서 선택적 투입을 결정해야 하는 특정한 교육분야 중 기초교육분야는 늘 우선순위에서 밀려나게 된다. 교육의 본질적인 성과가 무엇이어야 하고, 이를 위해 국가는 공적 책무로서 모든 사람들에게 양질의 교육을 제공할 의무를 어떤 기준에 따라 이행해야 할까? 안타깝지만, 이러한 논의에서 첫 번째 제시한 말, '교육의 본질적 목적/성과'는 교육분야에 집중하는 사람들에 의해 결정되지 않고 상황 의존적이다. 교육의 성과는 교육의 본질적이고 특수한 영역에 논리적으로 부합해야 한다고 여겨지지 않는다. 대체적으로 교육의 성과는 교육분야 바깥의 거시적인 구조적 체제에 의해 목표가 정해지고, 그 목표에 봉사하도록 요구받고 있다. 국가 수준에서 교육은 사회경제적인 발전의 수단이 되어야 하며, 이를 위한 인적자원의 생산이 핵심적인 과제여야 함이 강조된다. 발전주의적 행태는 '교육발전론'을 교육의 수단화로 이어지도록 했다. 먹고 사는 문제가 항상 주요한 핵심적 과제로 대두되면서 교육은 국가의 경제적 이해관계를 수행하는 중요한 곁가지가 된 것이다. 따라서 교육도 효율적인 투자 대상이 되어 투입된 재원의 크기에 따른 산출/성과의 효율성과 효과성이 측정되고 있는 것이다. 안타깝지만 교육의 다른 영역에 비하여 영유아교육을 포함한 기초교육은 교육 이외의 영역에서 요구하는 효율적인 성과 산출이 단기간에 가시적으로 나타나지 않는 대표적인 영역이다. 따라서 경제적 성장에 가시적인 효과를 낼 수 있는 교육분야 하위 영역인 직업기술훈련, 고등교육/연구, 교수방법론, 교육인프라 등이 일상적인 학교교육의 활동보다 주목받고 또 직접적인 재원투입 영역으로 자리잡게 되었다.

다음으로 우간다 시골 초등학교의 출석률 문제를 다루고자 한다. 우간다의 교육에서 어떤 문제가 있는가를 지적하는 것은 그리 어렵지 않다. 위에서 이야기한 우간다의 교육문제를 이야기하기 전에 꼭 들려주고 싶은 학교교육의 문제가 있었다. 비록 그 이야기 뒤에 이 글이 배치되기는 하지만, 아마 이 이야기는 이후에 전개되는 우간다 북부지역 굴루타운 근교의 시골 학교에서 벌어지는 일을 대

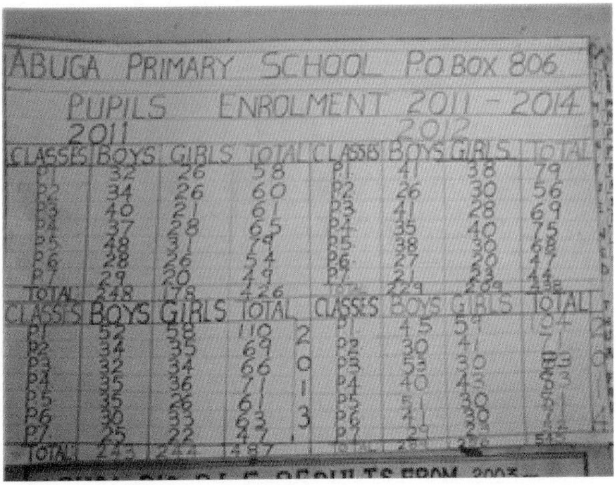

사진 1.1 2011년도에서 2016년도까지의 등록 학생수의 변화를 학년별/성별로 보여주고 있음. 안타깝게 2015년도는 빠져있음.(사진: 유성상)

략적으로 짐작하게 할 것이다. 시골 학교에서 일하는 교사들이 무능하다거나 게으르다거나 혹은 제대로 훈련받지 못했다는 "교사 귀책"에 대해 조금은 다른 시각으로 우간다 학교교육을 바라보도록 해 줄 것이다.

내가 보여주고 싶은 것은 학교 아이들에 대한 이야기이다. 특히 시골 학교에 등교하는 아이들뿐만 아니라 아예 학교에 오지 않는 아이들, 혹은 드문드문 오는 아이들의 현황을 숫자로 이야기해 보고자 한다. 흔히 교육전문가들 사이에서 '유령 학생'이라고 부르는 현상이다.

[사진 1.1]의 학생총수를 살펴보자. 학생수의 변화를 볼 수 있다. 총수는 426(2011)-438(2012)-487(2013)-545(2014)-656(2016)로

크게 변한다. 학생 숫자가 지속적으로 증가하는 것을 볼 수 있다. 우리나라 같으면 매년 입학생 수가 늘어나야 이것이 가능하다. 혹은 학급수가 늘어나면 가능하다. (물론 주변 학교의 폐쇄 혹은 통합 등으로 일시적인 변화가 있다면 학생수의 변동을 설명할 수 있을 것이다. 그러나 이렇게 5년 동안의 변화를 살펴보면, 갑작스럽다고 볼 수도 있겠지만, 지속적으로 증가하고 있고, 111여 명에 이르는 2014-2016년의 학생수 증가는 뭔가 이상하다는 생각이 든다.) 매년 입학하는 학생수를 살펴보자. 2011년도 58명, 2012년도 79명, 2013년도 110명, 2014년도 104명, 2016년도 116명. 총 학생수의 증가에서 입학생수의 변화를 빼고 살펴보면, 2011-2012에는 -9명, 2012-2013에는 18명, 2013-2014에는 64명, 2014-2016에는 99명이 된다. 즉, 2012년에는 전년대비 입학생 증가에 비하여 총학생수가 줄어든 것이고, 2013년도부터는 점차 그 수가 증가하는 것을 볼 수 있다. 다시 질문하면, 학교의 총학생수 증가는 입학생 수에 영향을 받기는 하지만, 그것으로 설명되지 않는 뭔가가 있다. 왜 그럴까?

아직 성별로 따져보지는 말자. 여전히 학년별 총수로만 살펴보고자 한다. 즉, 또래들의 진급에 따른 변화를 살펴볼 수 있다. 우리나라의 경우에는 초등학교의 경우 입학생들이 거의 비슷한 수로 올라가니 만약 제도가 유사하다는 상황에서 비슷한 유형을 보일 것이라 기대할 수 있다. 2011년의 1학년 58명은 2학년이 되는 해에 2012년에 56명, 3학년이 되는 2013년에 66명, 4학년이 되는 2014년에 83명, 그리고 6학년이 되는 2016년에는 81명이 된다. 2011년 2학년 60명은, 69명(2012), 71명(2013), 81명(2014), 76명(2016)으로 변한다. 2011

년 3학년 61명은 75명(2012), 51명(2013), 71명(2014)이다. 2011년 4학년 65명은 68명(2012), 63명(2013), 52명(2014)이다. 2011년 5학년 54명은 47명(2012), 63명(2013)이고, 2011년 6학년 54명은, 2012년 44명으로 줄어들었다. 뭔가 이상하지 않은가? 만약 학생들의 중도 탈락으로 학급당 학생수가 줄어든다면 꾸준히 증가되어야 하는데, 꼭 그렇지 않다. 늘어났다가 줄어들었다가 불규칙적으로 나타난다. 한두 명이 늘고 줄어드는 경우도 있지만, 아예 20명 가까이 차이나는 경우도 있다. 왜 그럴까?

이제 성별 차이를 보도록 하자. (이것은 도표로 보는 것이 좋을듯한데 이런 분석은 나중에 다른 계기로 해 볼 수 있을 것이다.) 2011년도에는 성별 분포가 남성이 우세하다. 다시 남녀 비율이 비슷해지다가 2016년도에는 다시 남학생 비율이 높아진다. 이는 1학년 신입생의 분포에 그대로 나타난다. 흥미롭게도 2013-2014년도 신입생은 여학생이 각각 6명, 14명 더 많다. 또래집단의 인구비율에 있어서도 이러한 변화는 남학생과 여학생 간 차이가 있다. 2011년도 입학한 학생들의 상황을 보면, 남학생의 경우에 32명(2011)-26명(2012)-32명(2013)-40명(2014)-41명(2016)이고, 여학생의 경우 26명(2011)-30명(2012)-34명(2013)-43명(2014)-40명(2016)이다. 남학생은 초기에 줄었다가 높아져 안정되고, 여학생은 천천히 증가하다가 높아져 안정되는 경향을 보인다. 다른 또래집단을 보면, 2011년 2학년이었던 학생들이 대상이 된다. 남학생의 경우 34명(2011)-41명(2012)-35명(2013)-51명(2014)-40명(2016)이고, 여학생의 경우 26명(2011)-28명(2012)-36명(2013)-30명(2014)-36명(2016)이다. 남학생은 등락이 변화무쌍한데

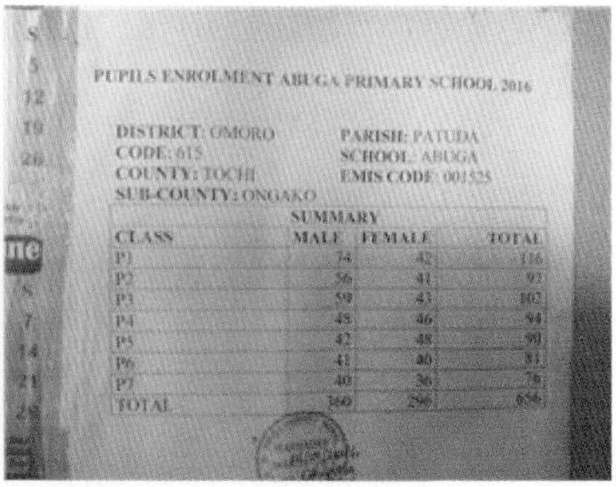

사진 1.2 **이 두 사진에서의 숫자는 또 다른 흥미로운 궁금증과 질문을 던지게 함. 이 두 사진 속의 숫자는 전부 2016년도 학생수이기 때문임. 같은 칼럼, 서로 다른 숫자. 뭐가 진짜일까?(사진: 유성상)**

여학생은 2014년에 좀 줄어들고 다시 2016년에 회복하는 양상을 보인다. 다른 것도 변화를 살펴보면 흥미로울 것이다. 또 한 가지 더 살펴보자. 사실 숫자만 가지고 이야기하기 어렵지만, 학년이 올라가면서 남녀 학생 비율을 살펴 볼 수 있을 것이다. 2011년 1학년의 경우 남-여 학생수가 32-26, 26-30(2012), 32-34(2013), 40-43(2014), 41-40(2016)이다. 비율로 표시하면 좀 더 정확할텐데, 남학생의 비중이 결과적으로 낮아진다. 다른 또래를 살펴보자. 2011년 2학년이었던 학생들의 남녀 학생수는 34-26, 41-28(2013), 35-36(2013), 51-30(2014), 40-36(2016)이다. 남학생수가 큰 폭으로 오르내리기는 했지만, 결과적으로 남녀 학생비율에서 여학생 비율이 약간 높아지는 경향을 보인다. 도대체 왜 그럴까?

[사진 1.2]에서 총학생수는 656명, 혹은 194명이다. 왼쪽 사진은 등록학생수이고, 오른쪽 사진은 '오늘' 출석한 학생수다. 출석

부에 기재된 학생수 중 자그마치 462명이 결석자다. 총학생수 대비 70.5%가 결석자라니... 학년별로 출석한 상황을 살펴보면 1학년은 116명 중 25명(21.6% 출석), 2학년은 97명 중 21명(21.6%), 3학년은 102명 중 39명(38.2%), 4학년은 94명 중 46명(48.9%), 5학년은 90명 중 23명(25.6%), 6학년은 81명 중 18명(22.2%), 7학년은 76명 중 22명(28.9%)이 각각 출석학생수이다. 4학년이 가장 높은 비율을 보여주고 있고, 1, 2, 5학년이 각각 낮은 비율을 보여주고 있다. 도대체 왜 그럴까?

남녀 학생수 비중을 살펴보면 총수대비 남학생은 360명 중 112명(69% 결석), 여학생은 296명 중 82명(72% 결석)이 출석한 상황이다. 큰 차이가 없지만, 여학생 결석률이 높다. 학년별로 살펴보자. 1학년은 남녀 학생수 대비 출석수가 각각 74명 중 18명(24.3%), 42명 중 7명(16.7%)이다. 2학년은 각각 56명 중 17명(30.4%), 41명 중 4명(9.8%), 3학년은 각각 59명 중 26명(44.1%), 43명 중 13명(30.2%), 4학년은 각각 48명 중 21명(43.8%), 46명 중 25명(54.3%), 5학년은 각각 42명 중 7명(16.7%), 48명 중 16명(33.3%), 6학년은 각각 41명 중 10명(24.4%), 40명 중 8명(20%), 7학년은 각각 40명 중 13명(32.5%), 36명 중 9명(25%)이다. 단지 비중만 따지고 보자면 4학년 여학생의 출석률이 가장 높고, 2학년 여학생의 결석률이 가장 높다. 4학년과 5학년을 제외하고는 여학생의 출석률이 남학생보다 낮다. 왜 그럴까? 이러한 것이 경향성을 가질까? 아직 잘 모르겠다. 그러나 다른 학교 자료들이 모아지면 경향성을 분석해 볼 수 있지 싶다.

우선 2015년까지의 개발도상국에서의 교육적 성취는 높은 학생등록률이었다. 그런데 실상은 위와 같다. 1/3 이상이 결석하는 상황. '그날'만 학생들이 적게 왔다고 할 수도 있다. 그런데 과연 그런지는 다른 날의 출석상황을 봐야 알 수 있을 것이다. 교장선생님께 그 이유를 물었더니 "나가서 농사일 거들고 있어서 그래요." 마치 아무렇지도 않다는 듯 (실제 그럴까 싶기는 하지만) 대답한다.

2015년 이후의 교육의 질과 관련한 이슈들을 살펴보면 하나 같이 학생들이 학교에 와서 제대로 배우는 것이 없다는 이야기를 전한다. 이 책에서 보게 될 학교들의 대부분은 시골학교다. 학교와 학교 사이가 적어도 십수 킬로미터 이상씩 떨어져 있다. 학교는 학급당 하나의 교실밖에 없다. 수업은 8시부터 시작해서 12시까지 오전시간, 점심(각자 해결) 이후 2시(혹은 2시반)부터 다시 4-5시까지 오후시간을 갖는다. 우간다 시골학교에 2부제 수업은 어렵다. 문제는 한 교실에 등록학생수가 100명 넘는 곳이 많다는 사실이다. 당연히 그 학생들이 학교에 와서 무엇을 배우기는 배우는 것일까 의심할 수밖에 없다. 그런데 중요한 것은 학교에서 무엇을 배울까에 대한 의구심과 함께 학교에 학생들이 없다는 점이다.

흥미로운 것은 사하라이남 아프리카 국가들의 교육의 질이 낮다고, 그 이유이든 결과든 이러한 현상은 중도 탈락하는 학생수가 높기 때문이라고, 그래서 학교의 학생수는 점차 낮아질 것이라는 사실이다. 그런데 중도탈락률이 높은 것은 인정할 수 있지만, 도대체 학생수가 높아지는 이유는 무엇인가?

여기에도 이유는 있다. 학생/학부모는 학교를 선택할 수 있다. 자기가 살고 있는 주변 학교를 가는 것이 일반적이라고 할 수 있지만, 학부모들은 학교의 학업성취도(PLE 성적) 및 교장의 리더십, 교사들의 근태 등을 기준으로, 혹은 자잘한 학교 소문에 따라 학생들을 다른 학교로 옮길 수 있다. 즉, 초등학교 수준에서도 학교 선택이 일반적으로 이루어지고 있다. 이는 교장 입장에서 학교를 운영/경영하는 데 상당히 중요한 요인이 되기도 한다.

이유는 학교 운영 재원과 연계되기 때문이다. 무상의무교육으로서 초등교육을 받고 있다고 알고 있지만, 거의 대부분의 학교 운영비는 교육청(Department of Education Officer, DEO)에서 나오지 않는다. 학부모들의 주머니(육성회비)에서 나온다. 교육청은 학생당 학기별로 4000USH(지난주 환율로 보자면, 1USD=3300USH 정도 된다. 이 돈을 우리나라 원화로 계산하자면 1300원 정도), 정부는 이 돈으로 학생들의 교과서, 학용품, 기타 학교운영에 소요되는 일을 하라고 한다. 물론 교사 월급은 별도로 책정된다. 그런데 학교별로 교장은 학부모회의 총회에 따라 학생 1인당 매년 64,000USH(P1-P2)에서 120,000USH(P7)를 내게 한다. 이를 결정하고 가능하게 하는 것은 학교 교장이나 교사가 아니라 학부모회다. 즉, 학교운영에 필요한 재원은 학생/학부모에게서 나오고, 이를 결정짓는 것은 교장의 리더십과 학부모의 재력 정도라고 해야 한다. 우간다 시골 마을에 위치한 학교들은 교장의 리더십이 적절하지 않고 또 학교운영에 학부모가 적극적으로 참여하지 않는다면, 학교의 교수학습활동을 포함한 교사 및 학생에 대한 지원은 열악함을 벗어날 수 없다. 구조적으로 가난한 지역의 학교가 교육의 질이 낮을 수밖에 없는 이유이기도 하다.

Chapter 03

우간다 초등교육과정 및 초등교사교육

우간다 초등학교는 7년 과정으로 만 여섯 살에 입학해서 만 열두 살에 졸업한다. 우리나라와는 다르게 1년 3학기제이고, 새 학년은 2월에 시작한다. 노랗게 익은 달달한 망고로 점심을 해결할 수 있는 4월이 지나면 첫 방학을 맞이한다. 하늘이 뚫린 듯이 비가 오는 8월부터 두 번째 방학을 보내고, 어설픈 크리스마스 장식이 시작되는 12월이 오면 한 학년을 마친다.

우간다의 공용어는 영어이지만 40여 가지의 다양한 부족어를 사용하고 있다. 영어를 사용할 줄 아는 사람들이 많지만, 대다수의 우간다 사람들은 부족어를 더 편하게 사용한다. 특히, 시내에서 멀리 떨어진 곳일수록 영어로 말을 걸면 어색한 미소로 대답할 확률이 높다. 비단 마을 사람들만의 이야기가 아니다. 교사들에게도 영어는 어렵다. 우간다 학교에서 영어로 교사 회의를 진행하면, 저학년을 담당하는 교사들의 발언을 보기 힘들다. 영어를 어려워하기 때문에 다른 선생님들이 옆에서 통역을 해주는 모습도 간혹 볼 수 있다. 여러 요인이 있지만, 우간다 사람들의 영어 실력은 초등학교 졸업 여부에 따라 차이가 난다. 저학년 수업은 현지어로, 고학년 수업은 영어로 진행되기 때문이다.

우간다 공립 초등학교에서는 3학년까지 현지어로 수업을 진행한다. 저학년은 국어, 수학과 같은 '과목 중심'이 아니라 학교, 집, 마을, 날씨와 같은 '주제 중심'으로 교육과정이 구성되고, 교사와 학생이 어려움을 느끼지 않는 현지어로 수업을 한다. 영어 과목은 영어를 사용해 가르치도록 권고하지만 대부분 현지어로 영어를 가르친다. 3학년까지는 현지어로 수업을 진행하기 때문에 교사도 학생도 부담이 적다.

전환기인 4학년부터 본격적으로 영어를 사용한다. 4학년 1학기에는 영어와 현지어를 함께 사용해 적응 기간을 갖지만 그나마도 3학기부터는 모든 수업을 영어로 진행해야 한다. 배우는 교과목도 훨씬 다양해진다. 친숙한 주제를 중심으로 배우던 저학년과 다르게 교과목을 중심으로 교육과정이 구성되어 영어, 수학, 과학, 사회, 종교, 현지어, 스와힐리어와 예체능 과목으로 체육, 음악, 댄스, 연극, 미술 등을 배운다. 교사도 학생도 영어로 진행하는 수업에 부담을 느낀다. 교사들의 판서에는 단어 스펠링 실수가 빈번하고, 학생들은 집에서도 마을에서도 잘 쓰지 않는 용어 위주의 수업이 어렵기만 하다.

한번은 고학년 과학 수업을 참관하는 중이었다. 학생들은 칠판의 판서를 열심히 따라 적고 있었다. 학생들이 또박또박 글씨를 쓰는 모습에 흐뭇해하며 공책을 살펴보니 정작 글씨를 읽기 어려웠다.

알고 보니 영어를 단어나 의미 단위로 인식하고 공책에 쓰는 게 아니라, 그림처럼 인식하고 칠판 글씨를 열심히 따라 그렸던 것이었다. 현지어에서 영어로 넘어가는 1년이라는 시간은 학생들이 영어를 해득하고 이해하기에는 턱없이 부족했다. 결국 영어, 현지어, 어려운 학습 내용의 바다에서 2~3년간 허우적대던 많은 아이들은 7학년이 되도록 교과서 내용을 제대로 읽지도 쓰지도 못했다.

사진 1.3 수업을 진행하는 교사와 발표를 위해 손을 들고 있는 학생. 수업 목표보다 새로운 영어 단어를 배우다 보면 수업이 끝남. (사진: 박수연)

초등학교 졸업 후

이렇게 초등학교 7년을 보내고 초등졸업시험(Primary Leaving Examination, PLE)을 치르면 중학교에 입학할 자격이 주어진다. 2017년 기준 우간다의 중학교 입학률은 25%이다.[8] 중학교가 아니라 직업학교에 가는 경우도 있지만, 많은 경우는 학교 밖 청소년으로 노동 시장에 편입된다. 현실이 이렇다 보니 초등학교에서는 방과 후를 활용해 생활 기술을 가르친다. 특히 여학생들은 학교에 다니지 못하면 결혼을 하거나 집안 살림을 책임져야 한다. 그래서 생계에 도움이 될 만한 뜨개질, 돗자리 만들기 같은 수공예 기술을 가르친다.

● 사진 1.4 **뜨개질 작품을 만드는 7학년 여학생(사진: 오지영)** ●

중학교에 입학한 학생들이 4년간의 교육과정을 마치고 일반등급(Ordinary level, 줄여서 O-level) 시험을 통과하면 교육이수증(UCE, Uganda Certificate of Education)을 취득한다. 그 이후 2년간의 고등학교 과정을 마치면 상급(Advanced level, 줄여서 A-level) 시험을 치르고 상급교육 이수증(UACE, Uganda Advanced Certificate of Education)을 받을 수 있다. 그 이후에는 대학을 가거나 준학위(Diploma) 과정을 밟는다. 고등교육까지 제도는 분명히 존재한다. 문제는 초등학교에 입학한 많은 학생 중 오직 10%만이 고등학교를 졸업한다는 사실이다.

초등학교 교사가 되려면 일반적으로 중학교 졸업 후 일반등급 시험을 치르고 교육대학에 입학한다. 그러나 교육대학을 졸업하지 않더라도 준학위를 취득하면 초등교사로 근무할 수 있다. 다만 이 경우는 별도로 초등교육학을 이수해야 한다. 교육대학에 입학하는 것도 생각만큼 녹록하지는 않다. 중학교를 졸업한 후 일반등급 시험에서 최소 8개 필수과목과 2개의 선택과목을, 그 외에도 영어와 수학을 포함한 6개 과목의 시험을 통과해야 자격이 주어진다.

그나마 교육대학 입학시험을 볼 수 있다면 다행이다. 중학교에 진학하는 것조차 좁은 문을 통과해야 하는 과정이다. 현재 초등 교사 중에는 교사가 되기까지 내전으로 인해 고아가 되었다거나, 집안 사정으로 인해 행상을 했거나, 등록상의 오류로 시험칠 자격조차 주어지지 않은 이 등, 저마다의 눈물겨운 사연이 가득하다.

교육 수준	교육 기간	평가 및 취득학위	이후 과정
유아교육(Preprimary)	3년		1. 초등교육(Primary)
초등교육(Primary)	7년	초등졸업시험 (PLE, Primary Leaving Examination)	1. 중등교육(O-Level) 2. 공업학교(Technical schools) 3. 지역 폴리텍 기관(Community polytechnics)
중등교육 (Lower Secondary) (O-Level)	4년	교육이수증 (UCE, Uganda Certificate of Education)	1. 고등교육(A-Level) 2. 교육대학(Primary Teachers College) 3. 직업 훈련 기관(Technical/vocational institutions) 4. 농업 훈련 기관(Farm institutes) 5. 보건 관련 기관(Health institutes) 6. 기타 훈련 기관(Other departmental training institutes)
직업 훈련 기관 (Technical Institutes)	3년	수료(Certificate)	1. 직업 훈련 대학(Technical colleges) 2. 대학(Universities)
고등교육 (Upper Secondary) (A-Level)	2년	상급 교육 이수증 (UACE, Uganda Advanced Certificate of Education)	1. 대학(University) 2. 우간다 상업 대학(Uganda College of Commerce) 3. 국립사범대(Natoinal Teachers College) 4. 우간다 기술 대학(Uganda Techinical College) 5. 기타 훈련 기관(Other training institutions)
초등 교대(Primary Teachers College)	2년	수료(Certificate)	1. 국립사범대(National Teachers College)
우간다 상업 대학 (Uganda College of Commerce)	2, 3년	준학위(Diploma)	1. 대학(University)
국립사범대(National Teachers College)	2년	준학위(Diploma)	1. 대학(University)

우간다 기술 대학 (Uganda Technical College)	2년	준학위(Diploma)	1. 대학(University)
대학(University)	3, 5년	준학위(Diploma) / 학위(Degree)	1. 대학원(Postgraduate studies)

표 1.6 **우간다 정규 교육 시스템, 2011**[9]

이러한 과정을 통해 교육대학에 입학하는 예비교사는 전국적으로 18,000명[10] 정도이다. 이렇게 교대에 입학한 예비 초등교사들은 어떤 교육을 받고 교사가 되는 것일까?

교육대학의 교사양성과정

초등학교 교사를 양성하는 우간다의 교육대학은 2년 과정이다. 2013년도 기준, 전국에 52개의 기관이 있고, 그중 7개는 사립이다. 굴루에는 굴루 코어 교육대학, 크라이스트 더 킹 교육대학 총 두 군데에서 초등 교사를 양성하고 있다.

교육대학에서는 교육학, 수학 등과 같은 주요 과목과 언어, 생산기술 과목을 가르친다. 세 번의 현장실습 기회가 있는데, 첫 번째 실습은 3주 동안 2명의 학생을 관찰하고 보고서를 쓰는 아동 연구이며, 나머지 두 번은 교생실습으로 각각 6주 동안 학교에서 수업을 준비하고 실제로 학생들을 가르친다.

	주간 교육 시간			주간 교육 시간 분포		
	평균	최소	최대	평균	최소	최대
주요 과목						
교육학	4.6	3.0	6.0	11.5%	7.5%	15.0%
특수교육	1.0	1.0	1.0	2.5%	2.5%	2.5%
유아교육	2.0	2.0	2.0	5.0%	5.0%	5.0%
사회과학	3.2	2.0	4.0	8.0%	5.0%	10.0%
보건과학	4.0	4.0	4.0	10.0%	10.0%	10.0%
수학	5.0	4.0	6.0	12.5%	10.0%	15.0%
문화교육*	10.0	10.0	10.0	25.0%	25.0%	25.0%
언어						
영어	4.2	4.0	5.0	10.5%	10.0%	12.5%
스와힐리어	2.2	2.0	3.0	5.5%	5.0%	7.5%
현지어	1.7	1.0	2.0	4.4%	2.5%	5.0%
생산 기술						
농업	2.0	2.0	2.0	5.0%	5.0%	5.0%
정보통신기술	2.0	2.0	2.0	5.0%	5.0%	5.0%
가정 경제학	1.5	1.0	2.0	3.8%	2.5%	5.0%
(문화교육*은 종교 교육, 음악, 체육, 미술, 독서교육 등을 포함)						

표 1.7 **교육대학 훈련 주간 시간표(PTC grade III Certificate 기준), 2012**[11]

열악한 교사 양성과정 및 교육대학의 한계

우간다 교육대학의 교육과정은 캄보고 대학과 우간다 교육부의 연구를 기반으로 만들어졌다. 개발자들은 교사에게 필요한 내용으로 교육과정을 구성하려 노력한 것 같지만, 실제 초등교육 현장에 적용하기에는 많은 한계가 있다. 예를 들면, 교육과정은 주로 '무엇을' 가르칠지에만 초점을 두고 있다. 그래서 예비교사들은 '어떻게' 가르쳐야 하는지에 대한 충분한 학습이 부족한 채 실제 교육 현장에 뛰어들게 된다.

예비교사들은 무엇을 기대하며 교대에 입학할까? 아마도 다양한 교수법을 통해 아이들과 교감하고, 교사도 학생도 즐겁게 배우는 교실을 꿈꿀 것이다. 하지만 정작 예비교사인 그들도 자라면서 배움이 있는 교실, 알찬 수업을 경험해본 일이 드물다. 우선 다양한 방식의 강의를 경험하기 어렵다. 대학 강의실에서는 우간다 초등학교 교실과 마찬가지의 일제식 수업이 주를 이룬다. 이에 대해 교육대학 강사들은 예비교사들에게 그 탓을 돌린다. 교과목에 대한 기본 지식과 소양이 부족해서 학습자 중심의 수업 진행에 어려움이 있다는 것이다.

하지만 예비교사들을 탓하기도 어렵다. 그들은 2년이라는 짧은 시간 동안 교과 지식, 교수 방법, 교육학 등을 모두 배워야 한다. 위의 과목들을 배우기 위해서는 기본적인 배경지식도 필요하다. 4년제 대학처럼 교양과목으로 배경지식을 쌓는 과정 없이, 2년 동안 주어진 과목들을 모두 소화하는 것은 무리가 있다. 결국 수박 겉핥기식의 활동만 하고 졸업하게 되는 것이다.

학습교구도 충분하지 않다. 자연히 수학, 과학 등의 주지교과 외에 체육이나 음악 등의 예체능 과목은 우선순위에서 밀려난다. 실제 초등학교에서는 음악을 특별한 교육을 받아야만 가르칠 수 있다고 생각하는 교사들이 많다. 리코더 같은 교구용 악기조차 다루어보지 못한 교사들이 대다수이다. 결국 교육과정이 지정한 예체능 교과는 시간표에서만 존재하고, 실제로는 다른 수업으로 채워지거나 쉬는 시간이 된다. 미술교과의 경우, 현지의 재료를 활용해 다양한 활동을 할 수 있음에도, 수업시간에 사용하는 노트 한 장과 볼펜 한 자루로 그림을 그리는 수업이 진행되곤 한다. 예비교사들이 초등학교와 중학교에서 제대로 배우지 못한 과목을 교대에서도 경험하지 못하니 결국 초등교사가 되어, 그러한 과목을 현장에서 배제하는 악순환이 되풀이된다.

ICT 교육도 사정은 비슷하다. ICT가 교육과정에 포함되어 있지만, 학교에서는 컴퓨터 전원 켜는 것조차 모르는 선생님들이 대다수이다. 왜 이런 일이 일어나고 있을까? 굴루 코어 교육대학에 방문했을 때 그 이유를 알 수 있었다. 사실 그곳에 방문했을 때 가장 인상적이었던 곳이 컴퓨터실이었다. 뿌연 유리 창문을 통해 수십 대의 컴퓨터가 보였다. 학장에게 언제 이곳을 사용하는지 묻자 대답을 얼버무리며 선생님들 연수 때라고 했다. 정작 교육대학 학생들은 ICT를 배우지 못하고 있었다. 이유는 다양했다. 가르칠 강사가 부족하기도 했고, 전기가 부족하기도 했다. 굴루는 정전이 자주 되기 때문에 충전식인 노트북을 사용해야 하는데 현실에서는 데스크톱이 보급되었다. 잦은 정전에 컴퓨터를 켜지도 못하는 것이다. 게다가 이곳에서 컴퓨터는 비싸고 귀한 물건이다. 도난을 우려해서 컴퓨터실을 자물쇠로 꽁꽁 잠가놓을 수밖에 없었다. 컴퓨터에 접근조차 못 하는 환경에서 어떻게 컴퓨터를 배우고 익힐 수 있을까.

사진 1.5 **굳게 잠긴 컴퓨터실의 데스크톱 컴퓨터. 본체 1대에 4대의 모니터가 공유되어 있음. (사진: 박수연)**

강사들의 결근도 잦다. 강사 수가 부족하지만, 예산이 없기에 채용 공고를 찾아보기 어렵다. 그들의 근로 조건이나 환경도 열악하며, 강사를 위한 역량 강화 프로그램도 부족하다. 불안정한 사정은 수업 결손으로 이어진다. 강사와 예비교사들이 학업보다 생계유지에 집중하게 되는 상황으로 이어진다.

그 예로, 교육대학을 방문했을 때 학장님이 뒤뜰에 빼곡히 놓인 벌집을 소개했다. '초등교사를 양성하는 곳에 벌집이 왜 있지'라는 의문이 들었지만, 정작 그들은 이를 굉장히 자랑스러워했다. 알고 보니 학교에는 부족한 예산을 보충하기 위해 운영하는 동아리 프로그램들이 있었고, 그중 하나가 양봉이었다. 학교 건물 뒤편에 벌집을 모아놓고, 학생들이 양봉으로 수익을 내고 있었던 것이다. 그뿐만 아니라 학교 건물 주변에는 칠면조와 닭들이 유유히 거닐고 있는데, 이 역시 학장을 비롯한 강사들의 수입 보전책이었다.

교대의 자랑거리는 체계적인 교육과정과 질 좋은 강사진, 학교가 배출한 훌륭한 교사들에 관한 이야기일 것이라고 기대했었다. 그러나 맞닥뜨린 현실은 '수익 창출'이었다. 결국 '교육'을 제대로 교육받지 못하고, 미처 경험하지 못한 교육과정은 예비교사 개인이 현장에서 살아남기 위해 스스로 해결해야 하는 과제로 남는다.

안타깝게도 교육대학에서 발생하는 문제는 현재 우간다 초등학교에서 일어나는 문제와 많이 닮아있다. 열악한 시설, 불안정한 교수진 확보, 학업보다 수익 창출에 치중하는 모습, 학습자의 문해 및 기초지식 부족, 구성원의 잦은 결근과 결석 등등. 그들이 가야할 길도 양질의 초등교육만큼이나 멀어보인다.

교사로서 부족한 역량문제

초등교사가 되어 학생들을 가르치고 있지만, 그들에게는 부족한 부분이 많을 수밖에 없다. 교사 개인의 게으름만을 탓할 문제가 아님에도, 가르치는 교과 내용의 오류, 부적절한 교수학습 방법의 적용은 매번 안타까움을 남겼다.

A초등학교의 P2(우리나라 초등학교 2학년 정도) 교실에서 이목구비를 어떻게 말하는지 배우는 영어 수업이었다. 굉장히 노력해서 준비한 수업이었고, 교사는 열정으로 학생들을 지도했다. 다만, 틀린

발음으로 아이들을 가르친다는 게 문제였다. 'ear'라는 단어를 'hear'라고 발음하며 학생들이 몇 번이고 따라하게 했다. 다양한 방법을 통해 단어를 가르쳤음에도 학생들은 틀린 내용을 배웠다. 이런 상황이 특별해 보이지 않는 이유는, 틀린 내용을 열심히 가르치는 교사가 이분만이 아니라는 점이었다.

또 다른 학교의 시(poem) 수업이었다. 커다란 전지에 시를 써서 칠판에 붙이고, 학생들이 시를 읽도록 했다. 개별 학생을 시켜서 시를 읽어보게 하고, 분단별로 시를 읽게도 했다. 40분 차시 수업에서 학생들이 한 것은 시를 반복해서 읽는 것, 끝날 무렵 연습문제 2~3개를 푼 것이 전부였다. 시를 읽었지만, 낱말 뜻을 해석해 보지도 않았고, 주제를 찾아보거나 표현을 감상한 것도 아니었다. 그 어떤 지적 자극도, 이해 정도 확인도 없었다. 모국어도 아닌 영어 단어가 나열된 글. 왜 읽는지, 그게 무슨 의미가 있는지 생각해 볼 기회 없이 그저 따라 읽기만 하던 학생들은 매우 지루해 보였다.

발음만 제대로 알고 있었다면, 조금만 다양하게 활동을 구성하고 발문을 했다면, 교구를 만들어서 학생들이 경험해 보게 했다면, 자료의 글씨를 조금만 더 크게 썼다면 등등. 많은 선생님이 사소해 보이지만 학습 결과에 큰 영향을 끼칠 수 있는 교수 원리를 어려워 한다. 예비교사 시절을 보면 알 수 있듯이 교사 자신도 효과적인 수업을 받아본 경험이 없다. 최소한 '좋은 수업'이 무엇인지를 고민해 보고, 그런 수업을 듣고 배움의 과정을 체험해 봐야 본인의 수업에 적용할 수 있을 것이다. 하지만 그들이 지나온 초등학교, 중학교, 그리고 교육대학 과정 내내 일제식의 수업만 있었다. 교과서나 교구도 없고, 적절한 교수법도 없었다.

그 결과, 초등학교에서 매우 이상한 장면이 연출되곤 한다. 비록 부족한 개수지만 학교에 교과서가 보급되는데, 정작 교실의 아이들은 낡은 공책 한 권만 가지고 수업을 듣는다. 교과서는 교무실 캐비닛 안에서 오래 묵은 먼지만 먹고 있다. 보관과 분실의 우려도 있지만 가장 큰 요인은 교사들이다. 그들은 교과서를 사용해 공부해 본 경험이 없거나, 교과서를 어떻게 활용해서 가르쳐야 하는지를 모른다. 이전에 자신들이 배운 방식, 교사의 지식을 말로 전달하는 구전 방식을 답습하고 있다. 가뜩이나 활자를 접할 기회가 없는 환경의 아이들이 학교에서조차 배움의 기회를 놓치고 있다.

예비교사 시절에 가르치는 방법을 제대로 배우지 못했더라도, 교사가 된 이후에 보충할 방법이 있을까? 우간다에는 현직교사 훈련과 장학을 위한 개별교수학습지원센터 강사(Coordinating Center Tutors, CCTs)가 있다. 개별교수학습지원센터에 소속된 이들은 교수학습 지원이 핵심 업무이고, 관할 초등학교를 수시로 방문해야 한다. 하지만 예산 부족, 행정업무 과중 등의 이유로 제대로 실행되지 않는다. 그렇다고 해서 역량개발 기회가 전무한 것은 아니다. 국가가 하지 못하는 부분을 국내외의 NGO가 메우기 위해 타운 근처에서는 종종 교사연수가 열린다. 다만, 교사들이 이 연수에 참여하기에는 현실의 벽이 높다. 보통의 우간다 초등 교사는 교사 외에 다른 직업을 가지고 있다. 월급이 적은 편인데 그마저도 적게는 한두 달, 많게는 한 학기까지 연체되기 때문이다. 학교에 출근하지 않는 날에는 다른 벌이를 하고 있는데, 연수나 역량개발을 위해서는 생계의 일부를 포기해야 하는 선택지에 놓이게 된다.

교사들의 역량은 초등졸업시험 점수만으로 평가된다. 학생의 올바른 성장보다 초등학교 과정 중 딱 한 번 있는 시험성적이 가장 중시되는 상황에서 교사의 역량개발에 대한 유인가는 높지 않다. 게다가 이 시험은 모의고사와 보충학습 비용을 감당할 수 있는 도시지역 사립학교일수록 유리하다. 시골 지역 공립학교 학생들은 좋은 점수를 받기가 어렵다. 가르쳐도 결과는 잘 보이지 않고, 점점 학습화된 무기력에 빠지며 학생들의 성적은 하락하고, 학부모들의 지원은 줄어든다.

교사로서의 역량을 높이고 학생들을 열심히 가르쳐도 어차피 월급은 그대로이고, 그마저도 제때 들어오지 않는다. 이런 일련의 과정을 거치면서 교사들은 출근 시간에 늦는 것을, 학생들은 교실에 교사가 없는 것을 당연시한다. 지속적인 악순환이다. 교사는 자신이 학창 시절 경험한 것, 교사로 살면서 경험한 환경 속에서 교육자로서 당연히 가져야 할 문제의식을 잃어간다. 결국 초등학교 교사는 다른 직업으로 이동을 위해 거쳐 가는 경력 정도로 취급된다.

급여가 올라가면 좀 더 나아질까? 더 나은 수업 기술을 알려주고 연습시키면 장기적인 변화를 이끌 수 있을까? 우간다 교사들이 '선생님'의 역할과 중요성을 깨닫고 스스로 자부심을 느끼는 날이 올 수 있을까? 모든 요건이 중요하다. 그러나 외적 보상이나 외적 동기는 언젠가는 사라지고 지속하기 힘들다. 더디고 잘 보이지 않는 먼 길이지만, 교사의 내적 동기를 어떻게 찾아낼지에 대한 탐구가 필요하다.

PART 02

우간다 굴루의 학교교육과 교사

Chapter 04
우간다 굴루, 아촐리 지역의 문화

아촐리는 어떤 사람들일까?

우간다 북부에는 '아촐리'라 불리는 사람들이 살고 있다. 우간다 남부의 사람들보다 좀 더 어두운 피부를 가지고 있고, 간결하고 빠른 말을 쓴다. 코끼리를 자신들의 상징으로 삼고 스스로를 코끼리처럼 지혜롭고 활기차며 용감한 부족이라고 생각한다. 이들은 주로 아촐리 랜드라 불리는 지역에 거주하는데, 우간다 인구 제 2위의 도시인 굴루와 굴루주, 아가고(Agago) 주, 아무루(Amuru) 주, 키트굼(Kitgum) 주, 라무오(Lamwo) 주, 은요와(Nwoya) 주, 파데르(Pader) 주, 그리고 얼마 전 굴루 주에서 분리된 오모로(Omoro) 주가 포함된다. 이들은 언제부터 이 땅에 자리잡고 살게 되었을까?

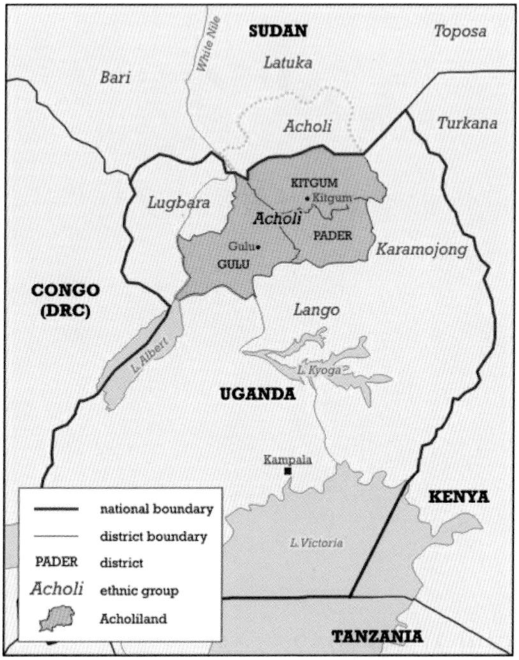

그림 2.1 **아촐리 랜드 지도**[12]

아촐리 부족은 남수단에서 시작되었다. 지금의 남수단 지역에 살던 루오(Luo)족은 나일 강 상류에 거주하는 나일제족(Nilote)의 일원이다. 루오는 크게 북부 루오와 남부 루오로 나뉘는데, 북부 루오는 대부분 남수단 지역에, 남부 루오는 우간다 북부를 비롯해 에티오피아와 케냐, 탄자니아 등지로 퍼져 지금의 모습을 형성하고 있다. 이 중 아촐리 부족은 남수단과 수단의 국경 근처에 위치한 바르알가잘(Bahr el Ghazal)이라는 지역에서 2세기 초반 즈음 우간다 북부로 이동했다.

이들의 명칭이 아촐리가 된 이유에 대해서는 여러 가지 설이 있다. 가장 유명한 것은 1850년대 아랍 상인들이 무역을 위해 이 지역을 오가면서 이들을 술리(Shuuli), 수올리(Sooli), 스촐리(Shooli) 등으로 불렀던 것이 변형되었다는 것이다. 또 다른 설은 식민시대 이전 이들이 자신을 안-로초-리(An-loco-li)라고 칭했던 것이 변형한 것인데 그들의 언어로 "나는 인간입니다." 혹은 "나는 흑인입니다." 라는 뜻이다. 두 가지 설을 복합적으로 보면, 이들이 자신을 소개하는 말을 들은 외부인들이 그 소리를 비슷하게 흉내내 부르던 것이 지금의 아촐리가 된 것이다.

우간다는 다양한 부족으로 이루어진 나라이기에 지역마다 생활방식이나 사고방식에 차이가 있다. 수도 캄팔라는 부족 간의 다양성을 더 잘 경험하고 비교할 수 있는 곳이다. 이곳에서 만난 어떤 사람은 "언어만 봐도 그 사람과 부족의 성격을 알 수 있다. 아촐리는 성격이 급해서 몇 마디 혹은 한 단어만으로 의사소통을 한다."라는 이야기를 했다. 또 다른 사람에게선 "아촐리는 폐쇄적이라 대부분 같은 부족 내에서 결혼한다."라는 이야기를 들었다. 굴루에서 만난 사람은 "아촐리는 우간다에서 가장 활기차고 가장 싸움을 잘하는 부족이다."라고 자신들을 소개하기도 했다.

아촐리에 대한 평을 들었을 때, 아촐리는 호전적인 부족일 것이라는 선입견이 생겼다. 하지만 2년 남짓 굴루에서 생활하며 만났던 사람들은 호전적이지도 폐쇄적이지도 않았다. 오히려 쾌활하고 오지랖 넓고, 정이 많았다.

식민지배 이전

고향 땅을 떠나 낯선 곳에 정착한 초기 아촐리의 모습은 어땠을까? 그들은 진흙으로 원형의 벽을 만들고 짚으로 원뿔형의 지붕을 덮은 오두막에 살았다. 대부분의 집에서 진흙을 다져 만든 잠자리와 움푹 파인 아궁이, 곡식을 담은 단지를 쉽게 찾아볼 수 있었고, 지금까지도 이러한 형태의 집에서 사는 사람이 많다. 여자들은 집을 꾸미고 아이들을 돌보고 농사일을 책임졌다. 남자들은 목축과 사냥을 담당했는데 이들은 뛰어난 사냥꾼이자 전사이기도 했다. 17세기 후반 즈음 루웃(Rwot)이라 불리는 족장들이 다스리는 족장사회가 형성되었다. 족장은 각 씨족 안에서 정해졌고 각각의 족장사회는 서로 다른 부계 족으로 구성된 마을로 이루어졌다. 19세기 중반 즈음에는 60여 개의 족장사회가 존재했다.

아촐리를 비롯한 우간다 사람들에게 음악과 춤은 삶에서 떼려야 뗄 수 없었다. 젊은 남녀가 자신의 짝을 찾는 춤인 라라카라카(Larakaraka), 부족의 전사들이 전투를 앞두고 추던 오토레(Otole), 그리고 추장의 추대식이나 결혼식 등에 쓰이는 부올라(Bwola) 등등의 춤은 그들의 사회에서 다양한 역할을 했다. 흥겹고 즐거운 음악과 반복적인 동작으로 구성된 다양한 춤으로 자신의 매력과 건강함을 드러내고, 부족 간의 결속을 다지며, 외부 사람들에게 부족의 강인함을 과시하며, 춤을 통해 지식을 전달하기도 했다. 오늘날에도 마을 사람들은 정기적으로 춤을 연습하거나 공연을 하고, 학교에서도 일 년에 한 번씩 지역별 춤과 음악 대회를 연다. 이렇게 흥이 넘치는 아촐리가 전사 부족, 호전적인 사람의 이미지를 얻게 된 까닭은 무엇일까?

식민지배 시대

우간다에 첫발을 디딘 타지인은 아랍에서 온 무역상들이었다. 지금의 탄자니아 땅을 통해 처음 아프리카에 들어온 그들은 1844년 부간다[13]족과 교역하기 시작하면서 우간다에 총, 거울, 단검, 비즈, 옷감 등을 들여왔고 상아나 동물의 가죽, 곡식 그리고 노예를 수출했다. 그 흔적은 북부 우간다에도 남아 있는데, 굴루 타운에서 북쪽으로 32km 떨어진 곳에 있는 포트 파티코(Fort Patiko)라는 유적이, 바로 당시 아랍 상인들이 무역을 위해 지었던 요새다. 초기에 물품을 보관하고 분류하는 데 썼던 요새는 노예무역이 성행하게 되면서 노예무역을 위해 납치하거나 빚을 갚지 못해 팔려 온 사람들을 가둬두는 데 사용되었다. 노예로 팔려 갈 사람들이 도망치지 못하도록 그들을 동원해 15피트 깊이, 16피트 너비의 수로를 파 요새를 둘러싸게 했는데 이는 아직도 그 자리에 남아 관광자원이 되었다.

그 다음 우간다에 발을 디딘 것은 영국의 탐험가들이었다. 사무엘 베이커 경(Sir. Samuel Baker)은 굴루 시내에 그의 이름을 딴 도로가 있을 정도로 큰 영향을 미친 사람이다. 그는 앞서 언급한 포트 파티코를 쳐서 아랍 상인들을 쫓아내고 노예무역을 근절시켰다. 그가 노예무역을 몰아내면서 아촐리의 삶이 좀 나아지나 싶었지만, 실상은 그렇지 않았다. 1894년 우간다가 본격적으로 영국의 보호를 받게 되면서 아촐리도 보호령에 편입되었던 것이다. 선교사를 필두로 한 타지인을 먼저 받아들였던 부간다가 영국의 지배에 순응적이었던 것에 비해, 아촐리를 비롯한 북부 우간다의 사람들 사이에선 저항이 있었다. 이는 영국인들이 식민지배의 방법으로 사용한 분할통치정책 때문이었다. 영국인들은 부간다를 비롯한 남부의 사람들을 정부 관료나 정치인으로 등용해 우간다를 간접 통치하는 중간 관리자로 세웠다. 남부에는 커피나 차, 면화, 담배와 같은 현금 작물을 심어 부를 축적할 수 있게 했고, 학교나 의료 시설을 비롯한 대부분의 사회 기반 시설들도 우간다의 남부에만 존재했다. 기록에 따르면 1920년 부간다에는 360개의 학교가 있었던 반면, 서쪽과 동쪽 지역에는 각각 42개의 학교가 있었고, 북부에는 단 한 곳의 학교도 없었다.

사회 · 경제 · 정치적으로 차별적인 정책 아래, 북부 사람들은 먹고살 방도를 찾기 위해 남부의 공장이나 현금 작물 농장의 일꾼이 되었다. 그들이 출세할 수 있는 유일한 방법은 경찰 또는 군인이 되는 것이었다. 이러한 추세로 공무원은 남부 사람, 군인은 북부 사람이 당연시되고, 점차 아촐리는 군사적인 민족이라는 이미지를 얻게 되었다. 영국 정부도 아촐리를 무골 민족으로 분류하고 이들이 군인이 되는 걸 장려했다. 식민지배 당시와 독립 초기까지 아촐리는 우간다 전체 인구의 4% 정도에 불과했지만 군대 내에서 가장 큰 비율을 차지하고 있는 부족이었다. 이때를 거치면서 아촐리 사람들은 군인, 혹은 강인하며 싸움을 잘하는 부족으로 인식되었다.

독립 이후

영국의 차별 통치 정책은 독립 이후에도 큰 영향을 미쳤다. 출신 지역과 부족에 따라 주어지는 기회가 달랐기에 이 시기 우간다는 그 어느 때보다 부족 정체성을 강하게 인식하게 되었다. 이는 안타깝게도 독립 이후 정권을 둘러싼 첨예한 분쟁으로 이어졌다. 66년의 식민지배 기간 동안 누가 정권을 잡는가에 다양한 정치 · 경제 · 사회적 이권들이 달라진다는 것을 몸소 체험했기 때문이다.

맨 처음 정권을 잡았던 이는 밀턴 오보테(Milton Obote)였다. 1962년 10월 9일 영국으로부터 독립 후, 그는 부간다 왕조의 무테사 2세를 대통령으로 세우고 총리가 되었다. 연방정부를 세우고 부족 간의 화합을 추구하던 것도 잠시, 오보테는 일당제를 외치며 1966년 새 헌법의 제정과 함께 스스로 대통령이 되었다. 그는 아촐리의 사촌 부족인 랑오(Lango) 출신이었기에 북부 출신의 많은 군인이 그를 지지했다. 하지만 그의 지지기반은 경찰과 군대조직뿐이었기에, 비밀경찰 조직을 만들어 그에 반하는 사람을 마음대로 체포하고 투옥 시켰다. 이 과정에서 많은 부간다족이 목숨을 잃었다.

오보테를 5년 만에 몰아내고 다음 대통령이 된 것은 군사령관인 이디 아민(Idi Amin)이다. 그는 1971년 오보테가 영연방회의를 위해 싱가포르를 방문한 사이, 쿠데타를 일으키고 큰 저항 없이 정권을 잡았다. 집권 초기에 그는 오보테와 반대 노선을 선택해 다양한 회유정책을 펼쳤고, 오보테의 억압적인 통치에 불만이 많았던 다양한 부족들이 그를 지지했다. 하지만 여전히 경찰과 군대 안에 오보테를 지지하던 아촐리와 랑오족이 많았기에 그는 암살단을 꾸려 반대하는 세력을 살해하기도 했다.

초기 회유책을 통해 지지를 얻었던 이디 아민이지만, 집권이 길어지면서 빠르게 인기를 잃어갔다. 권력에는 관심이 많았지만 행정 절차에는 무지했기 때문이다. 반대 세력을 숙청한 후 공석이 된 장교나 장관 자리에 그의 출신 지역인 서부 나일 사람들을 등용했다. 실력이 아닌 출신으로 뽑힌 사람들이 고위직을 차지하자 정부는 제대로 굴러갈 수 없었고 이는 아민의 우간다화 정책 실시로 정점을 찍는다. 우간다화 정책이란, 영국 식민지배 시절 우간다에 들어와 상권을 쥐고 있던 아시아인 공동체를 우간다에서 쫓아내는 것이었다. 우간다의 주체성을 회복해 민심을 얻겠다는 아이디어는 좋았지만, 아무런 대책 없이 90일 만에 아시아인들이 쫓겨나자 우간다의 상업과 산업은 금세 무너지고 말았다. 민심이 그에게서 등을 돌리고 군 내부에서도 세력 다툼이 잦아졌다. 게다가 아촐리와 랑오족을 비롯해 그의 탄압을 피해 탄자니아로 망명한 많은 이들이 우간다민족해방전선(United National Liberation Front, UNLF)이라는 반군을 형성해 그를 위협했다. 이디 아민은 이들을 저지하기 위해 탄자니아를 공격했지만 탄자니아는 오히려 반군에 4만 5천의 병력을 지원하고 우간다민족해방전선과 함께 캄팔라를 공격했다. 쿠데타를 일으킨 지 만 8년 만에 이디 아민은 쫓겨나게 된다.

1년간의 과도기를 거쳐 다시 정권을 잡은 것은 이디 아민에게 쫓겨났던 밀턴 오보테였다. 1980년 12월에 치러진 선거에서 그가 이끄는 우간다인민의회(Uganda People's Congress)가 승리를 거두고 10년 만에 다시 대통령의 자리에 앉게 됐다. 하지만 무세베니를 비롯한 반대 세력이 부정선거 의혹을 제기하며 국민저항군(National Resistance Army)을 형성하고, 이를 토벌하기 위해 무력을 휘두르는 과정에서 무고한 주민을 포함한 20만 여명이 사망하게 된다. 결국 오보테는 국민의 반감을 사고, 군 내부에서도 아촐리족과 랑오족의 반목이 심화되면서 아촐리족의 티토 오켈로 장군(Gen. Tito Okello)이

지휘한 쿠데타에 의해 잠비아로 쫓겨나게 된다.

1985년 12월, 오켈로 군사정부는 모든 반군 세력과 정당을 취합해 연립정부를 세우고자 했다. 케냐 모이(Moi) 대통령의 중재 하에 협상안을 마련하고 국민저항군도 이에 서명했다. 그러나 협상안은 이행되지 않았고, 군사 분쟁으로 이어져 이듬해 1월, 국민저항군이 캄팔라를 점령하며 그 수장인 요웨리 무세베니가 정권을 잡게 된다. 무세베니가 대통령이 되어 분쟁이 종식되었다면 좋았겠지만, 오히려 더 심화된 측면이 있다. 무세베니와 함께 우간다 남부사람들이 모든 사회 · 경제, 정치, 군사적 권력을 장악하며 북부뿐 아니라 동부와 서부 나일 사람들에게도 차별 정책을 펼쳤다. 무세베니 정권은 국민들의 강력한 저항에 직면하는데 그 중 가장 길고 심각한 것이 북부 아촐리의 저항이었다.

가슴 아픈 역사, 내전

무세베니는 많은 아촐리 출신 군인들을 강제로 제대시키고 초기 반군을 뿌리 뽑겠다는 명분으로 국민저항군을 북부로 보냈다. 그들은 아촐리 부족의 가축을 몰수하고 곡물창고나 학교, 병원 등을 부수고, 무장하지 않은 민간인들을 학살하고 강간하는 등 반인류적인 악행을 저질렀다. 이러한 상황에서 1986년 5월, 정부는 제대한 군인들의 신병을 확보하고자 했다. 수년 전 이디 아민의 집권 당시 비슷한 방법으로 아촐리, 랑오 병사들이 대학살의 피해자가 되었기에 많은 이들이 수단 등으로 도망쳐 숨거나, 무기를 들고 일어나 싸우기 시작했다. 이때 스스로 동족을 지켜야겠다는 명분을 가지고 생겨난 반군 중의 하나가 바로 신의 저항군(Lord's Resistance Army)이다.

신의 저항군은 앨리스 라퀘나(Alice Lakwena)가 이끌었던 성령운동(Holy Spirit Movement)을 모태로 한다. 그녀는 성령을 받았다고 주장하며 자신의 성을 라퀘나(Lakwena, 아촐리어로 선지자를 뜻함)로 바꾸고 반정부투쟁을 이끌었다. 그리고 추종자들에게 시어버터 오일을 몸에 바르면 적의 총알을 피할 수 있고, 다람쥐 뼛가루를 바르면 적에게 보이지 않는다는 식의 믿음을 심어주고 전투에 나서게 했다. 기세가 등등했던 것도 잠시, 1987년 그녀의 군대는 무세베니의 군대에 크게 패했고 그녀는 케냐로 피신했다. 그 뒤를 이은 것은 라퀘나의 사촌인 조셉 코니(Joseph Kony)였다. 그는 조직의 이름을 신의 저항군으로 바꾸고 국민 저항군을 몰아내고 아촐리 랜드를 세우는 것을 목표로 내세웠다. 오랜 기간 차별과 억압의 대상이었던 아촐리 사람들에게 코니의 주장은 솔깃했다. 그러나 그것도 잠시, 신의 저항군은 오히려 아촐리 사람들을 공격하기 시작했다.

정부군을 막기 위해 모인 반군이 주민들을 공격하다니 이게 어찌된 영문이었을까? 초기에 신의 저항군은 다른 반군 세력들과 협력하며 세를 키워갔다. 이에 불안감을 느낀 무세베니는 1991년 3월 국민저항군을 보내 대규모 공습을 감행했고, 아촐리 사람들을 동원해 활과 화살로 무장한 자치 민방위대를 조직했다. 이 과정에서 신의 저항군은 북부를 위해 싸우는 반군에게 북부 사람들이 활을 겨눈다는 사실에 배신감을 느꼈다. 결국 그들은 북부 민간인을 공격했고, 이를 저지하려던 정부군의 작전 또한 실패로 돌아갔다.

이후 반군 문제를 해결하기 위해 장관으로 임명된 비곰베 장관(Minister Betty Oyella Bigombe)은 신의 저항군과 협상하기 위해 노력했다. 1993년 6월, 코니의 측근을 만나 종전을 위한 협상안을 마련했고 저항군이 요청한 6개월의 유예기간을 거쳐 협상안을 타결하고자 했다. 그러나 저항군은 정부군의 함정이라며 이듬해 예정되었던 협상 자리에 나타나지 않았다. 무세베니 대통령은 7일간의 유예기간을 주고 항복을 요구했지만, 저항군은 오히려 국경을 넘어 수단으로 은신처를 옮겼다. 수단 정부는 신의 저항군에게 은신처와 각종 무기를 지원했다. 과거, 우간다 정부가 수단의 반군 세력이었던 수단인민해방군을 지원했던 역사에 보복하는 셈이었다. 이로 인해 우간다 정부와 남수단 정부 간의 갈등이 깊어져 1995년 국교단절로까지 이어지게 된다. 평화의 기회를 놓치면서 내전에서 시작된 사태는 장기화되었다.

신의 저항군은 그들에게 지지하지 않는 이들을 무차별적으로 공격했다. 마을을 불태우고, 순응하지 않으면 손과 발, 코와 귀를 잘랐다. 부모가 자신의 아이를 직접 죽이게 하는 등 온갖 잔인한 방법으로 공포를 조장했다. 이에 더해 정부와 분쟁을 지속하기 위한 병력을 충당하고자 어린 소년, 소녀들을 납치하기 시작했다. 소년들은 병사로, 소녀들은 성노예로 삼았다. 그 가족들을 협박 수단으로 삼고, 도망치는 이들은 잡아다 코, 귀, 손 등을 절단해 본보기로 삼아 도망칠 수도 순응하지 않을 수도 없게 만들었다. 아촐리의 독립을 외치던 이들의 손에 그 땅이 짓밟히게 된 것이다. 사람들은 밤마다 몇 시간씩을 걸어 비교적 안전한 굴루 시내로 모였고, 언제 어떻게 가족을 잃거나 납치될지 모르는 공포감에 떨게 되었다.

1996년, 정부는 아촐리 사람들을 보호한다는 명분으로 보호 캠프를 설치하고 사람들을 이주시켰다. 그러나 보호 캠프 안에서도 약한 이들은 공격받았고, 생활환경은 비위생적이었으며, 충분한 식수와 식량을 보급 받지도 못했다. 살기 위해 피난해 온 이 캠프 안에서 매주 1000명에 가까운 사람들이 목숨을 잃어갔고 분쟁은 끝날 기미가 보이지 않았다.

이 땅에 평화를

90년대 말이 되면서, 사람들은 장기화된 분쟁을 끝내기 위해 함께 노력하기로 뜻을 모았다. 2000년, 마침내 우간다 의회는 사면법을 통과시켰고 기나긴 싸움에 지친 저항군도 협상 가능성을 내비쳤다. 이에 더해 알카에다의 9.11 테러 사건 이후 빈 라덴에게 은신처를 제공했던 것에 대한 국제 사회의 비난이 두려웠던 수단 정부도 저항군 지원을 중단하고 우간다 정부와 수교를 정상화했다. 평화의 분위기가 무르익자 많은 사람이 보호 캠프를 해산하고 고향으로 돌아가고자 했다.

그러나 2002년 3월, 분쟁을 끝내기 위해 정부군은 또 한번 저항군을 토벌하는 대규모 작전을 실행한다. 수단 정부의 협조 하에 국경 너머 한계선 이남까지 침투해 저항군의 본거지를 공격했다. 저항군은 다시 국경을 넘어 우간다로 도망쳤고 아촐리 지역을 넘어 랑오나 테소 지역까지 무차별적으로 공격했다. 2003년 12월, 무세베니 대통령은 신의 저항군을 국제 형사 재판소에 전쟁 범죄 혐의로 기소했고, 이로 인해 평화적인 협상이 불가능해질 거라는 여론이 거세졌다. 저항군은 여전히 시민들을 공격했고 시민들은 정부의 무능력을 비난하는 시위를 열었다. 이에 정부는 7일간의 정전을 선포하고 다시 한 번 분쟁을 끝내기 위한 협상을 제안한다.

저항군의 수석 사령관인 샘 코로 준장이 전권을 위임받아 협상 테이블에 앉았지만 계속됐던 정부군의 공격으로 이를 신뢰할 수 없었던 저항군들은 비무장지대 밖에서 무장투쟁을 이어갔다. 결국, 47일까지 연장되었던 정전도 아무런 소득 없이 무산되고 민간인을 향한 공격이 계속되었다. 2005년 2월, 국제 형사 재판소가 조셉 코니를 비롯한 12명의 저항군 간부에게 체포 영장을 발부할 것이라 발표하자 저항군은 콩고민주공화국으로 거처를 옮기게 된다.

이후 남수단의 중재로 남수단의 수도인 주바(Juba)에서 두 차례의 평화협정이 다시 한 번 열렸다. 우간다 정부는 저항군 지도층의 완전한 사면을 약속했고, 국제 형사 재판소의 영장도 취소해 달라고 요청했다. 이러한 노력 덕분이었는지 조셉 코니는 20년 만에 직접 미디어에 모습을 드러냈다. 2006년 8월 26일, 우간다 정부와 저항군 간 휴전 협정이 체결되었고, 이를 기점으로 20년간의 기나긴 북부 내전이 막을 내리게 되었다.

북부 우간다에서의 전쟁은 이렇게 막을 내렸지만, 코니는 이후로도 잔당을 이끌고 콩고민주공화국과 중앙아프리카공화국 등지로 도피하며 잡힐 듯 잡히지 않는 술래잡기를 지속해왔다. 2011년, 코니를 잡기 위해 미군이 파견되었고, 우간다 정부군 또한 주변국의

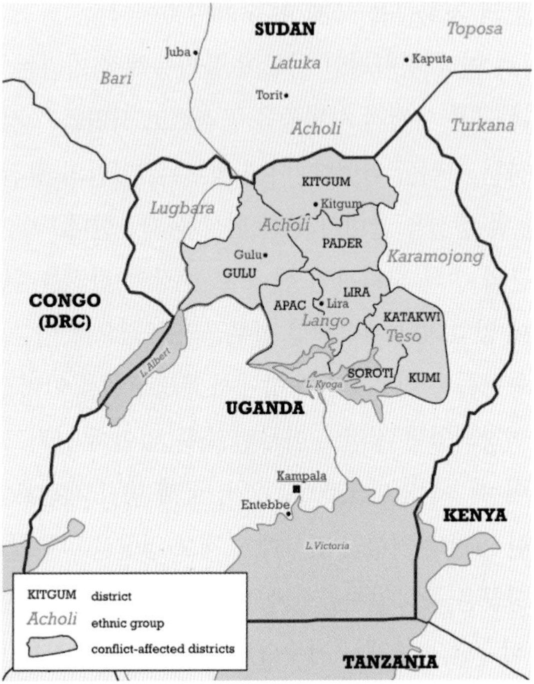

그림 2.2 LRA 분쟁지역 지도[14]

협조를 얻어 국경 너머까지 수색하는 등 분쟁 종식을 위해 노력을 기울였다. 그러나 지난한 추적에도 끝내 조셉 코니를 체포하지 못하고 지난 2017년, 미군과 우간다 정부군의 수색이 종료되었다.

오랜 분쟁이 막을 내리면서 보호 캠프 생활을 하던 사람들은 드디어 집으로 돌아갈 수 있게 되었다. 보호 캠프들은 서서히 문을 닫았고, 무너진 북부를 재건하기 위한 움직임이 시작되었다. 우간다 정부가 실시한 정책은 크게 Peace, Recovery and Development Plan(이하 PRDP)과 Northern Uganda Social Action Fund(이하 NUSAF), 두 가지이다.

2008년 7월에 실시한 PRDP는 국가 권한의 통합, 커뮤니티 재건 및 역량 강화, 북부 경제 활성화, 평화 구축과 화해를 핵심으로 한다. 3년 동안 총 6억 달러 투자를 목표로, 정부 각처와 개발 협력가들이 PRDP와 조화를 이루어 재건 프로젝트를 진행하도록 유도했다. NUSAF는 세계은행에서 1억 달러의 자금을 지원받아 북부 우간다의 재건을 돕기 위해 만들어진 정부조직이다. NUSAF를 통해 북부 지역에 장기간 개발을 위한 인프라 및 교육 투자가 지원됐다. 신의 저항군에서 도망쳐 나온 사람들에게 일자리를 제공하기 위해 만들었던 '라보라 농장'과 같은 사례도 있다. 국제사회의 우려와 달리, 이 프로젝트는 지역 사회와 정부의 지지를 받아 신의 저항군 단원뿐 아니라 지역사회에도 일자리를 제공했다. 그 결과 많은 사람들이 지역사회로 돌아오는 기반이 되었다.

정부의 노력 외에도 다양한 NGO가 지역의 재건을 도왔다. 분쟁 초기부터 정부군과 반군에 의한 인권유린을 고발해왔던 Human Right Watch, 긴급구호로 시작해 지역사회 개발과 교육 문제를 위해 일한 월드비전, 세이브더칠드런, 윈들 트러스트 등이 대표적이다. 이외에도 유엔난민기구, 세계식량계획 같은 유엔 산하 국제기구들도 보호 캠프들을 지원하고 실향민들이 다시 지역사회로 돌아갈 수 있도록 도왔다. 사회 · 경제적 도움과 함께, 긴 시간 내전을 겪은 아촐리 사람들에게 필요한 것은 정신적인 치료였다. 그중에서도 반군의 피해자이자 동시에 가해자였던 소년병들이 트라우마를 극복하고 일상생활에 적응하도록 돕는 다양한 프로그램들이 진행되었고, 지금도 여전히 지속되고 있다.

지금의 굴루

지금 굴루는 상처를 극복하고 회복하고 있는 것처럼 보인다. 학교와 병원, 은행, 시장 같은 다양한 사회적 기반 시설이 자리를 잡으며 활기를 띠고 있다. 굴루 주는 규모가 커져 오모로 주가 분리, 신설되었다. 캄팔라까지 오가는 고속도로가 완공되어 교통 사정도 훨씬 나아지고, 굴루 시내에도 곳곳에 도로 공사도 진행 중이다. 시내를 오가는 자동차와 보다보다(오토바이 택시)들이 부쩍 늘어 종종 교통체증이 생기기도 한다. 외견상으로 굴루는 제법 자리 잡은 도시 같고, 2020년 7월부터 '시'로 승격될 것이라고 한다.

PRDP를 통해 북부 재건을 위한 노력이 시작 된 지도 10여 년이 넘었다. 내전으로 인해 사회 전반이 마비되었던 때에 비하면 많은 발전을 이루었지만 여전히 많은 문제들을 안고 있다. 재건에 많은 자원이 동원되었음에도, 북부는 우간다 내에서 가장 높은 빈곤율을 보인다. 높은 실업률에 더해, 물가는 계속 올라가고 있다. 점점 커지는 빈부격차에 박탈감을 느낀 이들이 저지르는 강도 등의 범죄가 잦아지고 있다. 그 밖에도, 전쟁 기간 동안 딸을 일찍 시집보냈던 조혼 풍습이 아직도 남아 있어 학교 벽 곳곳에는 조혼을 반대하는 문구를 쉽게 찾아볼 수 있다. 전쟁 통에 부모를 잃은 고아와 혼자가 된 과부를 지원하기 위한 그룹 홈도 여전히 곳곳에 존재한다.

바뀐 것은 외견 뿐만이 아니다. 사람들의 태도와 성향도 달라졌다. 보호 캠프 생활을 겪은 젊은 세대들에게 일하지 않고 먹고살 수 있는 상황은 당연했었다. 무기력하게 일하지 않으려는, 혹은 일하지 못하는 젊은 층이 많다. 거기에 더해 공동체가 뿔뿔이 흩어지

사진 2.1 **깔끔하게 포장된 굴루 메인 로드(사진: 최희수)**

게 되면서 나와 내 식구를 잘 챙겨야 살아남을 수 있었던 경험을 겪은 이들에게는 개인주의를 넘어 이기주의가 만연해지기도 했다. 사람들이 내전 종식 이후 삶이 팍팍하다고 느끼는 이유다.

내전 당시부터 평화협정 이후까지 북부를 위해 일했던 다양한 국제기구, NGO들은 여전히 굴루에 남아 있다. 우간다 복구가 끝나갈 즈음, 인접 국가인 남수단에 내전이 발발하며 난민이 대량 발생했고, 이들을 지원하기 위해 대부분의 단체가 굴루에 체류 중이다. 수십 년씩 굴루를 지원하고 있던 기관에 더해, 새로 지원 사업을 시작하는 다양한 단체까지, 굴루는 가히 NGO들로 만원사례를 이루고 있다. 전쟁으로 무너진 삶의 기반을 세우기 위해 다양한 도움의 손길이 있었던 것은 다행이지만, 지금에 와서는 많은 부분을 외부 도움에 의존해왔다는 점이 이들의 발목을 잡고 있다. 정작 자신들의 문제를 스스로 해결할 의지와 역량은 부족하다. 일례로, 국가가 시행하는 초등졸업시험에서 NGO의 재정지원 갹출은 필수적이다.

도우려던 것이 오히려 자립과 지속에 독이 되는 것은 아닐까? 굴루의 수많은 NGO들이 정말 필요할까? 꼬리에 꼬리를 무는 질문을 하다 보면 한 가지 결론에 귀결한다. 아기가 자라면서 하나둘 능력을 키워 스스로 자신의 일을 해나가는 것처럼, 이들도 자립하기 위해서는 역량을 키워야 한다. 결국 가장 강력한 도구가 교육이다. 교육계의 오랜 격언처럼, 물을 떠먹여 주기보다 물을 먹는 방법을 알려주어야 한다. 아니, 방법을 알려주기 전에 물이 필요함을 스스로 깨닫게 하고, 물을 구하고자 하는 동기를 불러일으켜야 한다. 지금까지도 외부의 조력에 의존하고 있지만, 조금씩 내부의 역량을 길러, 진정으로 굴루가 독립할 날을 기대해 본다.

Chapter 05
굴루 지역의 학교교육과 주요 이슈

기나긴 내전, 혼란 속 교육

전 세계가 밀레니엄 시대를 앞두고 갖가지 가설이 불러일으킨 불안감에 떨고 있을 때, 우간다 북부는 전쟁의 공포에 떨고 있었다. 그간의 호들갑이 무색하게 지나간 2000년의 시작점, 그리고 그 이후 수년 동안 우간다 북부는 전 세계가 주목하는 내전 지역이었다. 조셉 코니를 수장으로 한 '신의 저항군'은 극악무도한 방법으로 내전을 이어갔다. 그들은 민간인 살인, 강간, 약탈을 일삼았을 뿐만 아니라 성별을 불문하고 아이들을 끌고 가 전쟁에 이용했다. 뉴스를 통해서 읽고 듣기만 했던 그 잔인한 이야기들이 바로 이곳 굴루를 중심으로 벌어졌다. 정부군은 굴루 타운을 거점으로 조셉 코니의 반군에 대항했다. 정부군의 압력이 거세질수록 반군은 농촌 지역으로 숨어들었다. '제발 조셉 코니가 오늘 밤 우리 집에 오지 않게 해주세요.' 매일 밤이 두려움과 기도의 연속이었다.

정부군은 북부 농촌 지역 곳곳에 보호 캠프를 만들어 민간인을 수용했다. 대규모 실향민이 발생하기 시작했고, 경제 활동을 비롯한 그들 삶 전반이 제한되었다. 이러한 상황에서 학교와 교사, 학생 모두는 전쟁으로부터 자유로울 수 없었다. 정부군이 주둔하는 특정 지역 학교를 제외하고, 모든 농촌 지역 학교들은 상대적으로 안전한 굴루 타운의 학교와 캠프들을 중심으로 통합 운영되었다. 총과 칼을 든 군인들이 지키고 있는 학교는 어린 아이들에게 폭력 그 자체였지만, 그렇게라도 학교가 운영될 수 있는 것이 다행이었다.

굴루 지역(현 오모로 지역 포함)에만 20여 개의 캠프가 운영되었고, 각 캠프에서는 여러 학교를 통합한 러닝센터(Learning Centre)가 조직되었다. 급하게 만들어진 러닝센터는 무엇 하나 넉넉한 것이 없었다. 해외 구호 단체에서 만든 임시 판자 건물이라도 있으면 운이 좋은 편이었다. 어설픈 뼈대에 방수 천을 얹은 텐트 교실과 이동용 화장실은 수만 명의 아이를 받아내기에 역부족이었다. 부족한 것은 비단 시설만이 아니었다. 넘쳐나는 아이들에 비해 교사 수는 절대적으로 부족했다. 전쟁의 정점이었던 1996년도를 기준으로 보면, 굴루 농촌 지역 교사 1인당 학생 수[15]는 OECD 권장수의 6배에 달하는 100명을 웃돌았다.[16] 전장의 한 가운데서 근무하려는 교사의 수가 부족하기도 했거니와, 구호단체의 배급에 의존할 수밖에 없는 극한의 삶에서 상당수의 교사가 교사로서의 사명감보다 생존의 문제를 우선순위에 놓았다.

	남교사	여교사	학생 수
굴루 지역	822	441	131,100

표 2.1 **1996년 굴루 지역 교사 및 학생수**

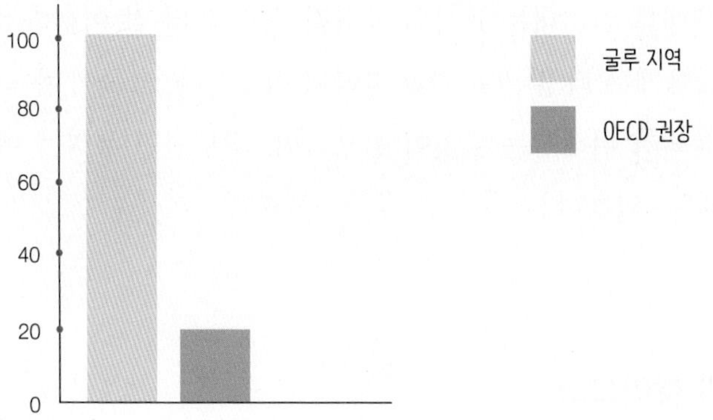

그림 2.3 **1996년 초등교원 1인당 학생 수 비교**

2000년대 후반 조셉 코니가 해외로 도피하면서 내전은 자연스럽게 사그라들었다. 하지만 전쟁의 화마는 모든 이들의 마음속을 할퀴었고, 삶에 대한 태도를 결정지었다. 지독한 가난과 배고픔의 기억, 가족과 삶의 터전을 잃은 상실감, 다시는 이 끔찍한 경험을 되풀이하고 싶지 않다는 절박함. 이는 전쟁이 끝나고 10여 년이 훌쩍 지난 지금까지도 이곳 사람들이 삶의 우선순위를 정하는 잣대가 되곤 한다. 많은 교사들도 교육적인 원칙과 신념을 지키기보다 다른 이들처럼 생존의 원칙을 따르곤 한다.

한국에서는 교사가 되기 어려울 뿐 아니라, 높은 직업의식과 사명감이 요구된다. 그와 같은 잣대를 놓고 우간다 초등 교사들을 보면 '정상'인 교사보다 잦은 결근, 무기력한 태도, 실망스러운 실력 등의 '비정상'인 교사가 눈에 더 많이 띈다. 물론 그들이 겪은 지난 20여 년을 찬찬히 들여다보면 전혀 이해되지 않는 것은 아니다. 그들은 하루하루를 나름의 방식으로 치열하게 살아가고 있다. 다만 미래 세대를 길러내는 교사의 사회적 소명을 더 잘 이행하기 위해서 그들에게는 더 많은 노력과 자극이 필요하다. 그들이 좀 더 나은 교사가 되기 위해서는 무엇이 필요하며, 외부인인 우리는 어떤 자극을 줄 수 있을까?

평화가 찾아오고

	타운 지역	농촌 지역
공립학교	31	123 (오모로 지역 68개 학교 포함)
사립학교	25	50 (오모로 지역 15개 학교 포함)

표 2.2 2018년 기준 굴루 지역 초등학교 수[17]

2008년부터 내전의 소용돌이에서 벗어나면서 굴루의 교육은 조금씩 정상화되었다. 실향민을 수용하던 캠프는 공식적으로 폐쇄되었고, 러닝센터와 다른 학교에 더부살이하던 농촌 학교들은 제자리를 찾아가기 시작했다. 캠프에 모여 있던 인구가 분산되면서 일부 지역에서 교육에 대한 수요가 치솟았다. 이에 정부와 해외 원조기구의 지원으로 2010년까지 굴루 지역에 14개의 학교가 신설되었다. 굴루와 오모로 두 개로 행정 개편된(2016년) 오늘날 굴루 지역에는 229개의 학교에서 113,700명의 학생이 초등 교육을 받고 있는 것으로 공식 집계된다.[18]

그럼에도 결코 학교 수는 충분하지 않다. 농촌 지역 초등학교 시설을 살펴보면 평균적으로 교실 수가 예닐곱 개 남짓인 데 비해, 등록된 학생 수는 몇백 명을 웃돈다. 학교에 변변한 교무실과 화장실조차 없는 경우도 많다. 정부는 예산분배에 있어 교육에 우선 순위를 놓고 있다고 말한다. 하지만 현실적으로는 가장 기본적인 것들조차 해외원조에 기대야 하는 상황이다. 우간다 정부는 너무 가난하다.

우간다는 1997년부터 Universal Primary Education(이하 UPE)이라는 교육 예산 시스템을 만들어 각 학교에 교육비를 보조했다. 이 보조금은 교구교재 구입을 비롯해 산발적이지만 낙후한 학교 시설물을 보수하는 데 사용된다. 일부에서는 정부의 교육비 지원이 내전 후 북부지역 교육을 정상화하고 학생들의 등록률을 높이는 데 기여했다고 평가한다. 그러나 실제 현장에서 보는 UPE예산은 교육 환경과 질을 개선하기에 턱없이 부족하다. 그뿐만 아니라 학생 수에 비례해서 금액이 지급되는 방식으로 인해, 학교에서 등록률을 부풀려 보고함으로써 정확한 공교육 수혜 인원을 파악하기 어렵게 한다.

장기간 지속된 전쟁, 그리고 빈곤. 다양한 요인들로 야기된 교육의 수많은 문제를 당장 우간다 정부 혼자서 해결할 수는 없다. 전후 복구 시기에 자리잡은 굴루의 NGO들은 지난 10여 년간 정부와의 협력을 통해 교육 개발 사업을 다양하게 진행해 왔다. 이러한 노력은 효과가 있었을까? 사실, 10년이면 강산도 변한다지만 교육의 질적 성장과 사람들의 태도 변화를 기대하기에는 짧은 시간이다. 내전 후 교육청이 업무를 재개하며 학교는 제자리를 찾아갔다. 신규 학교가 증설되고 더 많은 학생들이 교육을 받을 수 있었다. 국가 통계만 보더라도 등록률이 100%를 훌쩍 넘는 경우를 쉽게 찾아볼 수 있다. 하지만 내부사정을 들여다 보면, 교육과 학교의 성장을 막고 있는 문제들이 여전히 실타래처럼 엉켜있다. 이 복잡한 실타래를 어디서부터 풀어나가야 할까?

굴루 교육의 산적한 문제들

어느 것 하나 풍족한 것이 없는 굴루의 초등학교. 창문도 없는 좁은 교실에 100명이 넘는 학생들이 다닥다닥 붙어 앉아 있다. 높낮이는 목수 아저씨 마음대로인 책걸상. 키 큰 아이, 키 작은 아이 섞여 앉아 열심히 칠판에 적힌 글을 따라 읽는다. 시멘트 벽에 짙은 흑색 페인트를 바른 칠판. 그간의 썼다 지운 판서들이 쌓이고 쌓여 회색빛

사진 2.2 **시골 지역 초등학교 교실. 빼곡히 앉은 학생들과 조악한 칠판, 교과서 없이 진행되는 일상적인 수업 모습(사진: 하혜경)**

을 띠고, 선생님은 그 위에 또 열심히 한 겹을 더한다. 적도의 뜨거운 태양에 달구어진 양철 지붕은 교실을 이내 찜통으로 만들어 버리다가도, 열기를 식혀줄 비라도 올라치면 지붕에 떨어지는 빗소리가 만들어 내는 굉음이 선생님의 목소리를 삼켜버린다. 분명 교과서를 파는 서점은 있는데 학생 중 교과서를 가지고 앉아 있는 아이가 없다. 정부가 학교에 배급하는 귀한 교과서는 이미 교무실 캐비닛에 들어가 앉은 지 오래다.

결핍은 교실 안에만 있는 것이 아니다. 교실 밖에서의 결핍은 더 본질적인 문제를 불러 일으킨다. 우간다 초등교사의 평균 월급은 한화 20만 원을 채 넘지 않는다.[19] 현지 물가를 감안하더라도 매우 낮은 수준이다. 이렇게 충분하지 않은 월급은 교사들을 학교 밖으로 내몬다. 학교를 방문하여 왜 교사가 교실에 없냐고 물어보면, 집에서 키우는 염소에게 먹이를 주러 갔다거나, 타운에 자신이 운영하는 가게를 보러 갔다는 황당한 답변이 돌아오기도 한다. 그들에게는 선생님의 부재로 교실에 덩그러니 앉아 있을 아이들에 대한 걱정보다, 이번 달 생활비가 더 걱정이다. 그들도 한 집안의 생계를 책임져야 하는 가장이고 내 아이를 좋은 학교에 보내고 싶은 엄마라는 생각을 하면, 자신의 직업에 집중할 수 없는 우간다 교사의 현실이 서글퍼진다.

직급	공립 학교 (UGX-KRW)	사립 학교 (UGX-KRW)
교장 (U4레벨)	UGX 900,000 (₩300,000)	UGX 700,000 (₩210,000)
교감 (U5레벨)	UGX 700,000 (₩210,000)	UGX 550,000 (₩183,000)
시니어 교사 (U6레벨)	UGX 600,000 (₩200,000)	UGX 450,000 (₩150,000)
평교사 (상위 U7레벨)	UGX 550,000 (₩183,000)	UGX 350,000 (₩116,700)
평교사 (하위 U7레벨)	UGX 550,000 (₩183,000)	UGX 350,000 (₩116,700)

표 2.3 **2018년 기준 굴루지역 초등교사 월평균 급여(UGX: 우간다 실링)**[20]

고립된 농촌 지역 학교의 교사들에게는 출퇴근도 하나의 장벽이다. 매일 보다보다(오토바이 택시)로 붉은 흙먼지를 마시며 장거리를 오가는 것은 그리 유쾌한 일이 아니다. 게다가 비가 많이 내리는 우기의 흙탕길은 위험천만하다. 사정이 이러하다 보니 대부분의 농촌 학교에서는 교사를 위한 사옥이 필수다. 하지만 교사 사옥의 현

주소는 단순하기 그지없는 네모 반듯 시멘트 건물이나, 볏짚으로 지붕을 얹고 진흙으로 담을 친 조그만 전통 가옥이다. 열악한 환경에서 10명 남짓의 교사들은 방을 나누어 잠을 자고 하나밖에 없는 재래식 화장실을 공유한다. 교사 사옥은 주거 제공이라는 인센티브가 아니라, 그들의 팍팍한 현실을 다시 한번 상기시키는 매개로 작용한다.

여교사들에게 현실은 더욱 녹록치 않다. 우간다의 가부장적이고 보수적인 문화 속에서 고착된 성역할은 교직 문화에 다방면으로 영향을 미친다. 대부분의 우간다 가정에서 가사와 육아는 오롯이 여성의 몫이다. 직장을 가진 여교사에게는 더 많은 역할이 요구되기에 축복받아야 할 임신과 출산은 부담으로 다가온다. 학부모들은 임신과 출산 등으로 업무에 전념하지 못하는 여교사보다 남교사를 선호한다. 여교사들은 능력을 인정받기 위해 직장에 더 많은 노력을 쏟아야만 한다. 그러나 이마저도 현실 앞에서는 무용지물이다. 적은 월급으로 보모를 쓸 수 없는 이들은 아이를 등에 업고 출근하여 업무를 본다. 여교사들은 '일에 집중하지 못하는 무능력한 교사'라는 차가운 시선에서 자유롭지 못하다. 여학생의 중도 학업 포기와 조기결혼 등을 줄이기 위해서라도 여교사들이 롤 모델이 되어야 한다고 하면 종종 나오는 얘기가 있다. 여교사를 위해 분리된 화장실을 만드는 배려조차 없는 근무 환경에서 어떻게 여성의 리더십을 논하며, 누군가의 롤 모델이 되기를 기대하냐고. 직장 내 성차별 그리고 여교사에 대한 부정적인 인식 등, 여교사가 극복해야 할 짐들은 너무나 무겁다.

사진 2.3 **아이를 등에 업고 수업을 진행하는 교사의 모습(사진: 하혜경)**

열악한 환경 속에서 우간다 교사들은 직업에 대한 자부심을 느끼기 힘들다. 우간다에서 초등교사는 고등교육과정에서 상위 단계(A-level)에 진급하지 못한 경우 차선책으로 선택할 수 있는 직업 중 하나이다. 성적이 좋지 못해 교사가 되었다는 사회적인 편견으로 인해, 교사들은 직업의 가치에 비해 존경받지 못하는 분위기이다. 또한, 열악한 교사양성 과정으로 인해 학교 현장에서 아이들을 가르치기에 역량이 부족한 교사들이 너무나 많다. 경험과 역량이 부족한 교사들은 자괴감에 빠지기도 한다. 사회의 선입견에 더불어, 충분한 보상은 고사하고 제대로 된 업무 환경도 기대하기 힘든 교사들. 자부심이 아니라 자존감부터 걱정해야 할 지경이다. 교사 스스로 역량을 개발할 의지와 동기가 부족하고, 학교 환경은 역량 있는 교사를 키울 수 없다. 슬프게도 그 결과는 교수학습에 영향을 미치고, 피해는 고스란히 학생들에게 돌아간다.

이러한 문제들을 개선하기 위해서는 안정적인 교육행정과 예산운영이 필요하다. 하지만 우간다의 교육행정은 아슬아슬하게 버티고 있는 파도 앞의 모래성 같다. 예상외로 제도는 잘 마련되어 있다. 지역 교육청은 장학사를 정기적으로 학교에 파견하여 장학과 컨설팅을 제공하고, 교사를 대상으로 역량 개발을 위한 교육을 제공해야 한다. 문제는 이 시스템을 안정적으로 운영할 재정이 확보되지 않는다는 것이다. 굴루 교육청의 예산은 1년에 약 13조 실링, 한화 40억 원 정도이다. 이 예산으로 1,000명이 넘는 교사와 10만 명이 넘는 학생들, 수많은 교육 공무원들이 한 해를 버텨야 한다.[21] 비바람을 막아 줄 교실의 창문을 수리할 수도, 모든 학생들에게 교과서를 지급할 수도 없는 금액이다. 거기에다 우간다 정부는 교육 예산을 매년 조금씩 삭감하고 있다.[22] 13세 이하 기초교육 대상 인구가 전체 인구의 거의 절반(46%)[23]을 차지하는 우간다에서 지금도 부족한 교육 예산은 계속 우선순위에서 밀려나고 있다.

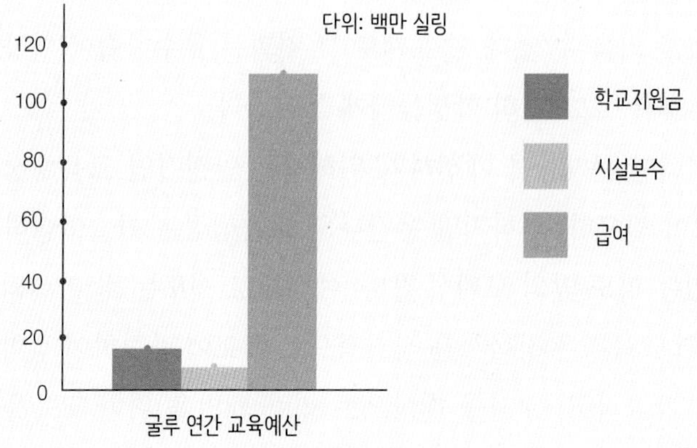

그림 2.4 **2018년도 굴루교육청 연간 교육예산 분배**[24]

상황이 이러하다 보니 지역 교육청이 믿고 기댈 곳은 NGO들이다. 소년체전이나 초등학교 졸업시험(Primary Leaving Examination, 이하 PLE) 준비 철이 되면 교육청은 지역에서 활동하는 NGO에 찬조금을 구하러 다니느라 진땀을 뺀다. 유류비에서부터 시험지 인쇄비까지, NGO들이 없었더라면 이 국가적인 행사들을 어떻게 진행하는 것인지 궁금할 정도로 사소한 요청들이 줄을 잇는다. 가난과 긴 내전으로 해외의 무상 원조를 받는 것에 익숙해져 버린 사회 시스템은 장기적인 관점에서 봤을 때 위태로워 보인다. 하지만 당장 눈앞의 결핍이 해결되지 않는 상황에서 외부의 도움은 가뭄의 단비이다.

이는 정부 단위의 문제만이 아니다. 풀뿌리 단위의 학교 행정

제도 역시 심각하게 비효율적이며, 이는 농촌지역 공립학교일수록 심하게 나타나는 경향이 있다. 지연, 혈연, 학연이 지배하는 학교 운영위원회(School Management Committee, 이하 SMC)는 예산편성, 수업과 장학, 교사 근무 수칙에 이르기까지 다방면으로 학교 운영에 영향을 미친다. 이 위원회를 구성하는 주체는 학교 교장인데, 상당수의 구성원을 학교 운영에 적합한 경력이 아닌, 교장이 원하는 지인을 중심으로 선택하는 경우가 많다. 교장과 SMC 구성원의 사적 친분은 원활한 학교 운영보다 구성원 개인의 이익을 위해 이용되기도 한다. 행정위원회 구성원들에게 따로 월급이 나가지는 않지만, 회의비나 연말 선물 등으로 학교 예산이 그들 주머니로 들어가는 일은 비일비재하다. 이는 때때로 학교 예산을 횡령하는 범죄로까지 이어진다. 학교가 잘 운영되고 발전하기 위해 감시와 견제의 시스템은 존재하지만, 그 역할은 모호하다.

우간다의 교육은 다양하고 복합적인 문제를 안고 있다. 누구나 평등하게 누려야 할 기초 공교육은 이런 문제들로 인해 모두에게 관대하게 제공되지 못한다. 또한 도시로부터 멀어질수록, 부모가 가난할수록 좋은 교육에 대한 접근성은 점점 떨어지게 된다.

교육의 빈익빈 부익부

우간다는 전체 인구의 27%가 하루 2.5달러 미만의 수입으로 생계를 연명하는 세계 최빈국 중 하나이다.[25] 도시화가 많이 진행되지 않은

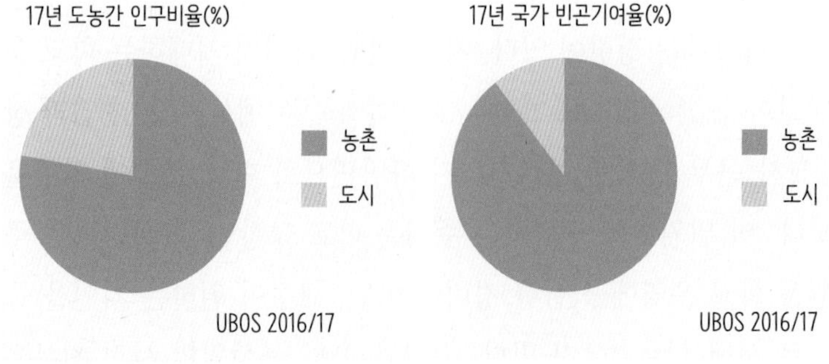

그림 2.5 **2017년 기준 우간다 도시-농촌 인구비율과 빈곤기여율**[26]

이곳에는, 약 83%의 인구가 시골에 살고 있는데, 이는 인구 대다수가 부가 밀집된 도시 인프라의 혜택을 못 받고 산다는 것을 의미한다. 도시 빈민까지 고려해본다면, 우간다는 아주 소수의 부유층과 다수의 빈곤층으로 이루어진 취약한 경제 구조를 지녔다. 빈곤은 많은 사회 문제의 원인이자 결과물로, 발전의 장애물이다. 그리고 빈곤과 교육은 끊기 힘든 악순환의 고리로 묶여 있다.

새 학기가 시작되었지만, 굴루 시내에는 머리에 삶은 달걀을 이고 장사를 하느라 거리를 배회하는 아이들이 심심치 않게 보인다. 시골로 들어가면 행색이 남루한 아이들이 학교에 있어야 할 시간에 염소 풀을 먹이고 있다. 빈곤은 이 아이들에게서 기본적인 교육을 받을 권리를 앗아가 버렸다. 극 빈곤층 부모들이 아이를 학교에 보내기에는 그들 앞에 닥친 현실이 가혹하다. 아이들이 당장 글을 읽고 셈하는 것을 배우는 것보다 부모의 일손을 도와 가계에 보탬이 되는 것이 가족 모두가 생존할 방법이라고 여긴다. 교육이 가난의 굴레에서 벗어날 기회가 될 수 있다는 것을 모두가 당연하게 생각하는 것은 아니다. 도시에서 농촌 지역으로 갈수록 빈곤은 심해지고, 제한된 환경에 의해 교육이 누구나 누려야 할 권리라는 것도 이해받기 힘들다. 이러한 도시와 농촌 사이의 온도 차는 학교 교육 환경과 질에도 직접적인 영향을 미친다.

고립된 농촌 지역에 있는 학교들은 지리적인 문제와 커뮤니티의 빈곤 등으로 인해 상대적으로 학생 수가 적고, 이로 인해 재정이 불안하다. 정부에서 학생 1인당 10,000실링씩 책정되어 내려오는 UPE 예산(초등학교 기준)으로 학교를 운영하기 어렵기에, 학교는 여러 가지 명목을 만들어 학비 아닌 학비를 받는다. 학교마다 지역의 경제 상황을 반영해 각종 관리비, 시험 비용, 육성회비 등을 부과하지만 이마저도 가난한 학부모들은 제때 내지 못한다. 재정적으로 열악한 학교는 학생들에게 제대로 된 환경을 제공하지 못하고, 가난한 학생들은 회비를 못 내서, 혹은 교복을 못 입어서 집으로 돌려보내지기도 한다. 이쯤 되면 우간다의 초등교육이 무상의무교육이라는 말이 무색해진다.

역설적이지만 이런 열악한 환경에서도 성적은 가장 민감한 이슈이다. 빈곤한 농촌 지역에서도 학생의 성적이 잘 나오지 않으면 학부모는 자녀를 좀 더 나은 근처 학교로 전학시킨다. 학생 수가 줄어들면 가난한 학교는 더욱 가난해진다. 학생 수나 재정에서 상대적으로 여유로운 도시의 학교들은 이와 반대되는 선순환을 통해 좀 더 나은 교육환경을 제공하고, 좋은 성적으로 학부모들의 신뢰를 얻는다. 이런 식으로 도시와 농촌 간 빈익빈 부익부 현상은 지역 간의 교육격차를 점점 크게 만들고 있다.

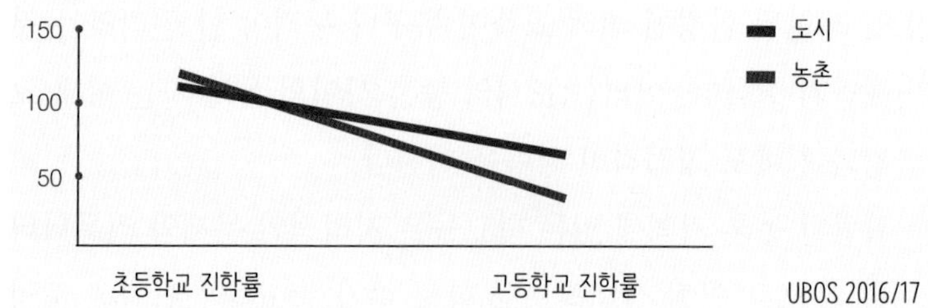

그림 2.6 **2017년 기준 우간다 도시-농촌 진학률 비교**[27]

교육에서 빈익빈 부익부 현상은 비단 지역적 한계 때문만은 아니다. 격차는 공립학교와 사립학교 사이에서 더욱 극명하게 나타난다. 많은 학부모들은 가능한 한 아이들을 사립학교에 보내고 싶어 한다. 대부분의 사립학교가 월등히 나은 성과를 만들고 내고 있기에, 그곳에서 공부하는 것이 아이들에게 더 밝은 미래를 보장한다고 생각한다. 다만 공립학교에 비해 적게는 수십 배, 많게는 수백 배에 해당하는 비용이 부담스러울 뿐이다. 공립학교는 한 학기에 5,000실링(한화 1,500원 정도)에서 최대 500,000실링의 비용을 부담하는 반면, 사립학교는 최소 100,000실링에서 1,000,000실링 이상까지도 학비가 치솟는다. 결국, 가난한 부모와 그들의 자녀들은 선택의 여지가 없다.

공립학교와 사립학교의 질적 차이는 개별 교사의 역량 차이보다 운영진의 꼼꼼한 시스템 관리에서 비롯되는 경우가 많다. 사립학교에서는 교육사업 전문가들에 의해 교사의 질, 교수학습 상황, 학생들의 성적 관리 등이 정기적으로 진행된다. 반면 공립학교를 관리해야 하는 지역 교육청 장학 프로그램은 재정적 한계로 1년에 1회 이상 시행되기 어렵다. 대신 공립학교는 인맥 위주의 학교 운영진이 '눈 가리고 아웅' 식의 관리를 하는 경우가 많다.

양질의 교육을 받을 권리는 내가 사는 지역, 그리고 부모의 빈부와 상관없이 모두가 공평하게 누려야 한다. 그러나 현실은 그러하지 못하다. 상대적으로 질 좋은 교육을 받기 위해서 사람들은 도시로 나와야 하고, 공립학교보다 관리가 잘 되는 사립학교의 문을 두드려야 한다. 이는 우간다에 국한된 문제는 아니다. 선진국에서도 이러한 현상은 어렵지 않게 찾아볼 수 있다. 그러나 우간다에서 이 문제를 해결하는 것은 교육을 평준화하려는 노력 그 이상이어야 한다. 열악한 우간다 농촌의 공립학교는 세상에서 가장 가난하고 힘없는 아이들이 꿈을 키워가는 곳이며, 어쩌면 그들 인생의 유일한 기회이고 다시 갖기 힘든 희망이기 때문이다. 교육에 있어서만큼은 누구도 소외당하지 않도록, 농촌 지역에도 좋은 공립학교를 만들고 좋은 교사를 양성하는 것은 더 많은 아이를 꿈꾸게 한다.

Chapter 06
굴루에서 교사로 살기

교육은 한 사람이 태어나는 순간부터 삶을 다할 때까지, 삶 전체에 걸쳐 많은 부분에 영향을 미친다. 좋은 교육, 양질의 교육이란 무엇일까? 정의나 범위가 다양하겠지만, 배우는 사람이 자신의 잠재적 가능성을 발견하게 하고, 이를 발전시킴으로써, 측정 가능한 결과를 달성할 수 있도록 하는 행위를 포함할 것이다. 모든 아이들은 좋은 교육을 받을 권리가 있다. 특히 살아가는데 필요한 문해와 수리, 그리고 기초 생활기술을 배우는 것은 가장 기본적인 요소이다.

우간다에서는 이러한 기초 · 기본 교육조차 제대로 시행하지 못하고 있는 것이 현실이다. 국제비교평가 결과에 의하면, 우간다 학생들의 문해 수리 능력은 하위 1/3 정도에 머문다.[28] 2016년 기준, 초등학교 졸업률(Primary Completion Rate)은 케냐 101%, 르완다 67.2%, 우간다 52.6%로[29] 인근 다른 국가와 비교했을 때도 현저하게 낮다.

이런 상황은 학생 개인의 발달은 물론이고 장기적으로 국가 발전의 걸림돌이 될 수밖에 없다. 학생들이 책임감 있는 사회 구성원으로 성장하고, 개인의 삶이 더 많은 기회들로 충만하려면 양질의 기초 교육이 필수적이다. 우간다의 교사도 무거운 책임을 느끼곤 한다.

교사들은 지역사회 변화의 주체가 될 수 있다. 좋은 교육을 통해 개인과 사회의 변화를 이끌어 낼 수 있는 사람이기 때문이다. 한 학생의 삶이 변화하고, 작은 변화들이 쌓이고, 그것이 모여 지역공동체를 좀 더 나은 곳으로 바꿀 수 있다. 교사는 주민들의 본보기로서 지역사회의 역할기대를 받고 있다. 지역주민들에게 교사란 안내자이면서 상담사이고, 학생과 학부모에게 지혜를 주는 조언자이기도 하다. 사회를 변화시키는 사람, 아이들을 키워내는 사람, 지역사회에서 의사소통을 가능하게 하는 사람 등등 교사를 나타내는 수식어는 많다. 그만큼 기대가 크기 때문이다.

그러나 이곳에서 교사 개인에게 이상적인 역할을 요구하고, 책임과 부담을 지우기에는 무리가 따른다. 안정적으로 학생을 교육하기에는 외부의 방해 요소들이 너무 많다. 특히 굴루는 20년이 넘는 전쟁의 영향으로, 우간다 내에서도 경제, 사회, 문화적으로 심각하게 발전이 늦어졌다. 오랫동안 지속된 전쟁으로 많은 이들이 집을 떠나 불안하게 살 수밖에 없었다. 당연히 제대로 된 교육을 할 수 없었다. 관련 기반시설은 물론이고, 능력 있는 교사와 교육 관계자들을 많이 잃었다. 상당수의 교사가 전쟁으로 인해 죽거나 피난을 떠났고, 전쟁 후에도 살아남은 이들이 다른 지역에 정착해 돌아오지 않았다. 전쟁 동안 교사들은 재교육이나 연수, 능력개발은 고사하고 살아남기에 급급했다. 결국 오늘날, 능력 있는 교사는 현저히 부족하게 되었다. 지금까지도 열악한 환경 속에서 교사로서의 역량을 개발할 기회가 충분치 못하다 보니, 현장의 교사들은 학생들을 잘 가르치지 못한다. 아니, 더 심하게는 출근을 하지 않는 경우도 빈번하다. 그렇지만 이런 교사들도 교사가 되기까지 숱한 어려움이 있었고, 대부분 힘들게 이 자리에 온 사람들이다.

피터가 교사가 되기까지

피터(가명)는 굴루의 한 초등학교에서 학생들을 가르치는 15년차 교사다. 8남매 중 첫째로 태어나 아버지가 없는 가정에서 자랐으며, 9살 때는 이미 4명의 다른 형제들을 돌봐야 하는 처지였다. 시골 마을의 조그만 시장에서, 구운 땅콩이나 콩을 팔아 다른 형제들을 먹일 음식을 구했다. 때로는 다른 사람들의 논, 밭에서 일하며 할머니를 도왔다. 11살이 되었을 때부터 가정용 숯을 만들어 파는 일을 했다. 큰 시장이 있는 타운까지는 16Km의 거리였는데, 매일 그 길을 걸어 숯을 팔았다. 그 돈으로 학교의 육성회비를 내고, 동생들을 키웠다.

1994년, 고생하는 피터에게 삼촌은 본인이 일하는 학교에서 주는 학비 보조금을 제안했다. 그 덕분에 7학년 초등학교 졸업시험을 볼 때까지 2년을 삼촌과 함께 지낼 수 있었다. 피터는 전쟁으로 얼룩지고, 어린 동생들을 부양하며, 삶을 지탱하기조차 버거웠던 어린 시절을 떠올리면 그저 '힘들었던' 기억뿐이라고 한다. 다만, 그렇게 고생하면서도 희망을 놓지 않기 위해 열심히 공부했고, 그래서 초등학교 졸업시험을 1등급으로 마칠 수 있었던 것은 기적이라고 덧붙였다.

최근에는 중등학교 학생에게도 정부장학금을 주는 제도가 있지만, 그때만 하더라도 그런 제도가 전무했다. 졸업시험에 1등급을 받고도, 걱정은 커져만 갔다. '어떻게 등록금을 낼 수 있을까?' 당시 교사였던 피터의 삼촌도 워낙 적은 급여 탓에 피터의 학비를 도와줄 여력이 없었다. 하는 수 없이 다시 할머니에게 돌아가 석탄과 벽돌을 만들어 중학교 등록금을 벌기 시작했다. 좋은 성적 덕분에 지역의 기숙학교에서 입학 제안도 받았지만 그 학교는 등록금이 비쌌기에 갈 수 없었다. 대신 일반 중등학교로 진학해서 학업과 일을 병행했다.

중등학교는 일반중등교육 4년(O-level), 상급중등교육 2년(A-level)으로 이루어져 있고, 그는 일반중등교육을 2등급으로 졸업했다. 상급중등학교에 진학할 성적은 충분했고, 대학도 가고 싶었다. 그러나 피터의 할머니는 그에게 3차 교육기관을 권했다. 2년 과정의 초등교원대로, 과정을 마친 후에 3급 교원자격증이 주어지는 곳이었다. 처음에는 망설였으나, 등록금을 벌기 위해 밤낮으로 일했던 시간을 다시 반복하고 싶지 않았다. 빨리 직업을 가질 수 있다는 점에 끌릴 수밖에 없었다.

이는 20여 년도 지난 과거의 이야기이고, 지금 피터는 교직의 가치를 잘 알고 있다고 말한다. 굴루에서 교사가 되는 사람 대부분이 비슷한 처지에 있다. 가치 있는 직업이라는 자신과의 타협과 경제적 현실 사이에 차선으로 선택한 일. 그럼에도 현장에 오면, 넘어야 할 산이 많다. 시골학교의 열악한 환경에서 사기를 잃지 않는 것은 생각보다 만만치 않은 일이다.

열악한 학교 안팎, 교사가 겪는 어려움

릴리(가명)는 O-level을 마치고, 초등 교원대에 입학했다. 2년간의 과정을 마치고, 3급 교원자격증을 받았다. 3급 교원자격증은 공립학교 교원이 되기 위한 첫 번째 조건이지만 처음부터 정식교사가 될 수는 없었다. 요즘에도 그렇지만 정부 공무원 신분의 교사가 되기에는 경쟁이 치열했다. 특히 전쟁 동안 신규 교원 채용이 많지 않았고, 지방정부는 항상 재정이 열악해 충분한 교원을 채용할 수 없었다. 우간다에는 정식교사 대신, 학부모의 지원으로 월급을 주는 PTA(Parent Teachers Association) 교사가 있다. 학생은 많고, 정부에서 인력충원이 쉽지 않기 때문에 지역공동체에서 함께 돈을 모아 교사를 고용하는 형태이다. 릴리는 PTA 교사가 되어 30달러를 월급으로 받았다. 그 돈으로는 가족을 부양하기는커녕, 혼자만의 생활도 가능하지 않았다. 그러나 포기하는 대신 열심히 일하는 쪽으로 마음을 굳혔다. 그렇게 2년을 일하고 나니, 지역정부에서 릴리의 노력을 알아주기 시작했고, 마침내 정식교사로 임명받았다. 2005년 첫 해 발령 당시, 월급은 90달러였다.

시골학교 교사들은 적은 월급에도 불구하고(2019년 현재 초임교사의 월급은 약 110달러이다), 열심히 일하고자 노력한다. 그러나 시골 학교는 항상 교사 수가 부족하다. 자연히 개인들이 부담해야 하는 과목과 업무량은 많아진다. 교실이 부족해서 교사의 연구나 휴게공간도 없다. 학생들을 지도하기 위한 교재, 교구도 턱없이 부족하다. 학교와 출퇴근 거리가 멀다보니, 시골학교에 배정받는 교사들은 빨리 떠날 생각만 한다. 릴리의 사례처럼, 부족한 교사를 채우기 위해 지역사회에서 채용한 PTA 교사 중에는 미자격 교사인 경우도 더러 있다. 그들은 일하려는 의지가 있어도 근속년수가 짧다. 남아있는 교사들의 불만은 점점 쌓여간다. 처음에 가졌던 교사의 열정과 사기는 점점 줄어든다.

사진 2.4 **비가 새는 초등학교 교무실 모습(사진: 양현화)**

교사는 학생들을 통해 가르치는 보람을 얻을까? 시골 초등학교의 학생들은 특히 지각과 결석이 잦고, 이는 낮은 학업성취로 이어진다. 교사도 잘 못 가르치지만, 학생들도 잘 배우지 못한다. 학생들의 잦은 지각과 결석 또한 농촌의 현실, 빈곤한 가정환경, 열악한 학교시설과 연관이 깊다. 피터 선생님이 20년 전에 그랬듯, 지금의 아이들도 경제적 노동을 한다. 평소 90% 정도 출석하던 아이도 농번기에는 7~80% 정도로 출석률이 떨어진다. 농작물 수확 시기에 아이들은 학생이기보다 어린 일꾼이다. 어린 형제자매와 가축을 돌보고, 농작물을 관리하며, 집안을 돕는다. 그러다 보면 지각과 결석을 할 수밖에 없는데, 아침 일찍부터 일을 하고 등교한 학생들은 수업시간에 집중하지 못하고 졸기도 한다. 학습 결손은 계속 누적될 뿐이다. 협소한 공간에 많은 식구가 부대끼며 사는 우간다의 주거 환경을 고려해 보건대, 학생들이 집에서 공부하기를 기대할 수도 없다. 공부할 공간도 여건도 안 된다. 전깃불도 책 한 권도 없는 환경에서 숙제는 물론이고 예습복습을 할 리가 만무하다.

사진 2.5 **학생들의 통학로. 우기에는 진흙탕이 되어 미끄럽고 위험함.(사진: 우간다지부)**

비가 많이 오는 우기에도 결석은 높아진다. 학생들이 통학하는 방법은 도보가 유일한데, 심한 경우 편도 1시간 이상을 걸어야 학교에 도착한다. 아침부터 1시간씩 걷는 길에 비가 오니 지각을 한다. 오후에도 비가 올 것 같으면 수업이 끝나기도 전에 집에 갈 생각으로 마음이 바쁘다. 이 또한 학생들의 학업 성취에 영향을 미친다. 여학생들은 생리기간 동안 결석이 잦다. 위생적인 화장실이나 탈의 공간을 기대할 수 없기에 학교의 문턱은 한층 높아지고, 교육과정을 못 따라온다. 그렇게 학교에 오지 못하던 여자아이들은 집안의 노동력으로 활용되거나, 조혼의 대상이 되어 결국 학교로 돌아오기 어려운 상황에 처한다. 가르쳐도 배우지 못하는 아이들, 배우다가도 사라지는 아이들. 교사의 통제밖에 있지만 결코 간과할 수 없는 현실 앞에, 교사는 또 한번 사기가 꺾인다.

사진 2.6 짓다가 만 듯한 교실. 책걸상은 물론이고 여학생을 위한 위생시설도 부족함.(사진: 우간다지부)

국가 교육정책도 현실과 거리가 멀다. 정책상으로 모든 초등학교는 급식을 제공해야 한다. 실제로 대부분의 학교는 자체적으로 급식을 제공하지 못한다. 아침 8시에 등교해서 점심을 먹지 못한 채 오후 4~5시까지 학교에 있어야 하는 학생들은 오후가 되면 허기로 인해 수업에 집중하지 못한다. 학생과 마찬가지로 교사도 급식이 없으니 학교 밖이나 집으로 가서 점심을 먹어야 한다. 이런 경우 교사들은 점심시간을 훌쩍 넘겨서 학교로 돌아온다. 밖으로 나가지 않으면 점심을 거르게 되는데, 학생과 마찬가지로 오후에는 배고픔에 지치고, 수업 진행이 즐거울 리 없다.

지역에서 급식을 비롯한 학교 재원을 보충해 주는 경우는 그나마 희망적이다. 그러나 아무리 열의가 있더라도, 빈곤한 환경에서 교육비를 선뜻 낼 수 있는 부모가 많지 않다. 학부모를 포함한 지역공동체가 학교 교육과 행사, 교재교구 지원 등에 늘 적극적일 수도 없다. 그럼에도 지역공동체는 교사에게 높은 기대치를 가지고, 그들이 열심히 일해서 좋은 결과를 만들어내기만을 바란다. 대표적인 사례가 초등학교 졸업시험 결과만으로 교사와 학교의 성과를 묻는 식이다. 그 결과를 보면 굴루의 시골 학교들은 전국 최하위 수준이니, 질책이 교사들에게 고스란히 돌아간다. 그 결과가 단지 교사와 학생의 게으름 때문일까? 이런 부적절한 평가와 지원 부족은 교사들의 의지를 잃게 하는 또 다른 요인이다.

반면, 학교에서 우간다 교사들이 느끼는 어려움은 한국 교사와 비슷한 부분도 많다. 교사는 수업시간에만 일을 하는 것이 아니다. 수업을 위해 교과를 연구하고 교재를 준비하는 것, 학생 관리와 상담, 행정 처리, 교육청과 같은 상부 기관에 대한 협조업무, 승진을 위한 자기연찬 활동 등등 다양한 업무들이 있다. 다만 우간다 학교에는 행정 지원인력이 따로 없기에 한국보다 교사들의 품이 더 많이 들어간다. 예를 들어, 매 학기 시행되는 성취도 평가 문항지는 수익자 부담으로 교육청에서 구입한다. 이때 학부모들이 꼬깃꼬깃한 현금을 가지고 학교에 오면, 교사들이 일일이 체크해서 비용을 수합하고 계산하는 식이다.

업무와 관련된 어려움도 비슷하다. 굴루의 교사들도 수업 이외의 이해관계자와 소통하는 부분을 많이 힘들어 한다. 동료교사나 교장과 관계를 잘 형성하는 부분, 학부모를 응대하거나 교육상담을 해야 할 때도 좀 더 전문적으로 대처하고 싶어 한다. 학비를 내지 못하는 학생들을 집으로 돌려보낼 때, 어쩔 수 없는 처지의 교사들도 난처하기는 마찬가지이다. 그 외에도 교육장이나 장학사에게 자신의 능력을 평가받아야 하는 상황, 지역공동체의 다양한 관계자와 이해관계가 있을 때 조율해야 하는 상황 등등, 교사 입장에서 잘 해결해 나가야 하는 문제를 맞닥뜨렸을 때 굴루의 교사들도 침착하고 현명하게 대처하고 싶어 한다.

이 중에서도 동료 교사, 학부모와의 관계 유지는 교사들이 꼽는 가장 어려운 내용이다. 초등 교사의 경우, 다양한 교육 배경을 가진 교사들, 즉 초등 교원대 졸업자부터 대학학위 소지자들과 동료로 일한다. 학위소지자의 세부 전공도 다양하다. 서로 다른 배경과 가치관을 가진 사람들이 함께 학교의 계획을 세우고, 학생들의 성과를 평가하고, 이를 공유하기가 쉽지 않다고 교사들은 말한다. 경력 교사들은 신입교사들에 대한 조언과 가이드를 담당하는데 이 또한 어렵기는 매한가지다. 학부모 상담의 경우, 한 학급에 거의 100여 명이 모여 있는 저학년이라면, 게다가 학부모들이 각기 다른 환경의 다른 성향의 사람들이라면, 아무리 생각해도 어려운 일일 것이다.

굴루에서 교직이 갖는 의미

전쟁의 여파로 굴루의 교육 시스템이 무너졌다. 낮은 월급은 교사들이 교육 활동에 최선을 다할 수 없게 만들었다. 정부의 부족한 교육 예산, 소임을 다하지 못하는 학교 관리자와 교육 관료들, 지역사회와 학부모의 부정적 태도와 역할 등등, 좋은 교육에는 많은 요소가 함께 작용해야 함에도 이런 상황은 종종 간과된다. 오로지 교사에게 가혹한 질책이 떨어지곤 했다. 물론 교사들 또한 기대에 부응하지 못했다.

그 결과, 전쟁 전 존경받는 직업 중 하나였던 교직은 과거의 영광을 뒤로하고, 낮은 월급과 열악한 근무환경에서 고군분투하는 직업으로 전락해 버렸다. 슬프게도 현재 굴루의 교사들은 '보다보다' 기사들과 비교 당하곤 한다. 미래세대를 길러낸다는 소명과 가치, 학생 성장에 대한 전문성은 사라졌다. 그저 교사보다 조금 더 많은 수입을 번다는 이유로 오토바이 택시기사를 부러워해야 하는 상황이다. 교사에 대한 낮은 사회적 인식, 부족한 월급, 가족을 제대로 부양할 수 없는 데서 오는 좌절감. 이런 현실 앞에 많은 교사가 추가로 직업을 갖고, 실제로 보다보다 사업에 뛰어 들기도 한다. 혹자는

사진 2.7 **굴루 타운의 보다보다 기사들. 대체적으로 교사보다 수입이 좋음.(사진: 우간다지부)**

열악한 환경을 탓하며 음주에 빠지고, 상습적으로 수업을 빠지고, 학교에 나와 있지만 아이들을 가르치지 않기도 한다.

현실의 절망 앞에 무릎 꿇어야만 할까? 패트릭(가명)은 경력 10년차 교사다. 처음 2년간의 교직 생활은 늪이었다고 한다. 교실에 넘쳐나는 아이들, 그 아이들 가운데 보이는 장애학생들, 아무런 조치도 도움도 줄 수 없던 순간들. 그리고 어릴 적 자신의 모습과 똑같이 등록금을 벌기 위해 밤낮으로 일해야 하는 아이들, 혹은 학교를 그만둬야 하는 아이들 앞에 무력감과 허탈감을 느끼기도 했다. 그러던 도중 동료 교사와 고민을 나누기 시작했고, 그는 조금 더 공부를 해서 학생들에게 도움이 되어야겠다고 결심했다.

우간다 교사들은 초등 교원대를 졸업한 후, 다양한 학위과정(Diploma)을 통해 승진을 할 수 있다. 2년의 학위과정을 마치면 교감이 될 수 있고, 학사(University Degree)를 취득하면 교장이 될 수 있다. 물론 많은 교사들이 경제적 이유로, 여교사는 특히 양육 문제로 인해 주저한다. 그럼에도 패트릭은 공부하기를 선택했고, 장애학생들을 위해 특수교육분야 학위, 학사 과정을 마쳤다. 몇 년의 지난한 공부, 학비에 생활비까지 감당하느라, 힘든 시간을 보냈지만, 그 후에 장학사가 될 수 있었고, 더 많은 학생들을 위해 일할 수 있었다.

모든 교사가 승진할 수도 없고 그럴 필요도 없다. 교사로서 어떤 삶을 살지 선택하는가의 문제이다. 때때로 일부 교사들의 무책임한 태도가 지역사회의 질타를 받기도 하지만, 대다수의 교사들은 기본적으로 학생들을 사랑하는 마음이 크고, 최선을 다해 그들의 소임을 다하려고 노력한다. 그들도 빠르게 변화하는 세상에 적응하려고 노력하는데 예를 들어, 최근 학생중심(Child centered Methods)의 교육방법을 적용하라는 요구가 높아졌다. 굴루의 교사들도 학생들의 수준과 관심에 맞게 수업 계획을 하고, 조금 더 창의적인 방법으로 수업을 진행하려고 노력한다. 예전보다 그런 능력을 갖추고 있는 교사도 많아지고 있다. 그들도 자신이 아이들의 삶을 다르게 만들 수 있다는 걸 느낄 때, 더 열심히 일하려는 의지가 생긴다고 한다. 학생들의 성장을 볼 때, 가르침 그 자체에서도 보람을 느낀다고 말이다.

피터가 20년 전에 겪었던 일, 릴리가 거쳐 온 과정, 패트릭의 선택은 현재도 진행 중이다. 현실은 크게 나아지지 않았고, 이들은 학교에서 20년 전, 30년 전 자신과 마주한다. 열악한 교육환경과 교사에 대한 처우는 여전히 실망스럽다. 그러나 교사들이 어렵게 얻은 교직을 포기하게 만들어서는 안 된다. 이탈하는 교사들을 다시 교직으로 유인하고, 그들을 보다 더 나은 교사로 만들어야 한다. 이는 시간과 자원을 더 효율적으로 활용할 수 있는 방법일 뿐 아니라 더 교육적이다.

그러기 위해서는 교사의 낮은 자질과 소양 부족, 그에 대한 부정적인 사회인식을 교사 개인의 잘못으로만 돌려서는 안 된다. 오히려 교사의 질을 높여 양질의 교육체제를 구축하려는 전 방위적 노력이 필요하다. 교사 개개인의 행동 개선, 지역사회 전반에 걸친 인식 개선, 정부 차원에서의 제도와 정책 지원, 이 삼박자가 제대로 갖추어져야 하는 것이다. 한 명의 교사가 바뀌면, 굴루의 수백 수천 명의 학생이 직접적인 영향을 받는다. 교사에 대한 지원을 늦추어서는 안 되는 이유다.

사진 2.8 **배움이 있는 교실은 미래의 희망!(사진: 우간다지부)**

Chapter 07
한국 교사, 굴루의 교사를 만나다

이 장은 STIC(Short-term Intensive Course)을 통해 우간다 학교를 경험한 한국 교사들의 이야기다. STIC은 우간다 현직 교사를 위한 단기집중연수로, 교사 역량강화를 목표로 한다. 우간다 북부 굴루/오모로 지역에서 2015년부터 매년 2회씩 한국 교사들이 중심이 되어 연수과정을 직접 기획하고 운영해 왔다. 교사라는 특성상, 한국의 여름방학(7~8월)과 겨울방학(1월) 기간에 진행하며 2019년에는 말라위에서도 1회 진행한 바 있다.

STIC은 매 기수마다 연수의 대상 및 내용이 조금씩 다른데, 각각의 구체적인 프로그램의 내용은 [표 2.4]와 같다. '왜 교사가 중요한가?'라는 교육철학 및 개인의 신념에 대한 고찰에서 시작해, 회를 거듭할수록 우간다 교육상황에 맞춘 내용, 우간다 선생님들이 목말라하는 내용이 점점 더 반영되었다. 강의식 수업과 시연, 그룹 토론, 마이크로티칭과 같은 방법론에서부터 수행평가, 예술 및 체육 교과

사진 2.9 STIC 6기 활동 후(사진: 피로신)

수업에 바로 적용할 수 있는 활동에 이르기까지 그 폭과 깊이를 더해갔다.

Q 안녕하세요, 선생님들! 간단한 자기소개와 참여한 동기, 느낀 점부터 부탁드릴게요.

청아: 안녕하세요, 저는 중학교 영어교사로 근무하고 있는 이청아입니다. 2015년 가을에 호이를 알게 되었고, 2016년 1월 2기 STIC을 시작으로 3, 4기 STIC에 참여했습니다. 다른 세계와 소통하고 이해하고 공감하는 소통 도구로서의 영어를 가르치고 싶었고, 실제 국제교육개발협력 현장을 이해해야 제대로

'세계시민' 교육을 할 수 있다는 생각이 들어 찾아오게 되었습니다. 교사에 대한 믿음, 교사가 바뀌면 교육이 바뀌고, 결국 아이들이 바뀐다는 호이의 신념이 가슴에 와 닿았어요. '우간다 선생님들과 만나서 좋은 교육과 좋은 교사를 이야기하고, 그게 한국 교사들과 우간다 교사 모두를 바꿔준다면, 그리고 그게 점점 퍼진다면, 결국 두 나라의 교육도 바뀔 수 있지 않을까.' 하는 꿈을 꾸었죠. 너무 거창한가요? 그렇지만 모든 거창한 꿈은 작은 실천에서 시작되는 것 아닐까요.

순영: 안녕하세요. 저는 초등학교 교사로 몸담고 있는 오순영입니다. 2015년 인천에서 열린 세계교육포럼에서 처음으로 호이를 알게 되어, 2015년 7월 1기 STIC을 시작으로 2기, 3기까지 총 세 차례에 걸쳐 우간다 굴루에 다녀왔습니다. 현재 호이에서 '교육개발센터(Center for Education Development, CEED) 연구원'으로 활동하고 있으며, 학교에서는 '세계시민교육 충남/중앙선도교사'로 활동하면서 세계시민교육의 이론과 실제를 병행하기 위해 노력하고 있습니다.

저는 오래 전부터 국제교육개발협력에 관심을 두고, 참여할 방법을 모색해 왔는데요. 그러면서 현지 학생들을 가르치는 교육 봉사가 학생들에게 단기적인 즐거움을 줄진 몰라도, 지속성은 결여되어 있다는 점을 느꼈어요. 교육 봉사 이후, 현지 교사가 수업 진행의 어려움을 토로한 사례들도 여럿 접했고요. 그렇게 고민하던 차에 알게 된 STIC은 그야말로 제가 찾던 프로그램이었어요. 우간다 교사들과 만나 함께 역량을 강화할 수 있다면, 우리가 떠난 이후에도 STIC의 힘은 그곳에 그대로 남아 현지 학생들에게 돌아가리라 생각했죠. 한편으론 저 자신의 성장도 이끌 수 있기에, 한국의 학생들에게 더 풍부한 교육적 경험을 제공할 수 있고요. 또한, STIC만으로 어떤 변화를 기대한다기보다, 장기적으로 함께 하는 것이 중요하다는 점을 깨달았어요. 우간다든 한국이든 모든 학교는 나름의 문화, 풍토를 지니잖아요. 서로 다른 문화를 존중하며 기다려주고 격려해 줄 때, 지치지 않고 지속적인 교육발전을 추구해 갈 수 있다는 점을 느낀 거죠.

빈: 안녕하세요. 서울에서 초등학교 교사로 근무하고 있는 서빈입니다. 저는 2015년 여름 STIC 1기를 시작으로 2기와 4기, 9기까지 총 네 번의 STIC을 호이와 함께했습니다. 교사의 전문성이 국제개발협력 분야에서 어떻게 실효성을 가질 수 있는지 직접 알아보고 싶었기 때문이죠. 현재는 호이 CEED 연구원으로 활동하며 국내에서 세계시민교육을 다양한 방법으로 적용하는 일에도 열심히 참여하고 있습니다.

저는 고등학교 시절, 청소년 해외 봉사활동 프로그램으로 우간다에 간 적이 있어요.(이후 STIC을 통해 세 차례나 방문한 나라도 우간다였어요. 제가 개인적으로 STIC에 애정을 갖게 만드는 이유이기도 해요.) 그 후, '누군가를 돕는다는 건 눈에 보이는 것 말고도, 이면의 고려할 점들이 참 많구나!'라는 깨달음을 얻게 되었습니다. 보이는 것만 보아서도 안 되고, 동시에 있는 그대로를 바라볼 줄도 알아야 하는 국제개발협력의 특징이 어렵고도 매력적이었습니다. 교사가 된 후에도 국제개발협력과 관련된 다양한 워크숍이나 강연들을 찾아 다녔는데 호이라는 단체가 대표적인 교육개발협력단체로 자주 언급되는 거예요. 우리가 교사지만 현지 아이들을 직접 가르치는 것이 아니다, 현지 선생님들을 만나 가르침에 대하여 이야기한다, 이런 콘셉트 자체가 호이의 전문 영역이고, 기존에 다른 단체가 시도한 적이 없었다는 점에서 굉장히 도전적이라고 생각했어요. 그리고 STIC은 정말 다채로워요. 모든 해당 기수의 단원들이 모집되면, 그 때부터 회의의 연속이고 그 기수의 STIC은 전적으로 그 내용에 따라 방향과 색깔이 결정돼요. 누가 강요하는 것도 없고 반드시 따라야 하는 지침 같은 것도 없어요. 온전히 우리가 하고 싶은 것, 잘 할 수 있는 것에 집중할 수 있어요. 그래서 프로그램을 보면 해당 기수에 어떤 특성, 어떤 관심을 가진 선생님들이 모였는지 대략 알 수 있어요. 또, 최근에 우간다 선생님들이 가장 원하는 것, 우간다의 주요 이슈들, 이전 STIC에 대한 피드백이 입혀져서 이번 기수 STIC 프로그램이 탄생하는데, 다녀오기 전까지 그 모습은 예측 불가예요.

제가 참여했던 4기 STIC에는 은퇴 후 세계여행가가 되신 선생님이 합류했었어요. 교육연극에 전문성이 높고, 국내에서 강의도 많이 하시는 분이었죠. 그분은 우간다 선생님들이 충분히 활용할 수 있는 교육연극 세션을 진행했었는데, 정말 반응이 폭발적이었어요. 점잖아 보이던 우간다 선생님들 내면의 힘을 끌어냈거든요. 하하.

사진 2.10 짱짱 선생님의 연극놀이 세션(사진: 오지영)

시현: 안녕하세요. 천안에서 고등학교 국어교사로 근무하고 있는 박시현입니다. STIC은 2015년 여름 1기를 시작으로 4번 참여했어요. 그러고 보니 국제교육개발협력이라는 명칭조차 생소한 상황에서 호이를 만났네요. 학교라는 공간에 대해 겨우 이해하기 시작할 교직 2년 차였어요. 여행과 낯선 환경을 좋아하는 저에게 딱 맞는 일이 '교육개발협력' 같았고, 그래서 '교사가 개발협력을 할 수 있는 곳'이 필요했어요. 저 역시, 호이와 함께하게 된 이유가 STIC에 참여하기 위해서였네요. 여러 번의 STIC을 마친 지금은 원래의 목표를 충분히 달성했다고 느낀답니다.

지영: 안녕하세요. 서울에 있는 고등학교에서 영어를 가르쳤던 양지영입니다. 저는 국제개발협력에 관심은 있었지만, 무엇을 어떻게 해야 할지 몰랐어요. 속으로 고민만 하다가 호이를 만났고, 3기, 6기, 8기 STIC까지 다녀왔습니다. 아프리카 우간다에서 현지 선생님과 함께 연수를 진행한다는 발상, 너무 획기적이었고 한 번도 상상해본 적이 없었어요. 교사의 변화를 최우선으로 둔다는 점이 이전에 참가한 봉사활동과 가장 큰 차이점이었어요. 정말 해보고 싶다는 생각이 들었죠. 한편으로는 새로운 것에 대한 호기심과, 또 한편으로는 내가 배웠던 것을 다른 사람들과 나누고 싶다는 생각을 실현한 기회였어요. 그 후로도 호이의 CEED 연구원으로 국제개발협력뿐만 아니라 세계시민교육까지 다양한 분야에 관심을 가지고 활동하고 있습니다.

Q 아무래도 다들 현직에 계시다 보니 바쁘기도 하고, 또 우간다에서 진행하는 연수를 한국에서 준비하는 게 쉽지 않을 것 같아요. 연수 준비 과정은 어땠나요?

순영: 1기 STIC은 우간다 선생님들과 첫 만남의 시간이었죠. 같은 교사로서 느끼는 점들을 공유하며 관계를 형성하고자 하였고, 먼저 '교육철학'에 중점을 둔 프로그램을 구성했어요. 그 이유가 우간다는 교사양성과정에서 교육학보다 교수학습내용에 초점을 둔 교육이 이루어지거든요. 이에 저희는 교사로서의 철학과 태도에 대한 논의가 우선이라고 생각했죠. 아, 철학이

라고 해서 그리 거창한 것은 아니었어요. 첫 번째로, 교육이란 무엇인지, 왜 중요한지에 대해 이야기를 나누는 시간을 준비했어요. 두 번째로, 교사로서 자기를 이해하고, 교육관을 정립하는 과정에 집중했지요. 즉, 바람직한 교사상, 각자가 생각하는 이상적인 교육자의 역량 등에 대해 다루었어요. 마지막으로 큰 그림을 그린 것이 '교사학습공동체'였어요. 이와 같이 하나하나의 씨앗을 심고 싹을 틔우는 과정을 통해, 최종적으로 우간다 선생님들이 교사학습공동체를 바탕으로, 지역사회의 문제를 잘 해결하는 리더로 성장하길 바라는 마음이었어요.

2기 STIC부터는 1기에서 진행된 설문조사를 토대로, 우간다 선생님들이 희망하는 과목을 반영하려고 노력했어요. 학생평가방법이나 문해교육에 대한 요구가 많아 2기에서 문해를, 3기에서 평가활동을 다루었습니다. 문해교육을 준비하려고 한국에서 책 제작 과정과 북아트를 열심히 배우고, 우간다 교과서도 분석하던 생각이 나네요.

지영: 네, STIC은 현지 상황과 선생님들의 요구들을 잘 반영해야 해요. 우리 중심으로 풀어내면 우간다 선생님들께는 구경거리 정도 밖에 되지 않아요. 그들이 학교와 교실에서 적용할 수 있는 프로그램을 먼저 생각해야 하지요. 대부분 우간다 수업은 강의식이에요. 80명 가까운 학생들이 한 교실에 빽빽하게 앉아 있기 때문에, 교사가 모든 학생을 파악하고 활동하는 것은 힘들어요. 그러니 그 환경에 놓인 학생들에게 가능한 수업과 활동이 무엇인지 찾아야겠죠. 이런 부분을 많이 고민했었어요.

사진 2.11 **우간다 선생님들과 함께 하는 양지영 선생님(사진: 김홍기)**

6기의 경우, 3달쯤 전에 팀을 구성했어요. 선발 절차로 인터뷰를 하지만, 누구를 떨어뜨리기 위한 것이 아니라 서로 탐색하고 색깔을 맞추어보기 위한 질문이 오가요. 그래도 1차 회의 때는 정말 어색했어요. 학교급도 다른 데다 전혀 모르는 선생님들이 모였으니 어땠겠어요? 그런데 같은 방향성을 가진 사람들이 모여서일까요? 교사가 변해야 아이들과 학교가 변할 수 있다는 생각에 합의가 되니 어색함은 금방 없어졌어요.

1차 회의 때는 STIC 전체를 아우르는 주제를 잡는 데 집중했어요. 이전의 프로그램이 꽤 쌓였으니 그 내용을 숙지하고 나서, 6기에 요구되는 것, 현지에서 필요로 하는 내용이 무엇인지 파악해요. 최대한 활동 중심으로 구성하자고 했는데, 다행히 연극 전공, 미술 전공, 영어 교과 등등 팀에 인재가 많아, 매 회의가 생산적이었고 보람 있었어요. 드디어 교재가 나오고, 다양한 문제 상황을 예상해서 시나리오도 만들고요. 그럼에도 현지에서 실행할 때는 어김없이 복병이 등장하더라고요. 하하. 우리가 너무 쉽게 생각한 '가위바위보'를 정작 우간다 선생님들이 모르시는 거예요. 가위바위보 알려드리는 데 거의 한 시간을 써서 원래 계획한 내용을 30분밖에 못했던 기억이 나네요.

빈: 지영 선생님 말씀에 생각나는 게 있어요. 한국에서 열심히 프로그램을 짜도, 우간다에 도착해서 대폭 수정되는 경우가 참 많아요. 한국에서부터 현지 사무국과 긴밀하게 소통을 하고, 대안 프로그램까지 준비하거든요. 우간다에 도착하면 우간다 직원분과 시뮬레이션 돌리듯 프로그램을 처음부터 끝까지 상세하게 또 검토해요. 그러면 어김없이 새로운 문제가 발견되고 예상치 않은 변동사항이 생기는 거죠. 저는 연수 전날 밤, 현지 드라이버에게 전화로 자문을 구한 적도 있어요. 역할놀이 상황인데 우간다 선생님들이 일상에서 어떤 감정 표현을 하시는지 도저히 떠오르지 않더라고요. 밤늦은 시각이라 물어볼 사람이 마땅하지 않았기에 방금 차를 태워 준 기사님께 전화를 걸었지요. "혹시, 가족끼리 생일을 서로 챙겨주나요? 생일 선물을 안 주면 서운한 감정이 드나요? 가족들에게 서운한 감정을 느끼는 또 다른 경우는 무엇인가요?"와 같은 질문을 드렸어요.

사진 2.12 **우간다 선생님의 의견을 듣고 있는 서빈 선생님(사진: 김형석 PD)**

Q 진행 과정에서 기억나는 일들은 어떤 것인가요?

지영: STIC은 현지 사정에 맞춰서 운영하는데, 여름과 겨울이 달라요. 7~8월에는 우간다 학교가 방학이 아니라서, 직접 학교를 찾아가는 연수와 주말 집중코스를 해요. 반대로 1월에는 우간다 선생님들도 방학이시니 2박 3일 정도 워크숍을 길게 진행합니다. 6기는 겨울이었고, 4군, 5군 학교 선생님들을 대상으로 2박 3일간 연수를 했었는데 체력적으로 많이 힘들었어요. 왜 이렇게 일정을 힘들게 잡았을까 하는 후회도 살짝 들었는데(웃음), 우간다 선생님들의 태도와 열정을 보면서 결국은 하길 잘했다라는 생각이 들었어요.

교사로서의 자신을 돌아보며 교직관을 정립하는 시간, 학생들의 참여를 높이는 드라마 활용 교수법, 영어와 미술, 체육 과목을 창의적으로 수업하기 등의 프로그램이 진행되었어요. STIC의 특징 중 하나라면, STIC 진행 방식이 그대로 수업시간에 적용될 수 있는 교수방법을 이용하는 것이에요. 예를 들어, STIC에서 모둠활동이나 토의의 기법을 이론으로 알려드리는 것보다, 실제 학습주제를 놓고 교사들이 학습자의 입장이 되어 모둠활동, 토의에 몰입하도록 구성하지요. 학창시절에 경험하지 못했던 교수법을 지금 보충하는 셈이에요.

청아: STIC은 매번 달라서 새로워요. 지영 선생님과 저는 3기 STIC도 같이 갔었어요. 그때는 100명이 넘는 1, 2, 3군 학교 선생님 모두가 참여했어요. 한국 교사도 10명이 넘었고, 굴루 지역 교육청과 교육 대학 강사까지 왔으니 역대 가장 많은 인원이었다고 해요. 굴루 교육포럼 수준 정도?(웃음) 인원이 너무 많아 다섯 개의 세션으로 구성하고, 같은 내용을 오전, 오후 두 번 진행했어요. 참가자들은 오전, 오후에 각각 1개씩 다른 세션에 참가하셨어요. 나중에 들으니 다섯 개 모두를 듣지 못해 선생님들의 아쉬움의 목소리가 엄청났다고 해요.

당시 저와 지영 선생님은 'All about Evaluation'이라는 주제로 평가방법을 다루었어요. 과거 한국이 그랬듯이, 이분들도 '평가는 곧 지필시험'이라는 인식을 가지고 계세요. 한 반에 100명, 이 아이들을 매번 평가한다? 엄두도 못 내겠지요. 반대로 저희는 학생의 배움으로 이어지는 수행평가의 본질적 기능을 짚어 보았어요. 수업 시작할 때 지난 시간 배운 내용 떠올

사진 2.13 **이청아 선생님과 우간다 선생님이 함께 한 모둠활동(사진: 박수연)**

리기, 수업 중간에 이해한 내용을 친구와 확인하기, 수업 마칠 때 자기 평가하기. 이렇게 세 번의 평가만 거쳐도 아이들의 기억은 풍부해진다는 걸 느끼게 해 드렸어요. 예를 들어, 한국말-아촐리어 낱말 짝을 맞추는 활동이었는데 모둠별로 플래시카드를 만들고, 시연하고, 자기 평가를 해 봤어요. 선생님들이 깔깔 웃으며 활동하시고, 정말 재밌어 하셨어요. 도움이 많이 됐다고, 교실에 돌아가서 꼭 해보겠다는 말씀도 해 주셨고요.

순영: 1, 2, 3기 STIC을 다녀오면서, 현지에 도착 후 매번 다시 프로그램을 대거 수정했던 일들이 먼저 떠오르네요. 특히 1기 때는 우

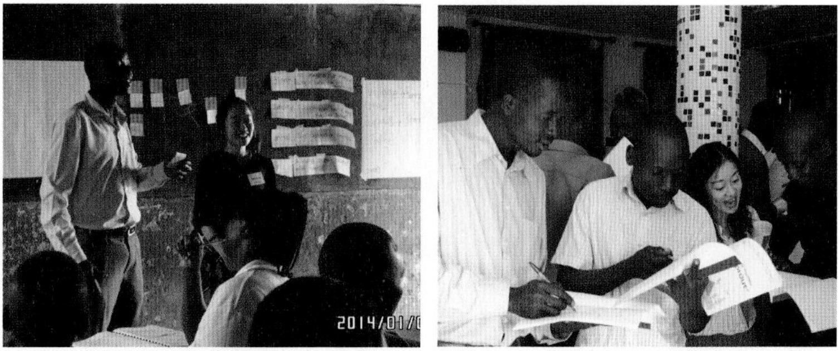

사진 2.14 **문해교육에 흠뻑 빠진 오순영 선생님과 우간다 선생님들(사진: 박시현, 양지영)**

간다 사무국에서도 처음 STIC을 진행하는 상황이라서 진행할 인력도 부족했어요. 그러다 보니 누가 스태프이고 진행자인지 구분할 여유도 없이 모두가 같이 일을 해야만 했죠. 감동적이었던 건, 애써 도움을 요청하지 않아도 도움이 필요한 순간에 서로 묵묵히 챙겨주는 것이었죠. 강행군 속에서도 불평보다는 격려로 팀워크를 만들어 가는 모습, 솔직히 한국 교직사회에서는 그러기 쉽지 않았거든요. 게다가 처음이라 미흡했던 프로그램에 대해, 우간다 선생님들은 연수시간을 더 늘려 달라, 이런저런 내용을 더 해 달라 등 긍정적인 피드백을 많이 주셨어요. 정말 감사했지요. 그래서 2기, 3기 계속 갈 수 있었나 봐요.

청아: 우간다 학교도 인상적이었어요. 여름 STIC의 장점은 우간다 선생님들의 수업을 직접 볼 수 있다는 점이에요. 처음 4일 정

도 계속 학교 방문을 다녔는데, 비포장 시골길을 1시간 넘게 달려가면, 낡은 학교 건물이 나와요. 정말 작은 아이들부터 키가 190cm는 될 법한 학생들까지 운동장에 바글바글 마중을 나와요. 아이들을 만나는 건 긴장되지만 참 설레는 일이지요. 말로만 듣던 한 교실 120명 수업을 보면 정말, '우와, 선생님들 대단하시다!'라는 생각도 들고요. 거기서도 뒷자리의 학생들은 장난치고 딴짓 하고 수업 안 듣거든요. 한국 학생들과 똑같아요.

3기 STIC 때는 특별히 직접 수업할 기회가 주어졌어요. 'My favorite things'라는 주제로 미니북 만들기를 했어요. 중간 중간 노래도 같이 부르고 발표도 하고. 아이들이 초롱초롱하게 눈빛을 보내며, 신기한 외국 선생님을 잘 따라주더라고요. 즐거운 경험인 동시에 참 많은 고민이 생기죠. 이렇게 열악한 환경에서 나름대로 최선을 다하는 선생님들께 '수업 자료 만들기, 아이들과의 대화, 조별학습' 등을 요구할 수 있을까? 우리가 준비한 연수 내용은 이런 상황을 이해하고 반영했다고 볼 수 있을까? 대답이 No라면 그날 밤은 철야 작업이에요. 준비했던 내용을 펼쳐 놓고 밤새도록 고민하고 고치는 거죠. 실행 직전, 아니 진행 단계 중에도 계속 프로그램을 수정하고 발전시켜요. 그래서 STIC이 끝나면 한국 선생님들은 정말 녹초가 됩니다. 물론 뿌듯함을 이루 말할 수 없는, 기분 좋은 녹초!

Q 준비와 진행과정을 보니, 기수를 불문하고 선생님들이 공통적으로 '현지화'에 많은 노력을 기울이셨네요. 우간다의 교육현장과 한국의 교육현장은 많이 다르겠지요. 어떤 유사점과 차이점이 있을까요?

시현: 저는 고등학교 교사라 한국 초등학교와 우간다 초등학교를 비교하기는 좀 어려워요. 다만, 우간다보다 한국의 담임교사 업무와 생활지도 비중이 훨씬 커요. 상담과 진로 지도를 포함해 학생 생활 전반에 대한 책임이 학교 교육 영역 안에 있어요. 중, 고등학교도 그런데 초등학교는 말할 것도 없겠지요. 반면에 우간다는, 생활지도를 가정과 아이의 자연적 발달에 의존하는 느낌? 학교 교육은 곧 수업이에요. 우간다의 담임교사 역할이 출석 체크 정도라는 이야기를 듣고 놀랐어요.

사견이지만, 저는 우간다 같은 모습도 좋다고 생각해요. 학생의 배경에 대한 이해가 필요한 것은 맞지만, 한국의 학교는 지나치게 많은 일을 맡고 있거든요. 가정과 사회가 해야 할 몫, 행정이 맡아야 할 몫이 교사에게 자연스레 넘어와요. 정작, 가장 중요한 교과 연구에 쏟아야 할 에너지와 시간이 없어요. 아, 그렇다고 우간다 선생님들의 환경이 좋다는 것은 아니에요. 우간다 선생님들은 그 시간에 다른 직업 활동을 해야 한다지요.

순영: 저는 수업 측면에서 느낀 차이를 말씀드릴게요. 한 수업을 참관하고 어리둥절했던 기억이 떠오릅니다. 수업 중 '감옥(jail)'이라는 제목의 시를 학생들이 반복하여 낭송하고 있었어요. 초등학교 수업에서 다루기엔 상상하기 어려운 암울한 시였어요. 이 시가 도대체 교육적으로 어떤 의미가 있을지 의구심이

들었는데, 나중에 맥락을 전해 듣고는 조금 이해가 갔어요.

아촐리 부족은 식민지배 이전, 공교육이 도입되기 훨씬 이전부터 화롯가 교육이란 게 있었다고 하더라고요. 일종의 비형식 교육인데, 부모를 포함한 가족 구성원이 화롯가에 둘러앉아 부족의 관습과 가치를 전달하는 것이지요. 그런 전통적 도덕교육 내용이 교육과정과 결부되며 '잘못하면 무서운 벌을 받는다.'라는 교훈을 남겼다고나 할까요? 수업에는 그 나라의 역사, 사회, 문화적 맥락과 그와 결부된 철학이 반영되기 마련이에요. 즉, 옳고 그름을 따지기 어렵다는 것이지요. 굳이 유사점을 찾자면, 한국의 '밥상머리 교육'이 학교로 들어온 것일까요? 물론 우간다가 더 엄하고 무섭지만요.

빈: 물론 차이점이 먼저 보이지만, 저는 비슷한 점도 많이 보았어요. 우선, 두 나라 모두 교육열이 굉장히 높고, 성취 지향적이에요. 교육을 통해 더 나은 삶을 영위하고 싶다는 열망이 강해요. 또, 양쪽 모두가 교육의 결과를 평가하고 진단하는 일에 집중해요. 2기 STIC 중에 겪은 일이었어요. 많은 선생님께서 쉬는 시간만 되면 신문지를 펴놓고, 심각하게 이야기를 나누시는 거예요. 초등졸업시험 결과가 학교 순위로 매겨져 신문에 나오더라고요. 학교별 성과가 신문에 실리는 것도 신기했고, 거기에 집중하는 선생님들의 모습도 인상적이었어요.

그러나 무엇보다도 인종과 국가를 넘어 교사들이 서로 비슷해요. 교직 문화가 굉장히 닮아있어요. 워크숍에서 토의를 하다

사진 2.15 **활동 결과물을 바라보는 우간다 선생님(사진: 김홍기)**

보면 선생님들이 각자의 교육적 견해를 존중하고 예의를 갖추는 모습이 보여요. 그런 부분은 한국의 교직원 회의도 비슷해요. 직급, 경력, 나이와 무관하게 교육자로서 동등한 권한을 갖고 있다는 걸 인지하고 있어요. 사려 깊고 조심하는 게 당연하고 자연스러운 현상인데, 이를 우간다에서도 똑같이 체험하니 너무 신기하고 신나더라고요.

또, 선생님들은 지식을 공유하는 데 굉장히 적극적이에요. 일명, 배워서 남 주는 직업이잖아요. 워크숍 때에도 처음에는 차분하고 조용해 보여도, 분위기가 무르익고 조금만 자극을 드리면, 선생님들이 앞 다투어 이야기하세요. 주어진 과제에 성실하게 참여하고, 열정적으로 토의하고, 돌아가면서 발표하는 모습에 시간가는 줄 몰랐어요. 제가 준비한 내용이 어느새 그들의 문제, 그들의 이야기가 되는 모습이 무척 좋았어요. 진행자 위주에서 학습자 위주로 배움의 권한이 자연스레 넘어가는 것이죠. 아, 나중에 시간 부족으로 일부 모둠발표를 건너뛰었더니 우간다 선생님들이 너무 서운해 하시더라고요. 그렇지만 하루를 더 드려도 부족하다고 하셨을 분들이세요. (웃음) 그런 모습은 한국도 비슷해요. 어떤 강사 분께서 말씀하시길, 교사들은 말을 잘해서 강의 시작만 잘하면, 알아서 토의하고 사이좋게 발표하다 끝이 난대요. 그런 동질감이 우간다 선생님들과 동료애를 키웠고, 함께하는 시간이 좋다는 생각에 STIC을 계속 할 수 있었어요.

사진 2.16 **명확한 온도차를 보인 게임 활동, 집중하는 우간다 선생님들(사진: 박수연)**

Q STIC을 통해 우간다 학교 선생님들의 어떤 변화를 경험하셨나요?

순영: 3기 STIC에서 오푸코무니 학교에 방문했을 때, 우간다 선생님들의 변화를 딱 느낄 수 있었어요. 아돌프 선생님이 이전 STIC 때 제가 진행했던 'Be a book writer.' 세션을 언급하며, 학생들과 협업하여 만든 책을 보여주셨어요. 감동 그 자체였습니다. 한국에서 문해교육에 대한 고민으로 우간다 교과서를 분석하던 노력, 우간다에서도 내용을 수차례 뒤집으며 워크북을 제작한 기억들이 머릿속에 스쳐 갔어요. 워크숍 중에 우간다 선생님들이 부족의 이야기를 담은 책을 만들었을 때, 저는 선생님들에게 학생들하고도 함께 책을 만들어 보라고 권했거든요. 80명이 넘는 선생님 중, 단 한 분이라도 실천하면 좋겠다는 마음이었는데 그 마음이 통했던 것일까요? 게다가 그 책의 소재와 등장인물, 중심 내용은 전부 아이들의 삶과 이어져 있었어요. 나중에 들어보니 굴루 교육장님도 이 사례에 대해 격려를 아끼지 않으셨대요.

시현: 저는 네 번째 STIC에서 있었던 일이에요. 가장 처음 만났던 1군 학교는 이미 프로젝트를 '졸업' 한 뒤였죠. 연수를 시작하기 전에 그 중 한 학교를 방문했어요. 저에게도 첫 파트너였던 학교라 애착과 기대가 컸어요. 잘 정제된 공개수업과 SLC가 이어졌지만 저는 선생님들의 평소 수업이 너무 궁금했어요. 슬쩍 그 자리를 빠져나가 다른 교실을 엿봤지요.

놀랐어요. 아이들이 선생님 말씀 한마디 한마디에 반응하며 '빵 터지며' 자지러졌어요. 고백하자면, 제 수업에서도 학생들이 그렇게 웃은 적이 없어요. 소통하는 모습, 참여하는 수업은 반 이상 성공한 수업이에요. 매일같이 교실을 마주하는 선생님의 직감이죠. 프로젝트가 끝난 학교에서, 공개수업이 아닌 평소 수업이 저렇게 즐거운 것을 보고 그동안 우간다를 오고 간 게 헛수고는 아니었구나, 하고 생각했어요. 3~4번 정도 가고 나서야 현지의 변화를 볼 수 있었네요.

사진 2.17 **우간다 선생님의 의견을 받아쓰는 박시현 선생님(사진: 오지영)**

Q 개인으로 혹은 교사로서 선생님께 변화가 있었을까요?

시현: 물론이에요. 저의 교육관을 세우는 데 영향을 주었고, 한국 교육을 다른 각도로 바라보는 계기가 되었어요. 저는 아직 배울 게 많은 저경력 교사예요. 저에게 교실이란 당장 임무를 해결하는 곳이지, 고민하고 성찰하는 공간이 아니었어요. 그러다가 말로만 무상, 의무교육인 우간다 학교를 겪으며 한국의 교육과 내 교실을 객관적으로 보게 되었습니다. 우간다 선생님과의 대화, 열악한 교실, 수업 중 학생들의 반응 등등, 제가 마주하는 모든 상황이 교육에 관한 질문을 던졌어요. 왜 교육이 중요한지, 교사의 역할은 무엇인지, STIC에서 우간다 선생님께 질문한 내용이지만 사실은 저에게도 같은 무게로 다가왔어요.

지영: 저도 STIC이 저의 성장에 기여한 부분이 있다고 생각해요. 혼자서는 절대 할 수 없는 일을 다른 교사들과 함께 할 때 가능하다는 것을 배웠어요. 한국 선생님들의 열정, 노력, 에너지가 놀라웠습니다. 아프리카에 가지 않았다면 잠재된 역량을 끌어낼 기회가 없었을 거예요. 무에서 유를 창조하는 선생님들의 능력에 놀랐고, 서로의 부족한 부분을 함께 채우는 태도에 놀랐어요. 건강한 공동체 만들기를 배우는 귀한 경험이었습니다.

순영: 저는 우간다에 가는 횟수가 거듭될수록 우간다 선생님, 그리고 현지 분들과의 심리적, 물리적인 거리가 줄어드는 것을 느꼈어요. 처음에는 다소 낯설게 느껴진 굴루가 나중에는 제2의 고향같이 다가오기도 했죠. 우간다 선생님들 또한 옆 반 선생

님처럼 친근하게 느껴졌어요. 그러면서 '나는 세계시민인가?'를 반추하게 되었어요. STIC에서 우간다 선생님들과 함께 고민을 나누는 과정을 통해 저의 수업과 학급을 돌아보기도 했고요. 한국에 돌아와서 세계시민교육에 관심이 커졌고, 제가 있는 지역에서도 교사학습공동체를 이끌게 되었어요.

Q 보람도, 애정도 많아 보입니다. 그렇지만 좋은 점만 있지는 않았겠지요. 아쉬웠던 점이나 고민이 되는 지점은 무엇일까요?

시현: 두 가지예요. 시간의 한계와 언어의 한계. STIC은 반복되고 있지만 매우 일시적이에요. 양국의 교사들이 계속 만나지만 개별 구성원은 다르고, 방학 때 잠시예요. 'Short Term Intensive'라는 STIC의 명칭 그 자체로 한계를 보여주는지도 몰라요. 꾸준한 교류와 관계 유지라는 시간의 힘이 있어야 누군가의 성장에 영향을 줄 수 있어요. 그러나 STIC 프로그램은 짧은 기간 할 수 있는 경험 위주로 기획할 수밖에 없죠.

그리고 언어의 한계. 고등학교 교사인 저는 초등교육에 대한 전문성이 없어서 다양한 교수학습 방법을 나눌 수 없었어요. 할 수 있는 부분은 교육 자체에 관한 것이었어요. 그래서 '교사학습공동체'를 주제로 세션을 진행했는데, 깊은 고민까지 가지 못하고 피상적인 수준에서 겉도는 느낌이 있었어요. '계획 짜기', '토론하기' 정도의 활동만 가능했는데, 그 분들의 속마음은 어땠을지 내내 궁금했어요.

사진 2.18 **토의 중인 선생님들(사진: 박수연)**

빈: 공감해요. STIC이 단기 활동이라는 데 문제가 있는데, 한국 선생님들도 방학기간에만 갈 수 있으니 대안을 찾기 어려워요. 그나마 '단기적'이라는 한계를 프로그램의 '연속성'으로 보완하려고 노력해왔어요. 여러 차례 참여한 우간다 선생님들을 만나면 그간의 변화를 공유하고 피드백을 주고 받으려고 노력하는데, 쉽지는 않지요.

청아: 저도 STIC이 '일회성' 자원 활동과 무엇이 다른지 계속 고민하게 돼요. STIC 후에 한국 교사들끼리 1박 2일 평가회를 해요. 솔직한 이야기를 나누는 시간이라, 매번 나오는 고민이

'현지에 가서 연수하는 것이 정말 도움이 되는 걸까?'였어요. 그분들이 설문으로는 '많은 도움이 된다, 의미 있는 연수였다.' 하시지만, 그게 눈으로 보이는 것도 아니고 정량적으로 계산할 수도 없어요. 연수를 통해 자신의 교육철학을 세우고 수업을 개선해나가는 선생님도 계셨지만, 그렇지 않은 분들도 많고요.

그런데 교육의 효과라는 게 당장은 보이지 않고, 몇 년이 흐른 후에야 나타나기도 하잖아요. 정답은 모르겠지만, 중요한 건 지금에 만족하지 않고 끊임없이 고민하다 보면 더 좋은 방법을 찾을 거라는 희망이에요. STIC은 '자극' 정도의 수준이라는 얘기도 나왔었는데, 그게 우리의 한계인 동시에 지켜야 할 '선'일 수도 있어요. 애초에 우간다 선생님들이 그들의 필요에 의해, 스스로 학습공동체를 만들고 계속 지켜가게 하시는 게 목표였으니까요. 우리는 우리의 학습공동체를 만들고 지켜가고요.

순영: 저도 그 말씀에 공감해요. 지켜야 할 '선'이라는 것. 저희의 역할은 우간다 선생님들이 스스로 해나가시도록 지원하는 것이에요. STIC의 단기성이 아쉬움이 될 수 있지만, 연수나 교수학습 자료에 대한 우간다 선생님들의 갈증을 조금은 해소해드리고, 신선한 자극을 드리잖아요. 우리 삶에 중대한 영향을 끼치는 사건은 장기간에 걸쳐 이루어지는 것이 보통이지만, 순간일 수도 있다고 생각해요. STIC이 그런 역할을 하지 않을까요?

지영: 저는 좀 다른 내용으로, 한국 교사 관점에서요. 매뉴얼이 없고, 일반화가 어렵다는 점이 아쉬웠어요. STIC을 준비하는 팀은 매번 프로그램을 새롭게 만드는 느낌이에요. 참가하는 구성원의 개성이 들어가고 현지화에 유연하다는 게 장점일 수 있지만, 입문자에게는 다소 어렵고 체계성이 부족한 느낌이에요. 지금 맞게 가는 것인가? 하는 의구심도 들고요.

빈: 제가 앞서 언급한 내용이네요. 맞아요. 다채롭지만 어려워요. STIC을 여러 번 다녀왔어도 매번 연속성을 찾아내는 데 애를 써야 했어요. 한국 참가자들도 매번 다르니, 기존의 내용을 숙지하는 데만도 시간이 걸리고요. 그 동안 STIC의 내용을 정리해서 영역별로 유목화하고 체계화시키는 작업이 반드시 필요할 것 같아요. 아, 그렇지만 STIC의 제목에서만큼은 강력한 연계성과 흐름이 있다는 것을 강조합니다. 우간다 선생님들과 함께 씨앗 심기(Seeds to Sprout)에서 시작해 열매 수확(The Ripening Fruit)까지 다 했거든요! 하하!

순영: 두 분께서 매뉴얼에 대한 말씀을 해주셨는데, STIC에 참여한 한국 교사 인력풀을 효과적으로 활용할 방안이 필요하다고 생각해요. 기 참여한 교사가 현장에 다시 가진 못하더라도, 프로그램 설계에 참여하고 보강하는 작업을 함께 지속한다면, 연속성도 확보하고 시행착오도 줄어들겠지요!

빈: 네. 맞아요. 덧붙이자면, 한국의 교사들은 어떻게 성장을 이어갈 수 있을지 고민이 있어요. STIC을 여러 번 다녀왔는데 그

사진 2.19 **책 만들기 활동(사진: 김홍기)**

이후, 그 다음이 무엇일까? 이런 식이요. 국내 현장에서 세계 시민교육이라는 형태가 있다면, 국제교육개발협력 분야로는 어떤 모델이 가능할까요? 먼저 다녀온 저희가 풀어야 할 과제 같아요.

Q 선생님들이 생각하시는 SLC와 STIC의 관계는 무엇일까요? 어떤 미래를 그려볼 수 있을까요?

청아: 학습공동체를 만드는 것의 궁극적인 목적은 학교 수업의 질을 높이는 것이에요. 호이 프로젝트를 자동차로 비유하면, STIC

은 '엔진오일' 정도가 아닐까요? 추진력을 주는 질 좋은 외부 자극이요.

단기집중연수를 통해 교사들이 당장 수업을 개선하리라 생각하지 않아요. 우리도 교사니까 그 마음, 그 상황을 누구보다 잘 이해해요. 교사와 학생 모두가 새로운 시도를 하는 데에는 부담이 따릅니다. 끊임없이 상호작용해야 하는 학습자 중심의 수업이 당황스럽기도 하고, 때로는 피곤하지요. 교사도 학생들 반응에 실망하고, 몇 번 시도해보다가 잘 안 되면 다시 예전의 익숙한 방식으로 돌아가요. 거기에 동료 교사마저 비슷한 문제에 봉착하고 좌절하게 되면, 더더욱 과거가 그립고요. 아마 이건 세상 모든 교사가 공감할 거예요.

이때가 바로 외부 자극이 필요한 시점이에요. 느려지던 자동차에 추진력을 주는 거죠. 교사가 학생 입장이 되어 다양한 매체와 교수법을 활용한 연수에 참여하면서 '아, 아이들은 이렇게 느끼는구나, 이렇게 하면 배움이 일어나겠구나.' 하는 경험을 하게 돼요. 직접 느껴야, 새로운 교수법에 대한 신뢰가 생겨요. 두 번째 STIC에 참여했을 때, 우간다 선생님 한 분이 이런 말씀을 하셨어요. "그동안 수업을 개선하고 싶어도, 참고할만한 자료가 많지 않았다. 방학 때마다 이런 연수를 듣는 것, 자료를 얻어갈 수 있는 것이 정말 큰 도움이 된다. 아이들도 이런 재미있는 수업을 듣고 싶어 할 것이다."라고요. 이런 과정을 통해 더 많은 교사가 수업에 대한 안목을 키우고, 연수받은 내용을 동료들과 공유하고, 함께 시도하고, 또 실패하고, 수정하겠지요.

어떤 사람들은 왜 굳이 한국 교사들이 우간다 교사를 교육하는지 의문을 제기합니다. 우리나라는 국가에서 수많은 연수를 계획하고 지원해주기 때문에 교사들의 배움과 경험 기회가 많거든요. 그런데 우간다는 그렇지 못해요. '교사 연수'를 처음 받는 선생님들도 많으셨지요. 교사에게 정기적 연수가 왜 필요한지 설득하는 과정부터 시작했어요.

그러나 언젠가는 한국 교사가 아니라 우간다 교사가 연수 강사가 되어야 한다고 믿어요. 그래서 STIC도 교수학습방법에 머무르는 게 아니라 학습공동체를 만들고, 회의를 진행하고, 학교 내외 구성원과 소통하는 방법에 초점을 맞추었고요. 우간다 선생님들이 우간다 선생님을 성장시키는 날이 오리라는 것, 그런 희망과 기대를 감히 가져봅니다. 시간이 걸리겠지만, 우리는 '동료교사'니까, 서로 가진 것을 나누고 지지하고 응원하며 힘이 돼주고 싶어요.

기수	기간	연수 과정명	연수 내용	연수 대상
1기	2015년 7, 8월	Seeds to Sprout	· 나는 누구인가 · 교사란 무엇인가 · 교육이란 무엇인가 · 오늘날 SLC를 넘어서	3개 HoE 파트너 학교 교사
2기	2016년 1월	Watering Acholi Tree	· 교원학습공동체 진행상황 공유 · 성격검사로 '다름' 이해하기 · 아촐리-한국어 마이크로티칭 실습 · 교수학습자료 및 그림책 만들기 · 학교에서의 고민 공유하기 · 교원학습공동체 프로젝트 설계하기	3개 HoE 파트너 학교 교사

3기	2016년 7, 8월	Hope for the Flowers	· 드라마 잉글리시: 언어로 감정 표현하기 · 수업시간에 활용할 수 있는 다양한 평가활동 · 평생교육: 자기성찰과 삶의 비전 세우기 · 책을 통한 문해교육 · 긍정적 훈육 방법 및 학급경영 전략	기존 3개 + 신규 3개 HoE 파트너 학교 전교사
4기	2017년 1월	The Ripening of Fruit	· 몸으로 표현하는 즐거운 초등교실 활동 · 초등학생의 학습과정 이해 및 실습 · 사례 공유(케냐 교사) · 창의적 교수학습자료 활용방법 · 협력 체육활동 · 퍼실리테이터로서의 교사 · 2020년의 나의 학교 모습 그리기 · 워크숍 내용 전달연수 기획하기	6개 HoE 파트너 학교의 저경력 교사
5기	2017년 7, 8월	Tree to Forest	· 학급에서 할 수 있는 놀이 수업 · 비폭력대화 · 다양한 수업에서 할 수 있는 종이 접기 · 북아트란 무엇인가? · 더 나은 SLC를 위하여	기존 3개 HoE 파트너 학교 전교사
6기	2018년 1월	Breathing in the Forest	· 교사란 무엇인가 · 놀이와 실습 활동 · 교수학습자료 제작	3개 HoE 파트너 학교 전교사
7기	2018년 7, 8월	Playing in the Forest	· 신나는 학급 놀이 · 모둠 활동 & 역할극 · 수학과 놀기 & 과학과 놀기 · 스토리텔링 수업	3개 HoE 파트너 학교 전교사

표 2.4 **STIC 1~7기 프로그램**

Hanns·G

PART 03

교사 성장을 위한 호이(HoE) 프로젝트

Chapter 08
호이(HoE) 프로젝트의 시작

삶에는 먹고 자라나는 것 이상의 무언가가 있지 않겠는가

트리나 플러스의 『꽃들에게 희망을』에는 애벌레와 하늘까지 높게 솟은 기둥, 그리고 나비가 나온다. 애벌레들은 끝이 보이지 않는 애벌레 기둥을 올라간다. 기둥의 끝에 무엇이 있는지 모르고, 누군가를 밟고 올라갔다가 떨어졌다가 다시 올라가는 것을 반복한다. 이 모습이 낯설지 않은 이유는 우리 역시, 오늘도 정답을 찾아 끝이 보이지 않는 기둥을 올라가고 있기 때문이다. 그러다 어느 순간 모두가 올라가는 기둥이 옳고 좋은 것이라는 막연한 믿음이 깨지는 순간이 온다. 아래에서 볼 때 좋은 것처럼 보여 특별하다고 생각했던 그 기둥은 수많은 기둥 중 하나였을 뿐이다. 우리가 진짜 꿈꾸는 삶이 무엇인지 알기 위해서는 '나비'가 되어 날아올라 더 높은 곳에서 삶을 조망할 수 있는 힘이 있어야 한다.

애벌레는 비현실적으로 보이더라도 자신의 가능성을 믿고, 고치 안에 들어가는 삶을 선택해야 한다. 하지만 그는 어떻게 나비가 될 수 있는지 '증거'를 대보라는 많은 애벌레들을 설득하는 과정에서 좌절을 맛본다. 그 때 나타난 '나비'가 낯선 몸짓과 눈빛으로 애벌레를 지지한다. 그 덕분에 고치 안으로 들어간 애벌레는 끝을 알 수 없는 기다림의 시간을 보낸 뒤 나비가 되어 나타난다. 그리고 고치 밖에서 그 모든 과정을 지켜보고 기다리던 벗과 함께 하늘로 날아간다. 그 둘에게 필요한 것은 자신의 눈에 혹은 그것을 지켜보는 타인의 눈에 별다른 변화가 없는 것처럼 보여도, 서로를 믿고 기다릴 수 있는 무한한 용기다.

호이 프로젝트의 탄생과 성장과정은 희망을 노래하려는 애벌레의 오랜 기다림과 나비의 몸짓 그 자체였다. 지금으로부터 10년 전 '왜 그렇게 많은 사람들의 수고에도 불구하고 우리와 너의 삶은 달라지지 않는걸까?'를 고민하던 사람들이 있었다. '교육이 희망'이라 믿는 이들을 통해 한국, 케냐, 우간다까지 서로 다른 낯선 존재들이 연결되었다. 그리고 '만남', '관계맺음', '연대', '기다림', '용기', 그리고 '깨어짐'의 시간이 끝없이 이어졌다.

8장은 현실에 좌절하지 않고 〈더불어 함께 성장하기를 꿈꾸는〉 이들의 도전기이자 학교를 중심으로 지역의 지속가능성을 탐색하는 수많은 실패와 질문의 기록이다. 학교현장은 복합적인 사회구조를 반영하며, 현실 속 갈등의 단면을 보여주는 살아있는 곳이다. 우리는 여러 층위로 얽혀있는 교육현장을 해체하며 현지의 '저항'에 마주쳤고, 외면하고 싶은 우리의 '민낯'을 직면해야 했다. 하지만 답을 찾고 싶었고, 포기할 수 없었다. 우리는 오랜 시행착오 끝에 아주 작은 싹을 틔웠고, 또 다른 길을 열어주는 디딤돌이 되었다. 의미없어 보이는 순간들이 지속되었지만, 드문드문 나타나는 작은 열매를 지키고자 한 이들의 용기에 의해, 교육은 희망이 된다.

관계의 씨앗

깊은 산속 옹달샘, 누가 와서 먹나요~♪

2009년 여름, 우리는 첫 번째 단기집중교사연수(STIC)팀을 아프리카 케냐의 코어(Korr) 지역에 파견했다. 짐을 풀고 있는데 숙소에 손님이 찾아왔다. 당시 교육팀의 팀장이었던 나를 찾았다는 렌딜레 부족 아이는 머뭇거리다 갑자기 한국동요를 부르기 시작했다. 그 아이는 내가 2년 전에 찾아왔던 호이 프로젝트 팀의 대표인 '자연'인 줄 착각했던 것이다. 코어에 와서 한국동요를 가르쳐 준 친구를 또 만나고 싶은 마음에, 매일 밤마다 동네 아이들은 둥글게 모여앉아 동요를 부르고, 기도를 하며 다시 그녀가 돌아오기를 빌었다고 했다. 사람과 사람이 만나 관계를 맺는 일은 이렇게 어떤 식으로든 누군가의 가슴에 흔적을 남긴다. 잠깐의 만남이라도 관계가 깊어질수록 긍정적이든, 부정적이든 남아있는 사람들에게 미치는 영향은 클 수 있다. 관계맺음의 빈도와 다양성이 적을 수밖에 없는 고립된 곳에 거주하는 사람들에게는 더더욱. 나는 우리가 발을 내딛은 현장이 주는 무게감을 그때서야 비로소 실감할 수 있었다.

국제개발협력 민간협의회(KCOC)는 한국국제협력단(KOICA)의 위탁을 받아 해외에 봉사단을 파견하고 있다. 호이의 설립자 자연도 KOICA-NGO단원으로 2007년 아프리카 케냐에 왔고, 코어에서 1:1 어린이 결연 사업을 지원하던 중 27년 동안 코어 개발 프로젝트를 시행 중인 린 & 닉 선교사 부부를 만나게 되었다. 개발 초기에 닉은 원주민 렌딜레 부족의 언어로 성경을 번역하는 사업을, 린은 렌딜레 부족이 자신들의 언어를 읽고 쓸 수 있도록 문맹퇴치사업을 시행하면서 렌딜레의 실생활이 담긴 교재를 개발해 읽고, 쓰는 법을 가르쳤다.

문맹퇴치 프로그램으로 신세계를 경험한 부족민들은 닉과 린에게 학교를 열어달라고 부탁했다. 그렇게 해서 코어 개발 프로젝트의 영역은 구호 식량 배포, 낙타와 염소의 배분, 수자원 개발, 학교 건축 등으로 다양해졌고 규모도 점점 커지게 되었다. 이 때 쌓인 신뢰를 바탕으로, 살아가는 환경은 척박하지만 기질적으로 온화하고 다정한 부족인 렌딜레 부족은 남아프리카공화국 출신의 유럽계 아프리카인 닉과 린을 자신들의 가족으로 입양했다. 린은 치열한 교육경쟁 사회에서 오랜 시간 방황하다 코어에 들어온 한국인 NGO봉사단원 자연을 자신들이 오랜 시간 노력해 개척한 삶의 공간에 연결시켜 준다. 렌딜레 부족은 진심을 다해 자신들의 삶에 관심을 갖고 질문을 던지고, 이야기를 기록하던 또 다른 외지인에게 꼬레야(Kreeya, 코어에서 태어난 사람, 코어에 속한 사람이라는 뜻)라는 이름을 주고, 그녀를 부족의 일원으로 받아들였다.

* 참고) 코어가 위치한 아프리카의 뿔은?

● 그림 3.1 **아프리카의 뿔(Horn of Africa)**[30] ●

아프리카의 뿔은 가뭄과 기근이 일상화된 지역으로 '아프리카 대륙의 동쪽의 케냐북부, 에티오피아, 소말리아' 등을 지칭한다. 코어는 케냐 북부에 위치해 있다. 사막화가 진행되고 있는 이 지역에 외부 사람들이 들어가 살기 시작한 것은 고작 50여 년 전. 영국 식민 정부는 남하하는 서구 열강으로부터 플랜테이션 차 농장과 산업철도를 보호한다는 명분 아래 케냐 북부지역의 출입을 엄격하게 통제했다. 그래서 외부 사람들이 들어가고 싶어도 접근조차 안되는 특수한 지역이 되었다. 케냐 독립 후 1970년대에 아프리카의 뿔 전역에 극심한 대기근이 있었고, 긴급구호식량을 배포하는 국제기구들 역시 그때서야 비로소 이 지역에 들어올 수 있었다.

지역개발의 빈틈, 공여국과 수혜국을 연결하는 다리가 되다

2009년 우리나라는 경제협력개발기구(OECD) 산하 개발원조위원회(DAC)에 가입하였다. 한국전쟁 후 절대빈곤국가 상태에서 국제원조로 연명하던 '최빈 수혜국'인 한국이 신흥개발도상국을 도와주는 위치인 '선진 공여국'으로 탈바꿈하는 상징성을 갖게 된 것이다. 거기에 원조 수혜국 중 원조 공여국으로 전환된 유일한 나라라는 특별한 의미가 더해졌다. 그래서 우리나라의 개발협력이 공여국과 수혜국을 연결하는 다리가 되어 줄 것이라는 국내외의 관심과 기대가 점점 커져갔다.

코어는 난민캠프 정도의 열악한 환경이라 '사마리탄 퍼스'같은 구호 전문 단체의 지원금이 코어 개발 프로젝트에 투입되고 있는 상황이었다. 학교 재정이 열악해 점점 월급을 받을 수 없는 교사들이 늘어나자 학교를 운영하는 린은 한국에서 조성된 어린이 개발사업의 기금을 교사월급으로 지출하고 싶어했다.[31] 그런데 공여국에서 다양한 경로를 통해 조성된 '교육' 관련 기금의 수혜자는 대부분 어린이여야 했으며 어린이 개발사업 기금을 집행할 때는 매뉴얼에 따라 아이들이 직접 혜택을 받는 급식이나 교복에 일정 기준 이상이 쓰여야 한다는 점이 문제가 되었다.

선생님이 없다면 아이들은 교육을 받을 수 없어요. 그리고 교육이 없으면 어린이 개발사업도 없어요.(-린-)

케냐 코어 지역은 정식 자격증을 가진 공립학교 교사라 해도 술에 취해 수업을 하거나 자주 교실을 비워 교육의 질을 장담할 수 없었다. 교육 수준의 하락은 학생들의 등교거부 및 교육기회의 차단으로 이어졌다. 린이 운영하는 티림 초등학교의 경우는 자격증을 가진 교사의 수가 매우 적었고, 정식 교사교육을 받지 못한 고졸 출신 교사가 대다수였다. 교사의 월급도 안정적으로 지급할 수 없는 상황이었지만 수업결손이 적고 최선을 다하는 교사들이 많았다. 교사들의 태도 차이는 도대체 어디에서 기인하는 것일까? 무엇이 정식교육을 받지 못한 교사들을 학교로 이끌었던 것일까?

학교에 와서 하루에 한 끼를 먹는 열악한 환경의 아이들을 위한 사업. 아이들에게 밥을 먹이는 것이 먼저일까, 선생님이 안정적으로 교육활동에 매진하도록 돕는 것이 먼저일까. 아이들은 하루 한 끼 넉넉한 식사를 학교에서 제공받는다. 아이들에겐 식량이 필요하다. 그런데 정작 학교를 운영하는 린은 왜 식사보다 질 높은 교육이 중요하다고 외치는 것일까? 어린이 개발 사업에서 '교육'사업 기금은 현지 학교를 운영하는 교사에게 지원되면 안 되는 것일까? 교육사업 기금은 아이들이 질 높은 교육을 꾸준히 받을 수 있게 돕는 것이 목적일 텐데, 교사가 없어서 결국 사업장이 제대로 운영되지 못한다면 기금이 제대로 사용되었다고 말할 수 있는 걸까? 무엇이 지속가능한 방법인 걸까? 만약 갑자기 외부기금이 중단된다면 이 학교는, 학생들은 어떻게 되는 것일까? 오랜 기간 많은 펀드에서 구호물품을 투입하고, 교육자금을 댔지만 여전히 코어에서 생활하는 사람들의 삶은 전과 똑같지 않은가?

사진 3.1 **학교에서 든든한 한끼 먹기(좌)(사진: 박자연) / 티림초등학교의 외국인 자원봉사자와 배우고 싶어하는 아이들(우)(사진: 박자연)**

비록 매뉴얼을 따르지 않아 사업의 효과성이나 기금 조성을 위한 흡인력은 떨어질 수도 있지만 지역개발의 빈틈을 채우는 일. 누군가는 '물고기'를 주는 대신, '아이들에게 물고기 잡는 법을 가르칠 사람'인 교사에게 집중하고, 그가 '물고기를 잡는 법'을 익힐 때까지 지속적으로 관심을 갖는 일. 그 일을 하면서 꾸준히 관계를 맺는다면 불가능해 보이는 일도 조금 변화가 생기지 않을까? 교사 한 명이라도 잘 키워낸다면, 하드웨어가 충분하지 않아도 교육은 이뤄질 수 있지 않을까?

개발도상국에서 지역개발 사업을 실시하는 국제 단체는 무수히 많다. 하지만 교사에 관한 질문을 풀어갈 수 있는 단체를 찾는 것은 쉬운 일이 아니었다. 그래서 렌딜레 부족에 입양되었던 '꼬레야'는 10개월간의 KOICA-NGO봉사단원으로서의 활동을 마무리하고, 한국에 돌아와 코어에서 품은 질문을 같이 고민할 수 있는 사람들을 찾아 작은 NGO를 만들었다. 그것이 바로 호이 프로젝트다. 호이 프로젝트 팀은 각자가 가진 서로 다른 재능을 나눠 새로운 형태의 자원활동 조직과 문화를 만들어보자는 꿈을 갖고 탄생했다. 교사를 포함, 변호사에서부터 디자이너까지 다양한 직업군이 참여하였다. 우리는 그렇게 첫 번째 STIC팀을 케냐 코어에 보냈다. 2008년 11월 첫 모임을 가진 뒤 불과 9개월 만에 일어난 일이었다.

너희는 무슨 자격으로 우리를 가르치러 왔니?

처음 STIC 프로그램을 시행하기 전 현지 조사의 일환으로 선생님들의 수업을 녹화하고 인터뷰하던 중 본질을 관통하는 질문을 받게 되었다. '자격', 우리에게 어떤 자격이 있는 걸까? 교사역량강화연수를 실시한다고 프로그램을 준비해왔지만, 짧은 기간 동안 무엇을 전달해야 교사로서의 역량이 강화될 수 있는 걸까? 교사로서의 역량은 무엇을 의미하는 걸까?

당시 우리는 현지 교사의 친구가 되어 함께 성장하고 싶다고 하면서도 그들이 '자격증이 없는' 교사라는 사실에 집중했다. '자격증'이 있고, 교사교육을 받은 우리가 조금 더 나은 교사라고 생각했다. 수업에 대한 본질적인 고민보다, 그들이 '강의식 수업'을 하고 있다며 수업의 형식에 집중했다. 학생들을 참여하게 하는 화려한 수업기술, 더 나은 교구와 더 다양한 수업방법을 전달하면 될 거라 생각했다. 연수에 참여하는 대부분의 현지 교사들이 어리고 자격증은 없어도, 월급을 받을 수 없는 상황에서도, 최선을 다해 자리를 지키는 분들이라는 것을 자주 잊었다. 교사를 '도구적 존재'로 바라보는 학교 현장, '경쟁 위주의 한국교육'이 답답해 교실 밖으로 탈출구를 찾아 가슴 뛰는 현장으로 날아간 케냐에서 우리는 다시 한 번 스스로가 갖고 있는 교육과 관계에 대한 관점을 점검해야 할 필요성을 느꼈다.

우리는 개발협력에 대해 정식으로 배운 경험이 없는 사람들이 대부분이었고, 그저 순수한 마음으로 누군가를 돕기 위해 이 일을 시작했는데, 깊은 성찰 없이는 그 누구도 돕지 못할 수도 있었다. '교사'에 대해, '교육'에 대해 이야기한다고 하면서, 우리가 생각하는 교사와 교육, 교사로서의 나, 내가 속한 사회에 대한 진지한 고민을 하지 못했음을 깨달았다. 부끄러웠다.

교육 '봉사' 활동. 우리는 교육이라는 이름으로 봉사활동을 하러 갔었다. 그런데 봉사라는 단어는 '수혜자'와 '공여자'의 상하관계를 암묵적으로 규정하는 틀이었다. 관계맺음에 있어 무의식적인 상하관계의 설정은 현장에서 일어나는 역동의 한계선이 된다. UN산하의 개발기관부터 많은 NGO단체들의 노력이 현지에 뿌리 내리기 어려웠던 이유 중 하나는 결국 현지인들을 연구나 프로젝트의 '대상'으로 바라봤기 때문은 아닐까? 너희는 왜 자신들을 보고 울지 않냐고, 자신을 보며 우는 사람들 때문에 자신들이 불쌍하다는 사실을 알게 되었다는 현지 선생님들의 고백은 우리 모두에게 큰 울림이 되었다. 또한 우리가 현지 선생님들을 '대상화'하여 바라보지 않게 하는 계기가 되었다.

교사, 교육개발의 주체가 되다

"물고기를 주지 말고 물고기 잡는 법을 가르쳐줘야 한다."며 지금도 전 세계 수많은 현장에서 교육개발협력사업이 시행되고 있다. 학교수가 늘고, 학생들의 졸업률, 성취도가 올라가면, 어떤 사회 구성원의 삶과 교사의 내적 동기가 향상될까? 정량적 수치가 역동하는 교육현장을 다 설명한다고 볼 수 있을까? 국제학업성취도평가(PISA)에서 우리나라 교육이 상위권에 랭크되는 부분에 대해 불편함을 느끼면서도 정작 현지 사업을 수행할 때는 정해진 기간 안에 아웃풋을 산출하는 가시적인 성과에 더 많이 집중하는 것은 아닐까?

5년 동안 우리의 활동들은 '더불어 성장하는 배움 공동체'라는 큰 틀을 그리며 변화하기 시작했다. 한국과 아프리카의 외부적 환경은 달라도 교육 현장의 모습은 어디든 같고, 교육의 본질도 같다. 조금의 인풋이 있다 해서 현실이 손바닥 뒤집듯 크게 달라지지 않을 것이고, 우리가 언제까지 함께 할 수 없다는 것도 기억해야 했다. 모든 생각을 '지속가능성'에 맞추고, 장기적인 전략을 만들어야 했다. 마침 2011년부터 우리 프로젝트가 한국유네스코 교육위원회의 지속가능발전교육(ESD) 인증을 받게 되면서 '지속가능성'을 기반으로 프로그램 전체를 개편하고 비판적으로 성찰하게 되었다.

그러나 연수가 진행되는 동안 '교사들의 눈빛이 달라지고 있다'는 말 외에 눈에 띄는 효과성과 변화의 증거를 찾기가 어려웠기에 프로젝트 참여자가 속한 모든 학교급을 관통하는 질문을 찾아내는 일이 필요했다. 그래서 ESD를 기반으로 지역문제를 해결하는 소그룹 프로젝트 학습으로 판을 바꿔 짜기 시작했다. 이때 현장기반의 활동에서 교육 수준이 높은 교사가 상대적으로 교육 수준이 낮은 교사들을

사진 3.2 **침묵하고 있던 여교사들의 배움에 대한 갈증, 두 번째 케냐 STIC(좌)(사진: 김원섭) / 함께 문제를 해결해간다는 사실을 처음 인식하게 해줬던 지역기반의 문제해결 프로젝트 활동 '풍향계 설치하기'(우)(사진: 박성진)**

이끌어가는 모습을 발견했다. 교사들이 지역개발의 주체로서 서로를 이끌어 갈 수 있는 역량을 갖고 있음을 확인하게 된 것이다.

우리는 함께 서로를 이끌어 가기 위해 무엇을 해야 할지 고민하기 시작했다. 늘 똑같은 모습으로 살아가는 사람들이 변화하려면 '혁신'이 필요했다. 우리가 생각한 혁신은 '기본으로 돌아가는 것'이었기에, 교육의 이름으로 이뤄지는 많은 활동과 사업을 재정의 했다. '나'에 대한 이해에서부터 출발해 나와 다른 너와의 만남, 만남에서 이뤄지는 수많은 관계맺음, 그리고 사회구조까지, 그 모든 것을 관통하는 것은 '학교를 기반으로 하는 교육 현장'이었다. 나에 대해 고민하고, 교사에 대해 고민하고, 교실과 지역사회로 생각을 확장시키는 프로그램을 고안했다. 이 치열한 성찰과정은 한국과 케냐 교사 모두를 성장하게 했다.

교사를 진짜 움직이게 하는 힘은 공동체에서 시작한다

우리의 성숙과는 상관없이 현지 상황은 갈수록 더 악화되었다. 방학 중 연수에 참여할 수 있는 현지 교사의 수는 점점 줄어들었다. 방학 때 아르바이트를 해야만 이 분들의 가족은 생계를 유지할 수 있었다. 우리는 기존의 방법으로는 이 분들의 삶을 깊게 이해하기 어렵다는 결론을 내렸다. 현지 선생님들의 삶을 이해하기 위한 지역조사를 추가적으로 실시했다. 사막화가 이 지역 교사들의 삶에 어떤 영향을 미치고 있는지, 건조사막기후 지역의 하천(와디) 주변의 우물을 조사하고, 지역의 에너지원을 조사하면서 그들의 삶을 몸으로 받아들이기 시작했다. 우리가 할 수 있는 최선의 질적 연구였다.

4번째 STIC에서는 가장 적은 수의 교사들이 연수에 참여했다. 하지만 그때 비로소 현지 선생님들의 웃는 얼굴 이면의 깊은 속내를 들을 수 있었다.

우리는 프로그램이 조금 더 장기적인 목표를 가져야 하며, 현지 선생님들이 스스로 성장할 기회를 갖기 위해서는 그들이 직접 프로그램 기획에 참여하는 기회가 필요하다고 생각했다. 학교를 기반으로 한 교사들의 학습공동체(후에 우간다 사업에서는 SLC라는 이름으로 사업이 확대되었다)에 대해 고민하기 시작한 부분이 이 지점이었다. 한국과학창의재단의 지원을 받았던 〈지속가능한 마을 만들기, 지속가능한 세계만들기〉 ESD 모듈은 그렇게 개발되었다. 이 마을의 주인은 누구이며, 지금 당면한 문제는 무엇이고, 10년, 20년 시간이 흐른 뒤 누가 이 문제상황 가운데 놓일 것이며, 이 때 문제상황을 돌파할 수 있는 원동력이 무엇일지 함께 고민했다. 그리고 의미있는 순간들이 나타나기 시작했다.

우리 지역 지도만들기 프로젝트를 하며 환경문제 관련 프로젝트를 진행하던 중이었다. 뜨거운 눈물을 흘리던 조슈아 선생님이 우리가 함께 고민하는 이 문제를 아이들과 수업하고 싶다고 말을 했다. 어디에선가 봉사자가 나타나 마을의 비닐과 쓰레기를 한번씩 치워주고 가는 것에 대해 아무 생각이 없던 사람들이 변하기 시작했다. 자신들의 문제는 자신들이 해결해야 하며, 지금 아무것도 하지 않으면 고스란히 후손들에게 이어진다는 것, 누군가는 그 고리를 끊기 위해 결단 내려야 한다는 것을 말하기 시작했다.

사진 3.3 **현지 전통부족인과 똑같이 먹고 자고 물을 길으러 갔다 오던 날(좌)(사진: 김봉수)/ 환경수업 중인 조슈아(우)(사진: 황동명)**

교사가 교육의 진짜 주체가 되기 위해 필요한 것들

'교육의 질은 교사의 질을 넘지 못한다'는 말은 교사의 중요성을 설명할 때 늘 등장하는 말이다. 우리는 '교사'가 있다면 하드웨어가 없어도 교육이 이루어지고, 교사의 성장이 학교와 지역의 성장을 가져오게 될 거라는 희망을 가졌다. 결국엔 현지와 분리하고 떠나야 하는 외부인인 우리가 '혁신', '컨설팅'이라는 이름으로, 해당 학교와 지역에 대한 이해 없이 표준화된 모델이나 사업을 시행하는 것이 그들의 자립을 위한 것인가에 대해 계속 고민했다. 우리는 그들과 함께 연대하고 고민하는 내부자이자, 그들이 스스로의 힘으로 지역 문제를 성찰하고 해결해가도록 경계에서 주도권을 쥐지 않는 외부자라는 사실을 명심해야 했다. 당장 수치화되어 나타나는 정량적인 성과는 없을지라도, 끊임없는 연결을 시도했다.

정기적으로 STIC을 실시해 '질문'을 던지고, 교사를 위한 장학 사업을 통해 고립되어 있던 현지 교사들을 대학교에 보내 정식교사 자격증을 취득하도록 했다. 장학 사업은 생각보다 크게 현지 교사들에게 정체성과 소속감을 부여했다. 한국에서도 지역의 문제를 해결하기 위해 시작한 세계시민교육 관련 교사연구회 활동들이 뿌리를 내리기 시작했다. 교육청과 한국과학창의재단과 같은 정부의 유관기관과 함께 일하게 되면서, 지역 내 거버넌스를 구축해 협력해서 일하는 것의 중요성을 깨닫게 되었다. 그 과정에서 호이프로젝트 팀은 외교부 산하의 정식 사단법인으로 성장하게 되었다.

케냐에서도 교사들의 건강한 자존감, 열악한 환경에도 불구하고 교육을 지속하려는 내적 동기, 그것을 지속하게 하는 외부의 시스템을 보완하는 일이 필요했다. 그러기 위해서는 대학을 보내고 교사자격을 취득하게 돕는 것을 넘어, 지속가능성을 위한 지역 거버넌스를 구축하는 차원에서 교육청과 현지 장학기관, 사범대학, 교육NGO들과 협력해야 했다.

사진 3.4 **현지 선생님이 기획한 어린이 캠프(좌)(사진: 황동명) / 학생동아리를 직접 만든 조슈아(우)(사진: 로렌스 마로)**

미완의 꿈이 마중물이 되다

또 한사람을 위한 마음

그러나 케냐에서는 이런 지역 거버넌스를 구축하는 일이 너무 어려웠다. 작은 NGO사업장이 가지고 있는 태생적 한계가 존재했다. 결국 현지 파트너십 조율 문제로 인해 케냐 사업이 종료되었다. 프로그램의 질이 높아지고, 서로에 대해 이해도 깊어져, 이제야 제대로 해볼 수 있을 것 같았는데, 갑작스런 사업 종료에 우리는 좌절했다. 새로운 사업장을 마련해야 했다.

간절히 바라면 이뤄진다고 했던가, 마침 우간다에서 미국으로 유학을 온 데니스가 페이스북을 통해 자연에게 연락을 했다. 데니스는 굴루 코어 교육대학의 강사였고, 우간다 교육부와 굴루 지역 교육관계자를 연결해줄 수 있다며, 우간다에서도 STIC같은 프로그램을 했으면 좋겠다고 했다. 우간다의 교사와 교육관련 자료부터 새로운 네트워크까지, 새로운 문이 열렸다.

진심을 다하는 사람들은 서로 연결이 된다더니 마침 우리 팀에 인턴으로 일하던 계신은 우간다 굴루에서 활동했던 경험이 있었고, 교육팀 연구원으로 활동하던 진숙의 남편은 우간다에서 현지 시장조사를 하려던 참이었다. 그렇게 우리는 우간다에 사업발굴을 위한 현지조사를 떠났다. 굴루지역은 예상보다 활동하기에 더 적합한 곳이었다. 특히 코어에서 가장 부족했던 현지 교육기관과의 협력 활동이 가능할 것으로 보였다. 무엇보다 우리의 마음을 움직인 것은 굴루가 우리 중의 누군가에게 애정으로 연결된 곳이었다는 사실이었다. 우리는 기꺼이 또 한사람이 사랑했던 마음의 고향에 뿌리를 내리기로 결정했다.

같은 마음, 다른 시작

2014년 여름, 새로운 꿈을 위한 여정이 시작되었다. 우간다 교사문제를 분석한 TISSA 보고서[32]와 교장 리더십에 대한 논문을 중심으로 우간다 교육제도와 교사 문제를 분석했다. 막연하게 '교육의 질 향상'을 논하던 케냐와는 다르게 우간다 현지 기관방문, 인터뷰, 설문조사, 초점 그룹 토론을 통해 '초등학교 교육의 질 향상'으로 문제의 범위를 좁혔다. 중도탈락, 교육재정, 교사역량강화, 교사 리더십 및 보상문제, 조건부 현금 지급 등 구체적인 목표와 과제 등을 조사했다. 초등학교 및 교사지원조직인 CCT에 대한 추가 문헌조사도 실시하였다.

사전조사에서 우간다 교육 제도와 당면 과제를 다양한 수준과 관점에서 바라보기 위해 교육부부터 지역교육청, 초등교원대와 같은 지역 수준의 기관, 일선 초등학교와 중등학교의 교장, 교사들까지 다양한 교육이해관계자들을 만나고 인터뷰를 하였다. 또한 교육의 질을 높이기 위해 우간다에서 활동을 하는 'UNICEF Innovation Lab, eSeeker, Freedom in Creation, Educate!' 등의 국제기구, 글로벌·로컬 NGO를 방문하고 이들이 하고 있는 활동을 조사하였다.

초 · 중등학교에서는 교사들이 느끼는 교육적인 필요와 경력 개발의 수준, ICT 활용 능력을 알아보는 설문조사를 실시하였다. 또한 초등 교사들을 대상으로 학교의 효율적인 운영을 위한 예산 편성 및 집행 관련 그룹토론을 실시하였다. 그 외에도 KOICA 르완다 사무소를 방문해 우간다 교육제도 및 교사 사업 기획에 대한 자문을 받았기도 했다.

케냐사업과는 출발점이 달랐다. 하지만 지난 세월 몸으로 직접 부딪히며 익힌 것들은 출발점을 설정할 때 큰 도움이 되었다. 사전조사 결과, 케냐에서 알게 된 것과 마찬가지로 우간다의 초등학교에도 교육의 질을 높이기 위해서는 교사의 역량을 강화하는 것이 절실하다는 것을 확인하였다. 단지 기존에 실시되는 방식처럼 하향식 연수에 참여하는 기회를 늘리는 것보다 현장 교사들이 가장 필요로 하는 것을 바탕으로 상향식의 연수를 기획하고 운영하는 편이 효과적일 것이다. 또한, 개별 교사의 역량을 강화하는 것을 넘어, 교사 집단이 함께 탐구할 수 있는 환경을 조성할 필요가 있다는 결론을 내리게 되었다.

그리고 케냐의 경험을 가진 한국 교사들이 지역 내에 교사연구회를 만들고, 1365 등의 행정시스템을 이용해 지역 기반 세계시민교육을 실시하는 것, 대학과 연계해서 교사연수 프로그램을 개발하면서 배운 점들이 우간다 사업의 초안을 잡는데 도움이 되었다. 이를 바탕으로 '교사들의 필요에 바탕을 둔 직무연수와 한국의 교과연구회와 같은 교사연구모임 활성화 사업'을 제안하게 되었고, 마침내 KOICA 민간단체지원사업으로 받아들여졌다. 아! 어느 한 순간도 버려진 시간들은 없었다. 그 모든 조각이 연결되어 드디어 호이가 우간다에 새로운 희망의 씨앗을 뿌리게 되었다.

서로가 연결된 곳에서 교육은 희망의 꽃을 피운다

케냐에서 사업을 마치고 떠날 때, '너희에게 준 것이 없어서 미안하다'며 울먹이는 나에게 동료 교사였던 아벤네고는 말했다. "많은 사람들은 돈을 들고 왔다 갔다. 너희는 돈은 없었어도 우리의 친구였다. 그리고 '교육'이라는 유산을 선물로 주고 갔다. 함께한다는 것이 무엇인지 안다, 우린 보이지 않아도 떨어져 있어도 각자의 자리에서 최선을 다하는 것으로 연결될 수 있다. 고맙다"고 했다. 힘들 때마다 그 약속을 잊지 않으려 애썼다. 애벌레가 나비가 되기 위해서는 고치 안으로 들어가야 한다. 그리고 기존에 가지고 있던 모습을 완전히 버리고 새로운 모습이 될 준비를 해야 한다.

코어의 선생님들은 호이가 떠나고 교사들이 중심이 되어 마을의 문제를 해결하는 교사 공동체를 만들었다. TITA(Tirrim Teachers Association)는 교사가 지역의 리더로 어떤 모습을 보여야 하는지, 학교가 지역사회 성장의 거점으로 어떤 역할을 해줘야 하는지 보여주고 있었다. 케냐의 선생님들은 우리와 함께 했던 모습을 넘어섰다. 케냐 정부에 정식 단체 등록을 하고 새롭게 날아오를 준비를 하고 있었다. 그 뿐아니라, 몇 해가 지난 뒤 그간의 경험을 다른 지역에 공유하는 단계에 이르렀다. 우리가 케냐에서 꿈꿨던 교육개발협력 모델의 마지막 모습이었다. 2017년, 우간다에서 진행하는 STIC에 마로 선생님이 참여하게 되었다. 그것은 교사가 지역의 리더가 되는 상징적인 의미였고, 우리 모두에게 희망의 씨앗이 싹을 틔우는 모습을 보여주었다. 교육은 그렇게 희망이 되었다.

사진 3.5 우간다 선생님들께 TITA를 설명하는 마로 선생님(사진: 오지영)

Chapter 09
교사성장을 위한 3단계 교사훈련 프로그램

형식적인 SLC, 고민에 빠지다

2016년, 호이 프로젝트(KOICA CPP사업)는 6개의 파트너 학교와 함께 시작되었다.[33] 2015년 프로젝트 도입이 씨앗을 뿌리는 시간이었고, 이제부터는 크고 작은 성과들을 거둘 시기로 보였다. 그러나 판단 착오였다. SLC가 거듭되면서 오히려 학교들의 특성과 문제점이 확연하게 드러나기 시작했다. 여전히 성실한 교사들도 있었지만 마지 못해 협의회에 참가하거나 그마저도 참관에는 보이지 않고 회의록에 출석 체크만 하는 교사들도 있었다. 교사 결근이 많아 아이들끼리만 지내는 교실이 지속적으로 1~2개씩 보이는 점도 문제였다. 최소한 외부인에게 보여주기 위해서라도 열심히 하던 모습도 점점 사라지고 이전의 모습으로 돌아가는 학교가 절반가량 되었다. 다만 그 양상은 조금씩 달랐다.

아와치 초등학교는 학생 수천 명 이상의 큰 규모 학교로, 질서가 잘 잡혀있고 강력한 교장 리더십이 영향을 발휘하는 곳이다. 그만큼 교사들에게 부여되는 업무도 많다. 그래서일까, 제출한 계획서와 다르게 SLC에서 2~3명의 교사만 반복적으로 수업을 공개했다. 교사들이 협의회에 참가해서 절차를 잘 지키고는 있지만, 구체적 수업 장면에 대한 고민은 빠진 상태로 '이게 좋고, 이건 별로였다.'라는 식의 단순 사실만 나열하고 있었다. 회의록은 빼곡하게 기록되고 있지만, 열띤 토의는 고사하고 참가한 교사들이 회의 중간에 나가거나 시험지 채점 등의 개인 업무를 보기도 했다. '우리는 이미 다 알고 있고, 어떻게든 회의를 하고 이 시간만 지나가면 끝이다.'라는 느낌이 들었다.

사진 3.6 **오라포요 학교 SLC, 절망감을 드러내는 교사의 모습(사진: 박수연)**

오라포요 초등학교는 일상에 무기력이 완연한 곳이다. 가장 빈곤하고 열악한 지역, 리더십이 부족한 교장이 부임하고 있었다. 교사들에게 이곳은 일종의 유배지 같은 곳으로 인식되곤 했다. 퇴직을 앞둔 교장은 결근이 잦았고, 자연히 교사들도 결근이 심각했다. 소수의 교사들이 무엇을 시도했다가도 이내 또 다시 의지를 잃고 말았다. 답답한 곳이었다. 한번은 도로 사정으로 인해 호이팀이 수업 공개 시간에 15분 정도 늦게 되었다. 몇 안 되는 교사들은 이를 기다리느라 수업을 아예 진행하지 않고 있었다. 학생을 위한 수업 중에 SLC가 있는 게 아니라, 보여주고 검사받는 일로 여겼음을 반증했다. 평소의 학교 모습이 짐작되는 상황은 팀의 공분을 샀고, 협의회는 지난 일까지 들추며 이 학교의 불성실을 질책하는 내용으로 채워졌다. 결국 듣고 있던 교사 중 한 명이 항변했다. '그래도 여기에 참가한 교사는 학교에 나오기는 한다.'는 것이었다.

로토빌로 학교는 교장과 교사들 간의 갈등이 심각한 학교였다. 교사 수도 적었고, 수업과 업무 그 어느 쪽도 제대로 작동하는 느낌이 없었다. 갈등의 원인 중에 호이 프로젝트도 있었다. 교사들은 SLC를 위해서라도 교과서나 학습 자료를 사용하고 싶었지만 교장이 창고열쇠를 쥐고 물품을 배포해 주지 않는다고 했다. 반대로 교장은 교사들 중에 교과서나 학습 자료를 몰래 빼돌려 팔아버리는 이들이 있어서 골치라고 했다. 교장과 SLC 회장이 가장 큰 대립각을 세우고 있었고, 이런 긴장감 속에서 좋은 수업이나 교사들의 협력문화를 기대할 수는 없는 노릇이었다.

호이가 매주 학교를 찾아가고 교사들을 만나는 이유가 '회의를를 위한 회의', 혹은 '의무적으로 보여주는 수업'이 될 수도 있다는 불안감이 엄습했다. 아직 실력이 좋아진 게 아닌데 이미 호기심을 잃은 듯한 모습, 이대로 간다면 교수학습의 질을 높여 학생들의 문해와 배움을 이끌어 내겠다는 목표는 도달이 어려울 것이다. 그래서 비교적 잘하고 있던 학교들까지 포함해 프로젝트를 재점검했다. 학습자료 지원이나 교사연수가 교사들의 사기를 올려주지만, 교실 수업으로 연계되는가에 대해서는 여전히 의구심이 있었다. 짐작컨대, 성실하게 SLC를 진행 중인 나머지 학교들 또한, 호이가 찾아가지 않는다면 더 이상의 수업 연구, 회의, 모임을 하지 않을 것이다.

성장과 탈출전략을 프로그램에 담아내기

교사들을 움직이게 할 동력, 동기, 나아가 학교와 지역사회의 변화를 설득할 만한 유인가가 무엇일까? 아니, 호이와 SLC 교사들이 같은 목표를 가지고 있기는 한걸까? 변화를 원해서 호이에 지원서를 내고 선발도 되었지만, 시간이 흐르며 처음의 뜻은 퇴색했을 것이다. SLC에 대한 교사들의 기대감 또한 내려갔을 것이다. 어떤 교사들에게는 함께 모여 토론하는 과정이 그다지 매력적이지 않고, 또 회의적일 수도 있을 것이다. 고민은 깊어졌다. 먹고 살기 힘들고, 결근이 일상화된 교사들의 '핫 버튼'이 무엇일까? 호이는 무엇을 더 해야 할까? 교사들의 급여를 높여주거나, 물리적 환경을 개선시키기는 어렵다. 그렇다면?

일차적으로 찾아낸 보상은 '인정'이었다. 프로젝트의 성과측정 항목 중에 '교사 효능감'이라는 개념이 있다. 스스로를 좋은 교사, 잘 가르치는 교사라고 생각하는 내적인 성취감을 뜻한다. 여기에서 조금 더 나아가, 효능감이 겉으로 드러나 보이도록 '인정 욕구'를 어떻게 자극시킬 수 있을지 고민했다.

호이 같은 외부자는 가끔 오고, 늘 곁에 있는 건 동료와 학교 구성원이다. 내부로부터 먼저 인정을 받게 하자. 그리고 점차 학교가 '잘 가르친다'는 이야기를 학부모와 지역사회로부터 끌어내자. 내용은 학생들의 성적 향상일 수도 있고, 헌신적인 교사에 대한 칭찬일 수도 있다. 또 지역사회로부터 받는 존경일 수도 있다. 그러니 학생들로부터, 동료교사로부터, 그리고 학부모와 지역사회로부터 실력으로 인정받는 교사가 되도록 자극해 보자.

자극하기 쉬운 방법은 비교하는 것이다. 더 잘한 이들을 뽑아 상을 주면 된다. 그러나 이 방법은 주의깊게 접근해야 한다. 학교를 '공동체'로, 이를 통한 '성장'을 지향하는데, 그 방법이 개인 간의 경쟁이어서는 곤란하다. 아무리 역량이나 전문성이 부족해 보이는 아프리카의 교사이지만, 그 역시 누군가를 가르치고 평가하는 사람이다. 권위를 위협하는 일은 자칫 교사들의 마음의 문을 닫고 그들을 방어적으로 만들 수 있다. 수십 년을 가르치는 일에 종사한 시니어 교사라면 더 말할 것도 없다.

성장과 인정, 수업의 질, 교사의 성장은 눈으로 확인하기도 어렵고 손에 잡히는 실체도 없다. 어떻게 보여주고 설명할 수 있을까? 호이 프로젝트에 참여하는 것에서 얻을 수 있는 이점, 학교와 지역 사회에서의 교사의 역할 등을 다시 한 번 검토했다. 좀 더 나은 학교가 되고 있다는 사실에 차근차근 접근할 수 있도록, SLC에 '진급'과 '졸업' 개념을 도입했다. 3단계의 진급 과정을 통해 구체적인 도달 목표를 제시했다. 과업수행과 책임의 범위는 개인에서 팀, 그리고 전체학교로 점점 확대된다. 진급을 할수록 자율성이 커진다. 예산을 포함해서 선택할 수 있는 것의 종류와 범위가 커지는 점이 성취에 대한 유인가로 작용하기를 바랐다.

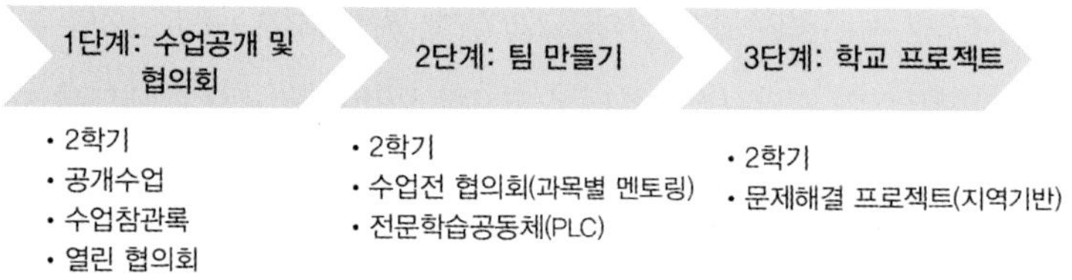

그림 3.2 **성장과정을 담은 3단계 프로그램**

성장을 담보하기 위한 진급. 같은 학교 군에서 어떤 학교는 진급을, 어떤 학교는 유급을 했다. 개인이 아닌 학교 단위의 평가이고 상대평가가 아니라 절대평가였음에도, 학교들 사이에서는 자연히 상대적으로 더 많은 자부심, 더 많은 실망감을 가지게 되었고 이는 인정과 유인가로 작용했다. 더불어, 책무성이 약한 학교에 대해서는 예산반납이나 예산삭감도 과감하게 요구하고 실행했다.

'졸업'은 탈출전략의 다른 표현이다. 프로젝트에 정해진 기한이 있기에, 호이의 지원도 한시적일 수밖에 없다. 그렇지만 교사들은 그 유한성을 잘 체감하지 못한다. 그래서 2년이라는 종료 시점을 명시했다. 그 후에는 호이가 아닌, 지역사회와 연계되는 것이다. 그들 스스로 학교 내외의 문제를 해결하고, 지역 사회의 성장을 이끄는 모습을 목표로 제시하였다. 물론 목표였다. 현실에서 교사들은 졸업하는 그 순간까지 그 사실을 믿지 않았고, 실제 졸업까지 이어지는 과정에는 한두 학기의 유예기간을 주기도 했다. 졸업 이후의 후속책에 대해서는 지금도 치열한 고민이 이어지는 중이다.

1단계 『수업공개 및 협의회』: 왜 수업을 공개할까?

SLC 프로그램 1단계는 2015년부터 시작해서 확립된 수업공개와 협의회이다. 모든 교사들이 하나의 수업을 참관하고, 주어진 질문지를 기반으로 수업을 분석, 기록한다. 협의회에서 그 수업의 강점, 약점을 통해 개선방안을 도출하고, 내 수업에 적용할 시사점을 찾아간다. 기존 수업평가와 차이점이라면, 개별 교사의 교수 실력에 대한 '평가'가 아니라 학생의 배움이 일어나는 방향으로 수업을 발전시키는 데에 초점을 맞춘다는 점이다. 어느 한 교사에게 수업의 성공과 실패에 대한 책임을 지우고, 실력에 대한 평가와 판단을 하면, 자칫 공격과 방어로 이어질 수 있다. 그런 경우, 깊이 있는 토론이나 성찰은 일어나기 어렵다. 그래서 협의회가 진행될 때마다

'수업에서 성패는 없다. 조금 더 깊은 배움이 일어나고 있는 수업인가를 보라.' 내지는, '호이가 선생님의 수업을 평가하러 방문하는 것이 아니다. 수업을 보는 동료교사들이 나를 통해 배움의 기회를 갖는 것'이라고 수차례 강조했다. 아주 작은 요소라도 칭찬과 격려가 될 만한 장면을 찾아내고자 했고, 그러한 내용이 교사들의 토론으로 이어질 수 있도록 안내했다.

교실을 여는 낯선 경험

아부가 초등학교의 베티는 퇴직을 앞둔 시니어 교사이다. 경력이 40년 가까운 분께서 1학년 수학수업을 공개한다고 했을 때, 송구하면서 감사했다. 1학년 교과과정은 영어가 아닌 아촐리어로 수업이 진행된다. 대화, 발문 내용까지 세세히 알지는 못하지만 수업의 흐름, 분위기, 학습 내용은 충분히 알 수 있다. 그리고 이 날 수업은 평소 흔하게 보이던 교사 중심의 일방향 수업과는 판이하게 달랐다.

교과서도, 교재교구도 제대로 갖추지 못한 시골학교의 교실. 햇빛이 따뜻했고 유리 없는 창문으로 들어오는 채광이 적당히 밝았다. 눈길을 끌었던 것은 아이들의 책상배치가 서로 마주보는 형태로 놓여 있었다는 점과 칠판에 가득 붙어있는 수업계획이었다. 덧셈 알고리즘에 대한 수업을 시작하자, 수줍기만 해 보였던 아이들이 선생님과 함께 노래를 부르며 손가락으로 수를 세기 시작했다. 노래가 끝나자, 아이들이 나뭇가지, 병따개, 조약돌 따위의 준비물을 꺼내놓았고 마찬가지로 선생님도 준비물을 꺼내 교실 앞에 놓았다. 플라스틱 컵, 접시, 페트병, 양은 솥 등등 집에서 가지고 오셨을

사진 3.7 **교구 사용이 돋보였던 시니어 선생님의 수업(사진: 박수연)**

법한 물건들. 아이들은 흥미로운 눈으로 집중하며 선생님의 발문에 대답을 했다. 모두가 집중하는 가운데, 아이 한 명을 불러내더니 오늘 배우는 내용을 다시금 묻는 듯 했고, 아이는 그 준비물을 이쪽에서 저쪽으로 옮겨가며 덧셈과정을 시범적으로 해 보였다. 선생님과 아이들이 함께 그 아이를 칭찬했다.

이어서 선생님은 칠판에 붙여둔 수업계획서의 그림을 이용해 원리설명을 했고, 연습문제를 판서해 주셨다. 뒤쪽에서 장난을 치는 아이들이 잠깐 보였으나 잠시 후, 모든 아이들이 각자 준비해 온 준비물을 가지고 선생님이 하셨던 것처럼 물체를 하나씩 옮겨가며 알고리즘을 연습했다. 조작 활동을 통해 배운 내용을 익히는 모습에서 잔잔한 감동이 밀려왔다. 이전의 다른 수업들에서, 멍하게 칠판을 바라보다가 기계적으로 판서내용을 받아쓰기에 급급했던 아이들의 모습이 스쳐갔다.

수업 후 협의회. 모두가 참여해서 진지한 분위기의 토론이 이어졌다. 수업에서 학생들의 참여를 이끌어 내고, 쉽게 구할 수 있는 지역의 교구를 이용한 점, 남녀를 골고루 발표시켰던 점 등등, 강점 대부분이 교사들을 통해 거론되었다. 이어서, 구체물 이용이 추상화로 넘어가는 단계와 덧셈 알고리즘으로 대체되는 단계에서 발생했던 수업 중 오류도 수정하고, 어떻게 학생들의 이해를 높여야 하는지 더 좋은 방법에 대한 의견을 주고받았다. 과목과 지도학년이 다른데도 소외되는 교사 없이 함께 고민을 했고, 시니어 교사는 마음을 열고 후배들의 의견을 진지하게 들었다. '정말 이분들이 연수에 와서 수계산조차 잘 못해서 더듬더듬 하던 분들이 맞나?'라는 생각이 들 정도였다.

물론 완벽할 수는 없다. 외부인에게 수업을 공개하는 부담감이 컸으니, 평소에 하지 않는 '수업계획서 칠판에 붙이기' 따위를 하셨을 것이다. 모둠이나 협동 활동을 기대했던 책상배치 또한, 그런 일은 일어나지 않았다. 그러나 시니어 교사가 솔선해서 후배교사들에게 좋은 수업을 보여주고, 그로 인해 모든 교사가 깊은 배움의 시간을 가졌으니, 그 의미는 클 수밖에 없다. 협의회 시간에 베티에 대한 깊은 감사와 존경을 표한 후 '보여주기 위해 추가적인 활동'을 하시지 않아도 된다고 살짝 언급했다.

처음부터 잘 하기는 어렵다

첫 학기에 로토빌로 초등학교는 교장과 교사 간의 갈등으로 인해 늘 삐걱거렸다. 지원해 준 수업자료들이 제대로 쓰이고 있는 모습을 보기도 어려웠다. 결국 학기 말에 개별 교사들과 상담, 조정을 했다. 두 번째 학기에 3군 학교들이 추가 선발되었고, 규모에 따라 예산을 조정하는 과정에서 로토빌로에 지원되는 예산이 삭감되었다. 게다가 전체 워크숍에서 우수 수업장면 영상을 상영했는데, 로토빌로 학교의 교사들은 아무도 해당되지 않았다. 이런 사건들이 자극이었을까?

교사 유니스의 영어수업. 시작부터 약간 상기된 모습, 그럼에도 묘하게 자신감 있어 보이는 태도에서 '준비를 많이 했구나.'라고 짐작할 수 있었다. 벽에 붙어있는 단어카드를 이용해서 전시학습을 복습하고, '우리 지역의 식물들'이라는 주제를 안내했다. 그리고 이때부터 자료가 뿌려지기 시작했다. 줄기, 씨앗, 뿌리라는 단어를 가르치기 위해 커다란 가시나무 줄기와 뿌리, 과학 자료로 쓰는 씨앗 모형 등이 각 분단마다 배포되었다. 아이들이 준비물을 만지작거리는 동안 교사는 플래시카드를 제시해서 단어와 뜻을 연결하는 활동을 진행하고, 누군가는 발표를 했다. 잘 읽지 못하는 아이가 머뭇머뭇하자 이내 다른 아이를 지목해서 발표를 다시 시켰다. 그러더니 다시 아이 몇 명을 지목해서 칠판 앞쪽으로 내보내, 지칭하는 사물을 들고 무엇을 들고 있는지 이야기하도록 하고, 잘 한 아이의 이름을 칠판에 썼다. 아이들은 아직 수업의 흐름을 따라가지 못하고 있는데, 교사는 마음이 바빴다.

숨 돌릴 틈도 없이 자료배포가 이어졌다. 뿌리까지 통으로 붙어있는 식물들, 즉 해바라기, 옥수수, 사탕수수 등이 차례로 등장하고, 곧바로 아이들 손에서 손으로 전달이 되었다. 하나를 들고 있기도 버거워 보이는 키 큰 식물들을 쥐고 킥킥거리는 아이도 있었고, 미처 전달을 하지 못해 책상 위에 쌓아놓은 아이도 있었다. 그 와중에 또 누군가는 발표를 하고, 교사는 그 내용을 칠판에 받아썼다. 갑자기 SLC 회장이 앞으로 나가 유니스에게 귓속말을 했고, 그녀는 오류를 고쳐 썼다. 마지막으로 카사바라는 가장 부피 큰 식물이 등장하려던 찰나, 쉬는 시간을 알리는 학교 종이 쳤다.

사진 3.8 **자료를 너무 많이 투입해서 아이들의 주의를 오히려 떨어뜨렸던 문해 수업(사진: 오지영)**

열의가 지나친 수업이었다. 교사는 아이들의 이해 정도를 확인하며 난이도나 속도, 분량 등을 조절했어야 했다. 준비한 내용이 많다고 그걸 다 쏟아 붓게 되면 오히려 배움은 저하된다. 많은 아이들이 식물자료에 주의를 기울이느라 정작 이 수업에서 배워야 할 어휘와 구문을 익힐 수 없었다. 그렇지만 아무 일도 일어나지 않는 것에 비한다면, 월등하게 발전가능성이 많은 수업이었다.

협의회에서도 칭찬과 격려를 받았다. 플래시 카드를 이용해서 추측하고 답하고 활동, 다소 학습이 느린 아이에게도 발표기회를 주고 다른 아이로 하여금 수정하게 한 점, 아이들에 대한 파악도 잘 되어 있었고 관계형성도 좋은 점 등등 많은 이야기가 언급되었다. 당연히 자료사용에 대한 이야기도 나왔고, 무엇보다 이 수업은 과학수업이 아니라 영어 혹은 문해에 관한 수업이었기에 어떤 부분이 더 중요한가에 대한 반성도 따라왔다.

아이뿐 아니라 교사도 실수를 통해 배운다. 능숙하고 매끄러운 수업이 아니었기에 참관하는 교사들도 생각해 볼 점들이 더 많았다. 교실 앞에서 아이들을 바라보는 게 익숙한 교사의 위치에서, 교실 뒤쪽에서 교사를 바라보는 위치에 있으면 아이들이 수업 중에 어떤 경험과 생각을 하는지 다른 각도로 볼 수 있다. 수업에서 배제되는 아이들, 학습에서 멀어지는 아이들, 어떤 자료를 어떻게 활용해야 가장 적절할지 등등 많은 시사점을 주는 수업이었다.

그들의 이야기라야 하는 까닭

수업후 협의회는 수업 내용에 대한 토론 혹은 토의를 통해서 교사들의 생각을 끌어내고, 수업 개선을 위한 반성적인 성찰을 유도하는 자리다. 따라서 구성원들의 태도에 따라 생산적이고 발전적인 방향으로 흘러갈 수도, 혹은 형식적인 수박 겉핥기로 흘러갈 수도 있다. 충분히 준비가 안 된 상태에서는 평가가 비난이나 공격으로 느껴지고, 피상적인 이야기만 진행하다가 끝이 날 수도 있기에 개입하는 자도 신중을 기해야 한다.

다행인지 불행인지, 아프리카 교사들은 말을 잘 한다. 아니, 말이 많다는 표현이 더 적합하다. 어색한 침묵이 흐르는 경우도 거의 없지만, 핵심을 짚어내는 경우도 드물다. 문화적인 특성으로 회의를 할 때에는 내용보다 격식을 중시하기도 한다. 초반 협의회 진행에서 어려웠던 점 중 하나는 회의 진행절차를 지키는 데 너무 많은 시간을 들인다는 점이었다. 서로 다 아는 사이에서도 구성원 소개, 교장 인사, 기도, 회의절차 소개 등등 콘퍼런스를 방불케 하는 진지한 절차에 혀를 내둘렀었다. 절차 간소화를 강조하기도 하고, 수업협의 과정을 즐기는 학교들이 늘어나면서 다소 조절이 되기도 했으나, 여전히 격식을 중요하게 여긴다.

협의회는 토론처럼 갑론을박하는 경우도 있고, 토의의 형태로 더 좋은 방법을 찾아내는 경우도 있다. 한번은 수학수업에 대해 두 교사가 진지하게 논쟁이 붙었다. 나눗셈이 다소 어려워 학생들의 참여가 저조했었는데, 수업시간에 지도한 연산 방식이 맞았는지 틀렸는지에 관한 것이었다. 칠판에 반복해서 문제를 고쳐 풀었고, 그 흥미진진한 과정에 참여하는 교사들도 빠져들고 있었다. 한참 후에 내린 결론은 두 가지 다 답이 나오니 가능하다는 것이었다. 사실 두 분 모두 어려운 방식으로 풀었고 더 쉬운 방법이 있었다. 그렇지만 수학에 한 가지 해법만 있는 게 아니다. 학생들을 지도하는 방법 역시, 하나의 정답만 있는 게 아니다. 서로 이해를 넓혀가는 과정 그 자체를 존중하고, 학생들에게도 이런 식으로 참여와 사고과정을 자극할 기회를 많이 주면 좋겠다는 결론으로 마무리가 되었다.

또 다른 수학 수업의 경우, 겉으로는 무난했었다. 그러나 '바라커스'라는 수학 교구를 사용하는 과정에서 학생들의 오개념은 수정되지 않았고, 오히려 학생들은 숫자의 자릿수를 계속 헷갈려 하고 있었다. 교사가 교구를 정확히 이해하지 못하고 사용하고 있었던 것이다. 협의회를 시작하고도 그 부분이 거론되지 않아 답답한 마음이 들었다. 참다못해 지적을 하려던 찰나, 동료 교사 한 분이 머뭇거리며 교구 사용에 대해 이야기를 꺼냈다. 수업한 교사가 틀린 부분이 없다고 말하자, 그는 앞쪽으로 나가 시범을 보이면서 왜 이 교구를 사용하는지, 어떻게 학생들에게 설명해야 하는지 예를 들었다. 와! 참고 기다리기를 잘 했다.

느리고 답답한 과정이었다. 좋은 방법론은 고사하고, 미리 준비한 수업임에도 스펠링을 틀리는 것처럼 단순한 오류발생도 빈번하다. 애초부터 교사들의 수준이 높지 않기에 SLC의 실효성에 대한 의구심이 든 적도 많았다. 그럼에도 기존의 장학사나 교장처럼 직접적인 수업평가나 오류수정을 하지 않고, 스스로 답을 찾고 만들어 가는 과정을 지지했다. 지적인 수준에서 아쉬움이 있을지언

사진 3.9 **수업참관(좌)/수업 후 협의회(우)(사진: 박수연)**

정, 교사들은 이미 학생들을 가르쳐 온 경험적 지식을 가지고 있다. 무엇보다도 스스로 발견하고 깨닫고 수정한 내용만 끝까지 살아남아 가르침으로 행해지고 지속될 것이라 믿기 때문이다.

문제중심학습(Problem Based Learning: PBL)과 같은 학생중심수업을 시도한 날, 협의회에서 교사들의 반응이 극과 극으로 갈렸다. 학생들이 적극적으로 참여하고, 탐구하며, 수업 후에까지 질문이 계속 나오는 훌륭한 수업이었다. 그러나 새로운 형태에 익숙하지 않았던 교사들도 많았다. 모둠 활동만 하느라 지식이 제대로 전달되지 않았고, 아이들에게 활동 시간을 많이 주어서 교사가 수업시간을 지키지 못했다는 등의 반론이 제기되었다. 토론은 쉽게 끝나지 않았고, 결국 호이팀은 중간에 살짝 일어나서 조용히 돌아가기로 했다. 교사들의 고정관념이 흔들리는 경험, 교사들이 함께 배움을 찾아가는 과정이 학생들에게도 그대로 적용될 것이라는 흐뭇한 기대를 품고선 말이다.

2단계 『팀 만들기』: 백지장도 맞들면 낫다는데

팀 만들기. 사전 수업협의의 개념을 설명했을 때 현지 코디네이터인 엠마누엘이 명명한 이름이었다. 현지 교사들에게 쉽게 와 닿겠다 싶어서 그대로 차용했다. 막상 해 보니 팀이 쉽게 만들어지지는 않았다. 교사들끼리 사전에 따로 모일 시간을 내지 못하거나, 의지가 없거나, 함께 의견을 맞추는 게 더 어렵거나. 그래서 아예 호이가 방문하는 시간을 30분 정도 앞당겼고, 한 주 뒤 수업을 공개할 이들을 불러 모았다.

초등교사지만 담임제가 아닌 과목담당교사제로 운영되기에 수업팀은 과목을 중심으로 짜여졌다. 교재를 함께 펴놓고 어떻게 수업을 진행할지 아이디어를 묻고, 적극적으로 조언을 주기도 했다. 함께 준비한 수업은 팀원 중에서 누가 진행하더라도 할 수 있을 정도로 숙지해 보시라고 했다. 그 이후, SLC는 또 한 번의 변화를 겪게 되었다.

수업준비를 함께, 책임도 함께

오푸코무니 초등학교 4학년 영어수업. 영어과 교사들이 함께 수업을 준비했고, 그 중 아돌프가 대표로 수업을 했다. 활기찬 노래로 시작하더니 한 아이가 포인터를 들고 지난 시간에 배웠던 단어카드를 짚으며 읽었다. 다른 아이들이 그를 따라서 읽었다. 빠르게 모둠활동으로 전환해서 배운 단어로 문장을 만들어보고 발표하고, 다른 모둠에서 틀린 내용도 아이들을 통해 바로바로 수정이 되었다.

‘I like~’ 목표 문장을 소개한 교사는 실물 자료인 음료수와 알코올을 가져와서, 두 아이를 시켜 교실을 순회하며 모든 아이들이 볼 수 있도록 했다. 금세 학생들은 수업내용으로 몰입하기 시작했고, 교사는 예시문장이 써 있는 학습자료를 칠판에 붙여 개인으로, 전체로 바꾸어가며 읽기 연습을 충분히 시켰다. 이윽고 심화 연습에서는 축구공을 제시하며 한 모둠이 나와 축구공을 잠깐 굴리며 좋아한다는 문장 만들기를 했고, ‘singing’을 가르칠 때에는 한 모둠을 세워서 노래를 해보고 좋아하는 표현 만들어보게 하고, 반대로 부정표현인 ‘don’t like’를 가르치기 위해서는 두 명의 아이를 불러 싸우는 척 시키며 큰 소리로 문장을 발화하게 했다.

교사는 표정과 몸짓까지 동원해서 단어의 뜻을 설명했으며 그 과정에서 한 학생이 틀린 문장을 이야기하자, 나머지 아이들이 서로 고쳐보려고 손을 들기도 했다. 앞으로 나와서 발표하는 아이가 틀리면, 다른 아이를 통해 같이 고쳐보게도 하고, 아이들이 많이 틀리는 어려운 단어에 대해서는 예시자료와 부연설명도 빼놓지 않았다. 거의 모든 아이들이 실제 상황에 가깝게 의사소통 상황을 돌아가며 발표했다. 발표하는 아이들의 표정은 자신감으로 가득 차 있었으며, 그 중에 교사는 연습에 잘 끼지 못하는 두세 명의 아이들을 격려하는 부분까지 놓치지 않았다. 교실은 활발하며 질서 있었고, 아이들은 공부를 하면서도 충분히 즐거웠다. 학습목표에 도달하는 동안, 교사도 학생도 배우고 성장했다.

사진 3.10 **몰입감이 높았던 영어수업(사진: 박수연)**

수업이 끝난 후, 협의회는 오히려 차분하고 조용했다. 모두가 충분히 감동을 받았고, 같이 수업을 준비한 교사들은 자부심에 눈을 반짝였다. 교사와 아이들이 함께 배우고 익히고, 몰입한 수업을 봤으니, 말로 일일이 설명하지 않아도 벅찬 감동이 전달되었다. 수업준비, 시연, 그리고 평가에 이르기까지 교과 팀이 함께하는 모습을 칭찬했다. 여럿이 함께 책임을 공유하게 되자, 협의회에서도 개인의 실력이 아니라 수업장면에서 일어난 학습자의 배움과 교사의 성장에 대해 훨씬 자연스럽게, 부담없이 이야기를 진행할 수 있었다. 무엇보다도 이러한 성취를 통해, SLC를 '우리'의 것으로 여기고 있다는 느낌이 들기 시작했다.

의사소통이 달라지면 문화가 달라진다

아와치 초등학교는 문제가 크지 않아보여서 오히려 애매한 경우였다. 1군 학교 중 하나로, 가장 오랜 시간을 보냈지만 변화의 속도는 더뎠다. 지난 SLC에서 나온 이야기가 다음 수업에 반영되는 바가 없었고, 겉으로는 열심히 하는 것처럼 보이는데, 뚜렷한 변화는 없이 이전 습관대로 수업을 했다. 과학 시간에 꽃에 대해서 수업을 하면서 교실 밖에 꽃들이 만발함에도, 교사는 하던 그대로 교과서 그림을 확대해서 그린 그림을 가지고 와서 더욱 어렵게 설명하는 식이었다. 교장의 강력한 리더십은 교사들을 일하게는 만들었지만, 억지로 끌려오는 느낌이었다.

2단계로 진급을 시키면서도 쉽게 믿음이 가지는 않았다. 그런데 의외로 2학기 중반을 지나면서, 아와치 학교에 수업 전 준비모임이 활성화되기 시작했다. 호이가 방문하면 이미 교사들이 삼삼오오 모여앉아서 수업에 관한 이야기를 나누고 있고, 자신의 차례나 해당 과목이 아님에도 불구하고, 일상적인 대화처럼 한두 마디씩 아이디어를 덧붙이기도 했다.

7학년 사회수업에 학생 수는 60여 명. 일부는 모둠 형태로 일부는 앞을 보는 배치로 다양한 책상구조를 하고 있었다. 이날 참관교사는 14명으로 그동안에 비해 가장 많은 수였다. 수업이 시작되자 교과서 4권이 등장했다. 교사는 주저하지 않고 15명 정도를 한 그룹으로 지정해 책을 한 권씩 나누어 주고, 오늘의 도전과제를 알려주었다. 국제 및 지역 기관의 이름, 역할, 목적에 대한 내용인데 학생들은 최대한 머리를 맞대고 소곤소곤, 그러면서도 의견을 나누는 듯 보였다. 이어서 전체 활동으로 집중시키며, 먼저 해결한 모둠부터 칠판에 한 명씩 나와서 답을 쓰고, 다른 모둠과 맞추어 보고, 학생들의 생각을 물으며 과제를 해결해 나갔다. 추가적으로 교사가 제작한 차트가 학습 자료로 칠판에 붙었고, 학생들에게 질문이 주어졌다. 한 학생이 손을 들어 답을 하면 그에 대한 칭찬과 피드백이, 그리고 먼저 발표한 학생의 답에 부연해서 또 다른 답안을 발표하는 학생들까지 나오며 점차 수업 계획에서 의도한 학습목표로 다가가고 있었다. 부족한 내용을 부족한 수의 교과서에서 찾는 노력들까지 포함해서 말이다.

보여주는 수업을 해야 한다는 부담감을 벗은 것일까? 한두 교사에게만 주목하는 구조에서 발언기회가 골고루 넘어가서일까? 자꾸만 참여를 독려해서였을까, 혹은 다른 학교들이 점점 잘하는 상황에 자극을 받아서일까? 정확한 원인은 알 수가 없었지만, 그 변화가 반가웠다. 아와치 학교 선생님들 또한, 자신들의 변화와 수업의 개선을 읽어냈다. 자부심 가득한 표정은 물론이고, 이전과는 다르게 협의회에서 서로 간의 진심어린 격려와 칭찬이 오고갔다. 15명이 한 모둠으로 어떻게 활동이 가능하냐는 한 교사의 질문에 사회과 팀 중 한 분이 '우리가 가진 자원을 최대한 활용한 수업이었다. 자료가 부족하다고 포기할 수는 없다. 현재에서 최선을 다한 것이며, 그 이상으로 잘 활용하기는 어려웠을 것이다.'라고 대답하셨다. 협의회에 모인 교사들이 다 같이 고개를 끄덕이며 공감했다.

다음 주 SLC에서 아와치 수학교사 팀은 5학년 기하 수업을 함께 준비했고, 학생들은 자, 컴퍼스, 각도기를 가지고 수직선 그리는 방법을 배웠다. 호이가 작년에 지원한 학습교구가 배움에 활용이 되는 장면이었다. 이 날은 학부모를 초청한 수업이었음에도 누군가를 의식하지 않은 채 온전히 학생들과 교사가 주인공이 되었다. 단정하기 어렵지만, 교사들 사이에 수평적 구조의 대화가 자리잡고 있는 게 아니었을까.

사진 3.11 **팀으로 수업을 협의하고 준비하는 교사들(사진: 박수연)**

학교 밖으로 나온 교사들: 대표급 교사가 모이다

SLC 3단계인 '학교 프로젝트'를 시행하기 전, 학교별로 교사 몇 분은 프로젝트를 경험할 기회가 있었다. 2단계 SLC에 추가되는 '전문학습공동체(Professional Learning Community, 이하 PLC)'가 그것이다. PLC는 선별된 교사를 대상으로, 주말을 이용해 컴퓨터 활용능력 및 과목 전문성을 신장시킨다는 목표를 가지고 있다. 첫 학기, 각 학교에서 영어와 수학교사 1명씩, 총 12명이 초청되었다. 각 학교에서 추천한 교사들인데, 이는 교사들에게 또 다른 유인가가 되기도 했다. 전기

수급이 원활하지 않은 환경임에도 교사는 물론 아프리카 사람들에게 ICT는 새로운 세계를 향한 꿈이고 환상이기 때문이다.

PLC 교사들은 컴퓨터의 기본기능을 배우고, 영어와 수학과 교육과정 한 부분에 대해 함께 연구를 진행하여, 팀 협력으로 수업교재를 만들었다. 정해진 기한에 협력하고 산출물을 만드는 일련의 프로젝트 과정을 맛보았던 것이다. 각자 학교 대표라는 책임감이 묵직했고, 컴퓨터를 처음으로 접해보는 이들의 호기심도 한몫 했다. 주말 과정임에도 지각이나 결석이 거의 없음은 물론, 짬을 내어서 더 많이 연습하고, 탐색하는 모습들이 정말 '전문가'로 가는 과정을 방불케 했다.

더 좋은 수업계획, 더 나은 평가문항을 만들어 본 샘플 교재는 소책자로 출판되어 학교들에 배포되었다. 그 안에 참여한 교사들의 얼굴과 이름이 실렸고, 자부심은 한층 높아졌다. 운영 초반, 시험적으로 진행비용 일부를 팀에 맡겨 직접 필요한 학습 재료와 간식을 준비하게 했다. 처음이다 보니 5~6주 정도의 행정 예산을 현금으로 주는 시도가 조금은 불안했다. 현지 코디네이터였던 엠마누엘은 교사들에게 '개인의 용돈이 아니다.'라는 점을 몇 번이고 강조했었다.

학교대표로 모인 그들, 충분한 신뢰관계가 쌓였던 걸까. 우려를 훌쩍 뛰어넘어 투명하고 성실하게 행정적인 처리를 잘 해주셨다. 같은 책, 학습 교구라고 하더라도 호이가 사서 배달하는 것보다 스스로 구입한 물건에 훨씬 더 애정을 가지고 챙기며 정리했다. 간식 예산마저도 아껴 쓰는 모습을 보여줬다. 이를 통해 호이는 점점 학교와 교사들을 믿고 예산과 회계 등에서 더 많은 권한을 넘길 수 있게 되었다. 동시에 이 과정과 컴퓨터 기본 기능을 익힌 대표 교사들은 각자 학교로 돌아가서 3단계 학교 프로젝트에 대한 이해를 돕고, 책자 출판 과정을 이끄는 등, 여러 면에서 시너지를 만들어 냈다.

사진 3.12 **PLC 활동 중인 각 학교 대표급 교사들(사진: 오지영)**

전기 없는 우간다 학교에 ICT 교육이 가능할까

개발도상국에는 ICT(Information and Communication Technology)활용 교육에 대한 환상이 있다. 기자재가 없어서 지식정보사회로 진입하지 못하는 것은 맞지만, 기술이 언제나 결과를 보장해 주는 것은 아니다. 그럼에도 불구하고 학교 구성원들은 ICT 연수를 강력하게 원한다. ICT가 학습효과를 향상시켜 줄 것이라는 믿음도 있지만, 교사 개개인의 미래사회 역량과도 관련이 깊다. 실질적으로 ICT 교육에서 실행 예산보다 더 큰 장벽은 인프라이다. 전기 공급이 불안한 곳, 더 나아가 전기 공급이 없는 학교에 ICT 교육 도입은 고민이 많을 수밖에 없다. 기술이 있어도 활용할 수 없는 환경, 게다가 이미 ICT 기자재나 교육을 받아본 경험이 있는 현지의 학교와 교육기관을 방문했을 때, 얼마나 빨리 그것이 방치되고 무용지물이 되는지 눈으로 확인했었다.

PLC는 고민 끝에 제시한 대안적 프로그램이다. ICT 기능 교육에 대한 비중보다 이를 활용해서 수업연구를 더 많이 하는 방향으로 접근했다. 최소한 초반의 선택은 옳았던 것 같다. 첫해에는 영어와 수학, 다음 해에는 사회, 과학과 교사로 범위가 확대되었고, 산출물이 꽤나 많아졌다. 학교 프로젝트와 맞물려 시너지를 낼 수도 있었다. 그러면서 파트너 학교 교사들 사이에 ICT 연수에 대한 요구는 높아져만 갔다. 현재는 전체 교사를 대상으로 ICT활용 방법을 가르치고 있다.

여전히 우간다 시골 학교에는 전기도, 기자재도 없다. 지역사회의 발전 속도는 교사들의 성장속도보다 느리다. 이 부분에 대한 고민은 사실상 지금부터이다.

3단계 『학교 프로젝트』: 학교에 자율성을 허하라

SLC의 마지막 3단계 '학교 프로젝트'는, 학교 전체의 책임 공유와 참여를 바탕으로 주도적 문제해결에 도전해 보는 것이다. 2단계 SLC에서 팀워크의 진전, 수업과 조직문화의 변화가 보이면, 3단계로 진급할 수 있다. 교사와 학교의 동반성장을 SLC의 비전으로 제시했을 때, 최종 도달지점은 학생과 지역사회에 대한 기여였고, 그 안에서 역할을 찾아내는 것은 교사들의 몫으로 열어두었다. 이에 따라, 실행 가이드라인을 제시할 때에도 그 범위가 '학생들의 문해와 수리능력 향상, 학생과 교사의 리더십 역량, 학교 정책이나 구조, 문화적 측면, 교사의 교수 역량, 그리고 이 모든 주제를 아우르는 학교 전반적인 발전'까지 폭넓게, 구성원이 합의한 내용이라면 가능한 모두 시도해 볼 수 있도록 안내했다.

3단계부터는 호이가 매주 방문하는 형식이 아니라 학교가 자율적으로 프로젝트를 운영하는 가운데, 사전, 진행, 사후 과정을 사진과 문서를 통해 기록하고 보고하는 방식으로 운영된다. 회계문제와 관련해서는 기한 내에 총 3회에 걸쳐, 허가된 예산 범위 내에서 정당한 집행, 증빙자료와 영수증 등이 인정되면 다음 회 예산이 배분되도록 했다. 최종 산출물에 대해서는 전시회 등의 형태로 지역사회와 성과를 공유하는 것까지 포함되었다.

교사 중심으로 학생, 학부모의 참여를 이끌다

처음으로 프로젝트를 진행한 오푸코무니 초등학교, 전체 워크숍에서 "이 학교만 3단계로 진급하게 되었습니다."라고 발표하자, 교사들은 환호를 지르며 기뻐했다. 하고 싶은 것을 해 볼 수 있고, 예산편성의 자율성이 보장된다는 점, 무엇보다 '인정' 받았다는 자부심과 기대에 부푼 교사들의 눈빛이 반짝였다. 문제설정과 프로젝트 주제에 대해 한참을 토의했다. 그러더니 교사들은 교과서가 없는 상황을 극복하기 위해 전 학년, 전 교과의 수업자료를 만들고자 했다.

우리는 '그건 무리'라고 만류했다. 한 학기, 고작 석 달 남짓한 기간 동안 너무 많은 것을 이룰 수는 없다고, 목표를 조정하고 타협을 했다. 그럼에도 결과적으로 이들은 목표한 바를 훨씬 넘어서는 산출물을 만들어 냈다. 스스로 만들어 낸 진행 과정도 무척 체계적으로 학교 구성원 모두에게 명칭과 역할을 세세하게 부여했다. 예산 계획을 같이 세운 후, 현금을 보관하고 내주는 역할, 물건을 사서 운반하는 역할, 그 과정을 다시 한 번 감시하고 확인하는 역할 등등을 확실하게 구분했다. 가장 참여가 저조하던 시니어 교사에게는 총괄 매니저 역할이 맡겨졌다.

오푸코무니 학교는 매번 기록을 갱신했다. 상황 점검과 예산 배분을 위해 학교를 잠깐씩 방문할 때마다, 계속해서 달라지는 상황이 보였다. 그간 우간다 학교에서 보기 힘들었던 미술, 실과 시간이 살아났고, 학생들과 교사들이 똘똘 뭉쳐서 창의적인 교구를 만들어 냈다. 교구는 반복적으로 사용할 수 있도록 내구성을 더하고,

사진 3.13 **프로젝트 결과를 발표하는 선생님들(사진: 오지영)**

교사들이 전부 제작하기 어려운 자료는 학부모 중에 재능 있는 분께 지원을 받기도 했다. 학교환경 또한 학생 배움에 친화적이며 수업과 관련 있는 내용으로 채워졌다. 자료 하나하나에 학생들의 문해와 수리 능력을 향상시키기 위한 교사들의 고민이 보였다. 아이들과 함께 지역의 이야기를 소재로 짧은 동화책을 만들어 수업교재로 활용했고, 이런 내용들은 추후 전시회 때 다른 학교들에게 영감을 주고, 지역의 이해관계자와 교육장으로부터 큰 격려를 받기도 했다.

성공적이었던 첫 프로젝트를 완료한 후, 이 학교가 선택한 두 번째 학교 프로젝트는 평가 문항집 제작이었다. 영어, 수학, 과학, 사회과를 망라하는 방대한 작업이었다. 직접 그림을 그리고 타자를 치고, 나름 문항 검증까지 거치며 결과물을 만들어냈다. 수업 틈틈이 모여서 연구하고, 회의하는 모습이 담긴 사진들 속에는 교사들

사진 3.14 **배움에 친화적인 학교를 만들어가는 교사와 학생의 노력(사진: 조현아)**

의 땀과 진심이 묻어나 있었다. 이 학교의 학생 수 또한 폭발적으로 증가하고 있었다.

우리의 문제는 우리의 힘으로

오푸코무니 학교 프로젝트의 성공은 다른 학교들을 자극할 수 밖에 없었다. 부러워했고, 따라하고 싶어 했다. 특히 오라포요 초등학교가 그러했다. 어렵게 3단계에 도달했을 때 그들도 학습 교구를 만드는 프로젝트를 해 보겠다고 계획서를 제출했고, 이는 보류 당했다. 오라포요 학교에서 SLC에 열심히 참여하는 교사들을 만나 이야기를 나누었다. 지금 가장 시급한 문제는 교과서도 교육 자료도 아니라는 점, 교사들의 결근과 무기력, 방만한 학교 조직문화가 더 큰 문제라는 점을 지적했다.

그러자 그들은 그 동안 어려웠던 점을 다시금 털어놓기 시작했다. 다른 학교와는 달리 교사들은 제대로 된 점심식사조차 먹지 못하고 근무를 해야 한다는 것이었다. 열악한 지역사회의 경제력 탓에 학생들이 학비조차 감당하기 어렵고, 교사들의 복지도 당연히 우선순위가 밀릴 수밖에 없다는 것, 2년 전부터 학부모들이 교사 점심식사 지원을 거부했다는 점이 다시 거론되었다. 이에, 오라포요 초등학교가 학부모들로부터 신뢰를 얻고, 다시 점심지원을 받는 것을 최종 목표로 조정했다. 가장 단기간에 성과를 보여줄 수 있는 방법은 초등졸업시험(PLE)에서 최대한 많은 7학년을 통과시키는 것. 물론 이런 프로젝트는 아주 예외적인 상황이라는 점도 강조했다.

시험이 몇 주 남지 않은 상황이었으나, 최선을 다해보기로 하고 도전을 시작했다. 며칠 후 프로젝트 개시를 위해 학교를 방문했을 때 놀라운 상황이 벌어졌다. 이미 교사들은 팀을 조직하고, 순서와 역할을 나누어서 보충수업을 시작하고 있었던 것이다. 호이가 한 일은 단지, 주말에도 학교에 나오는 학생의 간식이나 교사들의 수당을 허용한 정도였다. 이후의 과정 전체는 SLC 교사들이 완전히 장악했다. 교재 선정, 아침자습, 주말보충수업 등등 최대한의 집중력을 발휘하여, 부업인 농사일도 잠시 미루고 학교에 상주하면서 아이들에게 매달렸다. 처음으로 오라포오 학교에 살아있는 눈빛, 교사와 아이들의 생기를 보았다.

시험이 끝나고 교사들은 그간 가르친 교재, 문항지를 갈무리해서 다음 학년 아이들을 위한 교재 제작으로 이 프로젝트를 마무리했다. 결과는 성공적이었다. 7학년 아이들의 성적이 올랐고, 졸업시험 통과 비율은 높아졌으며, 이듬해부터 오라포요 학교의 학부모들은 교사들의 점심지원을 시작했다.

사진 3.15 **오라포요 학교의 반전, 학생들이 좋은 성적을 거두고 기뻐하는 모습(사진: 오켈로)**

아쉬움 가득한 졸업

영원하게 지속되는 원조는 없다. 프로젝트를 끝내는 시점이나 방법에 대해서는 양측이 함께 고민해야 하지만 결코 입장이 같을 수 없다. 학교와 교사들은 지원이 계속 되기를, 오히려 더 커지고 늘어나기를 바란다. 호이 입장에서는 그들이 얼른 성장해서 스스로 자립하기를 바란다. 그런 이유에서 '졸업'이라는 용어를 사용했다. 더 큰 도약을 기대하는 마음을 담았고, 무엇보다 학교 상황에 익숙한 용어이기 때문이다. 당시로서는 졸업 후의 상황을 지원할 근거나 청사진이 없었다는 점이 한계이기도 했다.

2015년부터 동고동락한 3개의 1군 학교가 동시에 졸업을 했다(이즈음 3군 파트너학교 3개가 선발되었다). 오푸코무니 학교는 2번의 학교프로젝트를 진행하는 내내 과정도 결과도 훌륭했다. 아와치 학교는 1번의 학교프로젝트를 진행했고, 나쁘지 않았다. 오라포요 학교는 우여곡절 끝에 호이가 더 깊숙이 개입했지만, 결론적으로 학부모들의 인정을 받으며 결과를 잘 만들어주었다. 그 성취를 축하하는 졸업식을 성대하게 열었다. 지역인사, 학부모, 그리고 교사들의 가족까지 초대했다. 프로젝트 성과를 전시하고, 개별 교사와 각각 학교들을 모두 시상했다. 후발주자인 2, 3군 학교들에게 호이 프로젝트가 '끝이 있음'을 보여주고자 하는 의도도 담았다. 이 자리에서조차 이해관계자 대부분은 호이 프로젝트가 더 많은 학교들로 확대되어야 한다고 이야기했다.

1군 학교들이 잘 성장했지만, 자립할 조건이 갖추어졌을지 물어본다면 단언컨대 그렇지 않았다. 교장의 리더십은 물론, 학교 예산, 지역사회의 여건 등등 나아진 조건은 하나도 없었다. 모든 것이 그대로인 상황에서 오로지 교사들의 역량만 조금 올라갔다. 과연 그 교사들이 변화의 주역이 될 수 있을까? 호이가 방문하지 않아도 그들 스스로 학교 공동체를 가꾸어 나갈 수 있을까? 그들도 호이도 불안하기는 마찬가지였다. 1군 학교 출신의 교사들을 활용해 다른 학교의 수업개선을 지원하는 강사로 활용하는 방안, 모니터링 비용을 교육청으로 지원해서 교육청 장학사에 의한 관리지원을 확대하는 방안, 약간의 예산이라도 학교에 직접적으로 지원하는 방안 등등 후속조치에 대한 고민이 늘어갔다.

이듬해, 2군 학교들은 기관 사정으로 프로젝트를 한 학기 늦게 시작했고, 졸업도 한 학기 연기되어 2017년 말에 졸업을 했다. 그 중 아부가 학교는 빠른 진급으로 학교프로젝트만 3번을 실행하다 보니 오히려 수업에 대한 아쉬움을 나타내, 후반부에는 공개수업을 다시 추가하여 병행하기도 했다. 그 외에 아티양과 로토빌로 학교는 비슷한 규모와 성과로 학교프로젝트를 마무리 짓고 졸업을 했다.

사진 3.16 **학교별 특색이 드러나는 프로젝트 결과물 전시회(사진: 오지영)**

과연 졸업한 학교들은 어떻게 운영되고 있을까?

Chapter 10
교사 성장과 함께 한 5년, 성공과 실패

호이 파트너 학교들은 크고 작은 변화를 경험했다. 교육과 성장이라는 측면에서 성공과 실패를 거론하기는 어렵지만, 만족도 설문이나 간담회, 심층 인터뷰 등을 통해 성과를 짐작해 볼 수 있었다. 문항으로 나타내기 어려운 내용도 당시의 상황과 교사, 아이들을 통해 짐작할 수 있었다.

수업이 달라지다

초기에 관찰되는 수업 대부분은 교사의 설명과 학생들의 필기였다. 칠판의 판서를 베껴 쓰는 학생들은 알파벳을 한 자, 한 자 그리듯이 글을 베꼈다. 그 의미를 알고 어휘나 문장을 기억해서 쓰는 게 아니었다. 교사가 큰 소리로 단어나 문장을 읽으면 학생들은 더 큰 소리로 따라서 말해보지만 전혀 와 닿지 않는 멍한 얼굴로 앉아 있었다. 열심히 가르치지만, 학생은 정작 잘 배우지 못하는 수업은 학교를 불문하고 많이 보이던 풍경이었다. 학급당 인원수가 3, 40명에서 많게는 100명이 훌쩍 넘는 교실에서 무엇을 기대할 수 있을까? 저학년은 주의력이 부족한 시기고, 고학년은 학습격차가 벌어지고 관심사에서 멀어진 탓에, 칠판을 쳐다보지만 눈에는 초점 없는 아이들이 대부분이었다.

그러나 한두 학기가 지나면서부터 교실의 풍경이 조금씩 달라졌다. 수업 상황이 좀 더 다양하고 풍부해졌다. 공개를 위한 수업임에도 한 시간 내내 지문 한 편만 읽고 있거나, 교사의 설명만 공허하게 울리는 모습은 사라졌다. 대신 그 시간이 학생들의 배움을 고민하는 다양한 시도들로 채워졌다. 물론 시행착오와 실수도 많았다. 영어 수업을 위해 단어와 그림 카드를 많이 만들었는데, 막상 효과적으로 사용하는 방법을 몰라서 카드 따로 읽기 따로 진행했던 수업, 과학 실험을 하겠다고 준비는 했지만 열악한 도구로 시범실험을 하다 보니 이도저도 아닌 민망한 결과를 도출했던 수업, 두 교사가 팀티칭을 한다고 해서 기대를 했는데, 한 교사가 아이들이 해야 할 동작시범을 내내 하고 아이들은 그저 쳐다보던 수업, 문해 수업에 실물자료를 이용하려는 열정이 지나쳐서 살아있는 곤충을 아이들 손에 쥐어준 통에 그날은 벌레해부 장면으로 끝을 맺어야 했던 수업 등등.

때로는 지나치고, 때로는 당황스러웠지만, 그런 시도와 시행착오 사이사이에 성취감이 있는 수업, 학생과 교사가 함께 배움을 만들어 나가는 수업들이 생겨났다. 수업에서 노래와 챈트를 적절하게 사용하며 흥미를 유발했다. 자료를 만드는 실력이나 제시, 활용하는 방법도 점점 발전했다. 설명 하나에도 학생을 참여시켜 직접 이야기하게 하고, 학습 중 강화와 보상, 칭찬, 오류 수정 방법도 세련미를 더해 갔다. 첫 시도를 하기까지 걸린 시간과 노력보다 그 이후에 따라오는 동료교사와 후배 학교들이 훨씬 더 빠르게 학습했고, 시행착오도 줄어들었다.

사진 3.17 **눈에 띄게 학생 참여가 높아진 수업장면(사진: 박수연)**

교사가 달라지다

"이제 우리는 더 이상 수업공개나 장학을 두려워하지 않게 되었다."

호이 파트너 학교의 교사들이 이구동성으로 말한다. 모니터링 도중에 지역교육청에서 점검을 나온 장학사를 만난 적이 있었는데, 그 분들이 수업과 협의회를 보고는 "정말 잘 하고 있다. 앞으로도 더 많은 학교를 대상으로 프로젝트를 확대하길 바란다."라고 말했다. 출근을 하지 않거나, 출근을 해도 수업에 들어가지 않던 교사도 많았던 이전 모습과 비교하면, 교사 연구실에서 수업을 준비하는 모습을 비롯해서 교사와 학생들이 호이의 방문을 반기고 기다리기까지 한다는 점은 고무적이다.

길버트(오푸코무니 초등학교 SLC 회장): 교사들은 다양한 영역에서 자신들의 강점과 약점을 발견하고, 이를 긍정적으로 개선하였습니다. 교사와 학생 관계가 훌륭하게 형성되었습니다. 학교 프로젝트를 통해 학생들을 위한 평가 방법론과 교재들이 개발되었습니다.

교사들의 얼굴과 태도에 자신감이 보였다. 성과 지표상의 '교사 효능감'과 동기, 직업만족도 설문에 매년 점수가 상승하고 있다는 점에서도, 교사들 스스로 '좋은 교사'가 되기 위해 노력한다는 것을 알 수 있었다. 무엇보다 좋아진 점은 교사의 출근이다. 프로젝트 전후나, 대조군인 인근 학교들과 비교해 보아도 눈에 띄게 결근이 줄어들고 있었다. 교장이나 SLC 회장, 그리고 교육장까지도 교사 출근율 향상에 대해 입을 모아 성과를 칭찬했다. 자연히 교장이 평가하는 교사업무역량 점수 역시 높아졌다.

또 하나 교사들이 스스로 이야기하는 점은 '체벌이 줄었다.'라는 것이다. 체벌은 회피하는 주제였다. 학교와 지역의 문화가 체벌에 대해 암묵적으로 허용하는 분위기이고, 교사들이 다인수 학급을 잘 운영해 나갈 역량이 충분하지 않으니 체벌은 공공연했다. 다만, 외부인에게 보여주지 않았을 뿐이었다. 그러나 긍정적인 훈육에 대한 많은 연수가 시행되고, 학습자에 대한 이해, 상담기술, 수업 기술이 조금씩 늘어나니 분위기가 서서히 바뀌었다. 어느 순간부터 교사들 스스로 '나는 수업시간에 더 이상 체벌을 하지 않는다.'라고 말하고, 더 나아가 '아이들의 이름을 기억하고 불러주는 교사가 되었다.'라고 이야기했다.

사진 3.18 **학생참여를 높이고, 눈높이를 맞추는 교사의 태도 변화(사진: 박수연)**

이러한 교사들의 태도 변화 과정에도 당연히 실수와 오류가 있었다. 특히 3단계 학교 프로젝트 단계에서 이를 직면할 상황이 많았다. 회계증빙이나 보고서 제출과 같이 약속한 일에 대해서는 수많은 핑계와 이유가 생겼고, 프로젝트 진행도 미루고 미루다 재촉을 여러 차례 받고나서야 겨우 수행하는 학교도 있었다. 예산 신청에 은근슬쩍 주제와 관련 없는 생활필수품을 써내고, 중복 내용으로 계획서를 써내기도 하며, 영수증 발행이 어려운 곳이 대다수인 시골지역의 특성을 활용해서 믿어야 할지 말아야 할지 고민하게 하는 영수증을 제출하는 등의 문제도 있었다. 자율과 책임, 책무를 충분히 경험해보지 않았기에 일어날 수 있는 일들이었다. 협력이 늘 잘 되는 것도 아니어서 교사들 사이에 역할분담의 문제, 불화의 문제 등이 불거지고 실행과정에 난항을 겪는 경우도 종종 있었다.

문제가 발생하면 호이가 개입해 질책하며 채찍을 주고, 그러다가도 희망을 부여잡고 당부와 함께 방향성을 재차 확인하고 격려하며 당근을 제공했다. 비온 뒤의 땅이 굳어지듯 그런 시간과 노력이 반복되며 신뢰가 쌓여갔고, 정도의 차이가 있지만 대부분은 다음 단계로 도약했다. 물론, 교사들의 변화에서 가장 큰 원동력은 서로 믿고 기다려준 학교공동체 안에 있었다.

효과적인 학교로의 도약: 평판이 좋아지다

한국은 교육열이 높다. 그 덕분에 한국이 발전했다고 믿는다. 상대적으로 개도국은 교육에 대한 의지가 낮을 것이라 생각했다. 그러나 의외로 우간다의 교육열도 매우 높았다. 교육을 통해서 신분상승이 가능하다고 믿는 부모들은 앞다투어 자녀를 '좋은 학교'에 보내고 싶어 한다. 빈곤 속에서도 공립학교의 학비를 감당하고, 조금 더 돈을 벌게 되면 사립학교로 보내고, 고위공무원이나 은행장처럼 지역에서 영향력 있는 사람들은 자녀를 수도에 있는 학교로 보낸다. 그리고 더 나은 사람들은 해외로 유학을 보낸다. 모순투성이로 보이지만, 빈곤한 학부모들은 농번기에는 자녀를 농사와 아이 돌보기 등에 동원하다가 시험기간에는 학교로 보내고 좋은 성적을 기대한다. 조금이라도 더 나은 학교가 있다면 과감하게 자녀를 전학 보낸다.

호이 파트너 학교들은 지역사회와 학부모들 사이에서 이른바 '좋은 학교', 혹은 '사립학교 같다.'라는 평판을 얻었다. 프로젝트가 진행될수록, 교사들도 점점 더 학교에 소속감을 느끼고, 자랑스러워했다. 더 나은 학교가 되고 있다는 것은 교사가 먼저 느끼고, 점차 학생으로, 학부모로 전달되었다.

피터(쿨루케노 초등학교 교사): 호이가 우리 학교 뿐 아니라 굴루/오모로 지역에서 하고 있는 일이 무척 기쁘고 반갑다. 교직원, 학교 교육과정이 바뀌고, 많은 변화를 가져왔다. 전부 표현할 수는 없지만 나를 비롯해서 우리 학교 선생님들은 호이가 계속해서 교사들을 지원해 주길 바란다.

오켈로(쿨루오티트 초등학교 학부모 대표): 학부모회를 대표해서 학교가 점점 좋아지고 있다는 점에 감사한다. 선생님들이 수업준비를 열심히 하고, 아이들에게 관심을 많이 갖는다. 아이들의 성적도 좋아졌다. 그리고 여자 아이들의 롤모델이 많이 생겨서 학교에 오는 동기를 심어주고 있다는 점에서 감사하다.

여학생들의 학업중단이 심각한 상황에서 학부모들이 언급한 '롤모델', '동기유발'에 대해 더 많은 고민이 이어졌고, 호이가 여교사와 여학생을 다양한 방법으로 지원하는 계기가 되었다. 학교들의 인지도는 점점 높아졌다. 교사 연수를 진행하고 있으면 지역의 신문, 라디오 기자들이 교사들을 취재하러 왔고, 호이의 노력을 격려하는 메일을 보내기도 했다.

윌프레드(굴루 지역신문사 기자): 우리 신문사는 이번 취재를 통해 귀 기관이 굴루에서 하는 사업에 대한 깊은 감사를 보내며, 아울러 더 많은 학교와 교사를 지원하며 교사들에게 좋은 정신을 심어주기를 바랍니다.

최근에는 중앙 일간지에 사례가 실리기도 했고, 지역 교육장과 행정 정치가도 호이가 개최하는 행사에 참여해 성장을 칭찬하고 교사들을 격려했다. 교사들의 자부심은 더욱 높아졌고, 호이 파트너 학교에는 전입생도 많아졌다.

길버트(오푸코무니 초등학교 SLC 회장): 2014년 이전에는 본교의 전

교생이 392명이었으나, 2016년에는 556명으로 늘어났습니다. 이는 SLC가 활발해지면서 본교의 학습 분위기가 좋아지고, PLE를 준비해야 하는 인근의 4, 5학년들이 본교로 전학을 많이 왔기 때문입니다. (길버트 선생님 에세이 중에서)

학교다운 학교, 삶과 이어지는 교육을 향해

일반적으로 초등 교육은 전인교육을 지향하고, 초등학생들은 꿈을 키우며, 뛰어놀고 공부도 한다. 그러나 우간다 학교의 현실은 정반대다. 초등학교의 성과는 졸업시험 결과에 따라 전국 등수로 나타내진다. 전 국민이 보는 신문에 학교 등수가 게재되는 날이면, 모든 교사들이 결과가 좋지 않을까봐 전전긍긍하고, 아쉽게도 대부분의 공립학교는 끝 순위부터 찾는 게 빠르다. 결국 학교는 등수를 높이기 위해 입시에 나오는 문해(영어), 수학, 사회, 과학 등의 주지 과목만 중심적으로 가르치게 된다.

반면, 호이 파트너 학교와의 간담회나 교사 설문에서 언급된 성과 중에 흥미로운 것은 '다양한 과목의 수업을 하게 되었다.'라는 점이다. SLC 회의가 거듭되고, 관련 내용의 교사연수 과정도 진행되고, 교사들 사이에 토의다운 토의가 진행되면서 아이들의 미래와 진로에 대한 주제가 자주 언급되었다. 시골 아이들 대부분은 상급학교 진학보다 농부나 소상공인이 될 가능성이 많으니, 기초 문해와 더불어 실생활 기술에 관련한 과목과 내용도 학교에서 반드시 가르쳐야 한다는 것이다. 그러다 보니 영어, 수학, 과학 중심으로 진행하던 공개수업 주제 중, 특히 과학수업은 식물이나 가축에 관련한 지식들이 많이 등장했다. 학교 프로젝트를 기점으로 생활 및 실용기술습득을 비롯해 예술과 관련한 다채로운 작품도 등장했다. 비록 초등학생이지만 생계와 집안일을 병행하는 아이들이 많은 탓에, 실생활에서 활용할 수 있는 용품을 만들고, 관련한 기술을 가르치려는 교사들의 고민이 반영되었다. 이러한 활동은 아이들의 삶을 학교 안으로 가지고 들어오는 계기가 되고, 멀리 본다면 학업 중단으로부터 학생들을 지켜줄 수 있는 힘이 될 수도 있을 것이다.

음악이나 체육수업도 점차 늘어났다. SLC 1, 2단계에서 학습교구를 신청할 때, 타악기, 전통악기, 교육용 연습악기들을 신청하기 시작했는데, 그 이듬해부터 MDD에서 성과를 보이며 수상하는 학교도 생겼다. MDD는 'Music, Dance and Drama'의 약자로, 교육부가 주관하는 학교별 예술 경연대회이다. 매년 MDD의 주제와 내용이 정해지면 지역 리그전 형식으로 대회를 거치고, 수상은 지역사회와 학교의 명예로 여겨진다. 그동안 시골학교들은 악기가 없어서, 교사가 없어서, 그리고 의지가 없어서 흐지부지 끝나곤 했기에 그저 남의 일이었던 적이 많았다. 그러다 호이의 지원을 통해 적극적으로 연습을 시작할 수 있게 되었다. 학교를 방문하면, 교실에서는 평소 쥐죽은 듯 소극적인 모습을 보이는 아이들조차도, 연습 때는 완연히 다른 모습으로 '아프리카 스피릿'을 생생하게 보여주었다. 그 아이들을 지도하는 교사들 또한, 회의나 연수에서 보던 점잖은 모습과는 전혀 상반된 모습이라 생경스러우면서도 감탄스러웠

사진 3.19 **스포츠로 똘똘 뭉친 오푸코무니, 오라포요 학생들(사진: 피로신)**

다. 연습이 끝나면, 학부모나 호이를 초청해서 공연을 하기도 했다.

체육 수업은 '게임'을 담당하는 교사가 있어서 아이들과 활동을 한다. 초반에는 체육수업이 SLC의 주제로 주목받지 못했었는데, STIC 등의 워크숍에서 신체 교육에 대한 중요성, 체육수업을 진행하는 효과적인 방안, 교사 대상으로 진행한 운동회 등이 열린 후부터는 부쩍 학교에서도 관심을 갖고 시도해 보는 모습이 늘어났다. 예산 관련 문제로 비록 한 번 밖에 시행하지 못했지만, 호이 주관으로 학교 간 스포츠 대항전을 개최한 적도 있었다. 국가나 지역에서 여는 스포츠 행사에도 가난한 학교들은 소외되기 마련인데, 이날만큼은 그들이 주인공이 된 날이었다. 학교들이 보여준 열기와 준비는 모두의 기대를 훌쩍 뛰어넘어 과열 수준이었다. 교사, 학생, 학부모, 거기에 호이까지, 뜨겁게 하나로 동화되었다. 수준은 아직 높지 않지만, 학교들은 학생들의 삶과 연결된 배움의 장이 되기 위해 꾸준히 노력하는 중이다.

학업성취의 역설

학생들의 학업 성적이 좋아졌다. 교사의 출근율이 좋아지면서 학습 기회가 늘어났다. 학생들의 수업만족도가 크게 향상된 부분으로 미루어 평소 수업의 질과 배움도 향상되었을 것이다. 학교들의 문제점 중 큰 부분이, 7학년이 되어도 읽고 쓰지 못하는 학생들이 많다는 점이었는데, 자체 평가와 졸업시험 점수를 보면 매년 진전이 있었다. 특히, 지역사회의 신뢰를 완전히 잃었던 오라포요 초등학교의 경우는 졸업시험 준비 프로젝트를 시행해 성적이 많이 향상되었고, 학부모회의 교사 급식지원이 재개되어 유지되고 있다.

그러나 시험성적은 프로젝트 결과를 설명하기에는 역부족이다. 한 예로, 가장 좋은 평판을 받고 있던 오푸코무니 학교가 2016년 초등졸업시험 결과에서 가장 낮은 점수를 기록했다. 모두가 충격에 빠졌고, 도대체 무슨 일이 있었던 것인지 따져 물었더니 그에 대한 교사들의 억울한 항변은 다음과 같았다. 학교 평판이 좋아지면서 전입생이 늘어났고, 그 아이들까지 열심히 가르쳤음에도 충분한 준비를 할 수 없던 상황에서 시험을 본 학생들이 많았다는 것이다. 심지어 3명 정도는 임신으로 인해, 출산 직후에 시험을 본 여학생들이었다고 했다. 준비가 안 된 학생들을 왜 걸러내지 않았냐고 했더니, 학교 측에서는 전입생을 막을 명분도 없고, 전입생도 자신들의 학생이기에 열심히 가르쳤고, 나쁜 결과도 그대로 받아들이기로 했다고 한다. 한 명의 학생도 포기하지 않았으니 오히려 칭찬받을 부분이다.

뿐만 아니라 학업성취가 설명하는 영역은 참으로 복잡하다. 그 중 하나가 표준화된 일제고사인데 매 학기마다 주지과목에 한해 2번의 시험을 친다. 시험문항을 교사가 출제하지 않고, 지역구에서 일률적으로 구매해 오고, 이를 채점하면 소액의 채점비가 교사들에게 제공된다. 시험비용은 역시 학부모의 몫이다. 교사의 잦은 결근과 스킬 부족으로 학기 중에 충분히 배우지도 못한 아이들이, 학부모들의 등쌀에 밀려 시험은 꼬박꼬박 본다. 결석을 자주 하던 아이들도 시험 보는 날에는 학교를 나온다. 그 중에 시험지 값을 못 낸 아이는 온종일 다른 친구들이 시험 보는 모습을 지켜보기도 한다. 표준화 된 시험문항의 범위는 학교에서 가르치지 못한 부분이 많다. 암기한 지식을 단답, 서술식으로 쓰는 문제 형태가 대부분이라 영어로 읽고 쓰기가 안 되는 아이들에게는 의미가 없다. 그러다보니 100점 만점에 한 자리 수의 점수를 받는 아이들이 반 가까이 된다. 그렇게 시험을 치르고, 해당 학기가 끝나는 마지막 주는 아이들이 학교에 와도 시험지 채점 때문에 교사들은 수업을 하지 않는다. 통계를 교육청에 제출하기 때문인데 이 모든 과정이 수기로 이루어지며 통계를 모으는 시간은 몇 주가 걸린다. 시험을 봤지만 그에 대한 피드백은 이루어지지 않는다.

사진 3.20 **시험시간이지만 비용을 내지 못한 학생은 그냥 앉아있어야 함(사진: 조현아)**

한 자리 시험점수가 이 아이들의 학업성취를 얼마나 설명할 수 있을까? 반대로 학년통합 토론대회를 하는 날이었다. 토론 진행에서부터 논리를 세우고, 반론하고, 다시 반박하며 대회를 이끌어가는 과정이 아이들에 의해 흥미진진하게 진행되고 있었다. 그 진지함에 보는 이들도 흠뻑 매료될 정도였다. 수행평가로 측정한다면 영어로 읽기, 쓰기는 어렵지만, 듣기 말하기에 기반하는 의사소통 능력에서 대부분이 '아주 우수함'을 받을 수 있을 것이다. 측정조차 하지 않지만, 체육시간에 보여준 신체능력과 참여도 역시 '아주 뛰어남'을 받을 수 있을 것이다. 문해와 수리가 중요하지 않다는 뜻이 아니다. 그러나 현재의 학업성취 측정 방법은 학교와 교사, 그리고 아이들의 성장을 보여주는 부분이 너무 적다.

민주적인 학교 문화? 멀고 먼 여정, 학부모와의 관계

학교 교육의 3주체는 '교사, 학부모, 학생'이다. 그 중 학부모는 불가근불가원의 관계로, 균형을 잘 맞추기가 참으로 어려운 관계이다. 학부모의 영향력이 지나치게 커지면, 교사들의 자율적인 교육활동이 침해될 우려도 있다. 우간다 공립학교들은 학교운영비가 턱없이 부족하고, 의무교육이지만 무상교육을 할 수 없는 환경이라, 상당부분의 학교예산은 학생들이 납부하는 학비에 의존한다. 학부모가 학교를 선택할 수 있으니, 결국 학교예산은 학생수와 학부모의 재정능력에 좌우될 수밖에 없다. SMC/PTA로 불리는 학교운영위원회, 학부모회는 학교의 실질적 운영과 밀접한 관계를 가지고 있다. 1년 예산운용 계획을 세우는 전체 소집일에는 온 하루를 다 써서 회의가 진행되곤 했다. 학생들의 결석과 중도탈락이 많다고 해서 학부모가 학교교육에 관심이 없을 것이라는 우려는 완전히 어긋났다.

그러다 보니, 학교가 학부모의 신뢰를 얻는 일은 예상한 것 이상으로 중요한 일이었다. 특히 졸업 학교들의 경우 호이의 개입과 지원이 끝났을 때를 생각한다면, 교사들의 연구 활동을 지원하는 예산이 필요하다. SLC를 통해 이루어낸 변화가 지속가능하기 위해서는 학교효과성을 입증하고, 이를 통해 학부모 지원을 이끌어 내야만 했다. 그런저런 이유로 매 학기 SLC에 최소 1~2회 정도 학부모 위원들을 초청했다. 수업협의, 프로젝트 발표, SLC 졸업식에도 그들을 참여시키고, 교사들을 지원하는 일의 가치를 보여주고자 했다. 그 결과 졸업한 학교들 중에 SLC가 유지되고 있는 부분은 학부모들의 지원이 가능해서 예산편성이 된 학교들이다. 호이 프로젝트의 지속가능성이 정부에 의해 담보되어야 마땅하지만, 아직은 갈 길이 너무나 멀어 학부모에게 의존해야 하는 상황. 이런 곳에서 교사의 위치는 어떻게 지워져야 할까. 치열하게 고민해야 하는 지점이다.

교장 리더십에 대한 교사들의 문제제기

만족도 조사에서 교장이 평가하는 교사의 업무수행 능력은 무척 향상되었다. 수업준비나 동료 교사 간의 협력, 학생들과의 관계 등등 거의 모든 측면에서 긍정적인 결과를 보였다. 반면, 교사들이 평가하는 교장의 업무수행능력은 큰 폭으로 하락했는데, 예상 가능했던 일이기도 했다. 교장의 권한은 크지만 역량은 크지 않다는 점을 피부로 느꼈던 적이 많았고, 교사들은 성장하고 있는데, 이런 모순이 보이지 않을 리 없었다.

A학교의 사례. 처음에는 학교분위기가 나쁘지 않았다. 프로젝트를 진행하면서도, 회의록 제출이나 SLC 운영에 문제가 없어보였다. 교장이 수업협의에 잘 참가하지 않는 학교들도 있는 데 비해, 이 학교는 교장의 참석이나 문서제출 협조도 꽤 좋은 편이었다. 학기 시작, 오리엔테이션을 위해 학교를 방문했을 때였다. 수업 공개 순서를 정하는데 '교장선생님' 수업을 보자는 식의 이야기가 나왔고 전체에 묘한 긴장감이 흘렀다. 우간다 초등학교에서는 교장도 수업을 하기에 제안으로 볼 수도 있겠지만, 당시 교사들의 표정은 어딘

지 모르게 불편해 보였다. 이후 몇 주 동안 표면상으로 별 문제없이 SLC가 흘러갔지만, 수업이나 회의에서 교사들의 열정, 진정성, 의지가 크게 느껴지지 않았다. 호이가 줄 수 있는 피드백도 깊이를 더하지 못하고 아쉬움이 남았다. 이렇다 할 개선점을 찾지 못하고 한 학기가 끝나갈 무렵, 그 학교 교사 한 분이 교장의 예산횡령 비리에 대해 호이에 밀고(?)를 했다. 국가에서 교부되는 예산과 학비로 받는 금액은 교장과 학부모 운영위원장 두 명만 인출할 권한이 있다. 물증을 제시할 수 없었지만, 정황증거로 보아 그 예산의 상당 부분이 학교 운영으로 쓰이지 않고 사라진다 했고, 그 때문에 교장에 대한 불신과 불만이 날로 고조되고 있었던 것이다.

또 다른 예는 교사들의 단합이 잘 되었던 B학교의 사례이다. 아주 빈곤한 주변 환경에도 불구하고, 시니어 교사부터 주니어 교사까지 긍정적이고 성실한 곳이었다. 특히 초반에 교장이 협조적이고 열정적인 모습을 보였다. SLC에서도 적극적으로 협의를 했고, 그 덕분에 SLC 회장도 교사들도 더더욱 열띤 모습을 보이곤 했다. 그렇지만 학교방문 횟수가 점점 늘어나면서, 교장이 회초리를 들고 교실을 돌아다니며 직접 훈육을 하는 모습, 교복을 입지 않거나 학비를 내지 못한 학생들을 전부 집으로 돌려보내는 등 다소 억압적인 상황들이 눈에 들어오기 시작했다. 그럼에도 교사들의 수업 역량과 협력 문화는 학교 프로젝트를 충분히 시행할 만 했기에, 3단계까지 진급을 했다. 프로젝트 시작 후 학교를 방문했더니, 교사들이 두 파로 나뉘어 갈등을 겪고 있었다. 의사소통에 문제가 있었던 것 같아 여러 교사들과 개인, 집단으로 상담을 해 보았다. 그리고 논란의 중심에 교장이 있다는 점을 알게 되었다. 프로젝트 예산이 들어오자, 교장은 그 예산을 다른 곳에 쓰고 싶었고, 자신이 원하는 방향으로 의견이 관철되지 않자 자신 뜻에 반대하는 교사들을 학교 공동체에서 배제시키려 했던 것이다.

교장, 리더의 역할은 참으로 어렵다. 교사들은 아무것도 하지 않는 교장에게는 큰 불만을 표시하지 않았는데, 기대 자체가 없기 때문이기도 하다. 반면, 민주적이지 않은 상황, 정당하지 않은 상황들에 대해서는 교사들이 반기를 들었고, 이때 교장들은 불편한 나머지 호이를 일부러 피하기도 했다. 외부인인 호이에게 교장들의 행동을 제재할 권한은 없다. 다행인지 불행인지, 문제를 일으킨 교장들이 적절한 시기에 전출을 가서 현재까지 큰 갈등의 국면을 맞이한 적은 없었다. 그러나 이러한 갈등이 해결되지 않은 상태는 학교공동체에 상흔을 남기고, 진전보다 더 큰 후퇴를 만들기도 한다.

교사-교장의 갈등, 그 복잡한 권력관계

학교공동체 안에는 다양한 권력관계가 형성된다. 교사와 학생, 학교와 학부모, 교사와 교장 등등. 기존의 감추어진 관계가 호이의 개입으로 인해 첨예하게 드러나고 갈등하게 되는 경우도 있었다.

C 초등학교는 초반부터 교장과 SLC 회장 사이에 의견불일치가 잦았다. 불화가 극에 달했던 즈음, SLC 회장이 사무실을 따로 방문, 상담을 신청해 왔다. 그동안 겪었던 어려움들, 교사들을 연구하

는 분위기로 이끌려고 할 때마다 번번이 교장이 방해를 했으며, 이제는 방해를 넘어 시기와 질투로 교육청에까지 자신을 모함한다고 했다. 더 이상은 학교에서 근무하기가 어렵다고 판단, 다른 학교로 전출신청을 고민하고 있었다. 그 다음 주, 호이는 해당 교장을 면담했다. 이 갈등을 풀 수 있는 실마리가 있을까 해서였다. 교장에게 더 많은 책임이 있어보였으나 단정할 수 없는 문제였고, 무엇보다도 호이는 권한이 없었다. 교장 입장에서 고충을 듣고 난 후, 책임자로서 학교를 좀 더 평화롭게 이끌어 달라는 부탁을 드리고, 호이는 지원과 동시에 늘 지켜보고 있다는 요지로 상담을 마칠 수밖에 없었다. 잠깐 조용한 듯 했으나 불똥은 다른 곳으로 튀었고 결국, 여교사 한 분이 마녀사냥을 당하고 지역사회에서 퇴출당했다. 교장의 권한은 생각보다 막강했다. 그런 에너지를 내부의 문제해결에 긍정적으로 활용한다면 얼마나 좋을까.

또 다른 권력관계의 대치점인 D 초등학교. 모든 프로젝트에서 최고의 학교로 이름을 떨쳤고, 항상 기대 이상의 모습을 보여주었던 그 곳에서, 졸업을 한 후 문제는 터졌다. 그 어느 곳보다도 SLC 회장의 리더십이 빛났던 곳이고, 교장은 뒤에서 묵묵히 교사들을 지원하는 위치라고 여겼었다. 다만, 둘의 문제해결방법은 서로 조금 달랐다. 예를 들어, 시니어 교사 중에 문제를 자주 일으키는 분이 있었다. 연수 장소에 술을 마시고 와서 주정을 부린 적이 있었는데, 그때 교장은 그 교사의 손을 잡아 이끌고 잘 타일러서 집에 보냈다. 반면에 SLC 회장은 학교 프로젝트를 시행하며 그 분을 '프로젝트 매니저'라는 역할로 책임을 지워드렸는데, 프로젝트에서 딱히 산출한 결과가 없었음에도 발표회 날 그 문제교사는 자신감에 차서 학교를 소개하고, 스스로 발표회 장소 정리까지 도맡아 해서 놀라움을 자아냈다. 안팎으로 잘 조화되는, 이상적인 리더십이라 생각했다.

그러나 졸업 후 드러난 사실은 반대였다. 교장은 영어를 잘 못할 뿐 아니라, 처음부터 자신이 주역이 될 수 없다고 생각해서 전면에 나서지 못한 것이었다. 그 과정에서 교사들의 성장을 시기하고, 자신의 존재가 작아지는 데 대해 굉장한 열등감을 가지고 있었다는 것이다. 자신의 세력을 키우기 위해, 일부러 글을 못 읽는 학부모들을 운영위원으로 임명하고, 졸업 후 SLC의 주역이었던 교사 대부분을 전출 보냈다. 그것도 모자라, 남아있는 교감마저 모함해 전출을 보내고자 했다. 이 학교의 높았던 자부심과 교사들의 사기는 서서히 사라지고 있는 중이다.

지속가능성을 찾아서

2017년부터 호이 사업에서 '졸업'하는 학교들이 생겨났다. 3단계 프로젝트를 무사히 끝낸 것만으로도 감사한 일이건만, 조금 더 큰 기대가 있었다. 졸업한 학교들이 SLC를 스스로 이어가며 성장하고 있길 바랐다. 부푼 마음을 안고 2018년 여름, 졸업한 학교와 졸업을 앞둔 학교들을 찾았다.

<table>
<tr><th rowspan="2">연도 · 학기
학교 이름</th><th colspan="3">2015</th><th colspan="3">2016</th><th colspan="3">2017</th><th colspan="3">2018</th></tr>
<tr><th>1학기</th><th>2학기</th><th>3학기</th><th>1학기</th><th>2학기</th><th>3학기</th><th>1학기</th><th>2학기</th><th>3학기</th><th>1학기</th><th>2학기</th><th>3학기</th></tr>
<tr><td>아와치
(Awach)</td><td>준비단계</td><td colspan="2">1</td><td colspan="2">2</td><td>3</td><td></td><td></td><td></td><td></td><td></td><td></td></tr>
<tr><td>오푸코무니
(Opukomuny)</td><td>준비단계</td><td colspan="2">1</td><td>2</td><td colspan="2">3</td><td></td><td></td><td></td><td></td><td></td><td></td></tr>
<tr><td>오라포요
(Orapwoyo)</td><td>준비단계</td><td colspan="2">1</td><td colspan="2">2</td><td>3</td><td></td><td></td><td></td><td></td><td></td><td></td></tr>
<tr><td>아부가
(Abuga)</td><td></td><td></td><td colspan="2">1</td><td>2</td><td colspan="4">3</td><td></td><td></td><td></td></tr>
<tr><td>아티양
(Atyang)</td><td></td><td></td><td colspan="2">1</td><td colspan="2">2</td><td colspan="3">3</td><td></td><td></td><td></td></tr>
<tr><td>로토빌로
(Rwotobilo)</td><td></td><td></td><td colspan="2">1</td><td colspan="2">2</td><td colspan="3">3</td><td></td><td></td><td></td></tr>
<tr><td>쿨루케노
(Kulukeno)</td><td></td><td></td><td></td><td></td><td colspan="2">1</td><td colspan="3">2</td><td colspan="2">3</td><td></td></tr>
<tr><td>쿨루오티트
(Kuluotit)</td><td></td><td></td><td></td><td></td><td colspan="2">1</td><td colspan="3">2</td><td colspan="2">3</td><td></td></tr>
<tr><td>팔렝아
(Palenga)</td><td></td><td></td><td></td><td></td><td colspan="2">1</td><td colspan="2">2</td><td colspan="3">3</td><td></td></tr>
<tr><td>아코니베도
(Akonibedo)</td><td></td><td></td><td></td><td></td><td></td><td></td><td colspan="2">1</td><td colspan="3">2</td><td>3</td></tr>
<tr><td>키테니-오왈로
(Kitny-owalo)</td><td></td><td></td><td></td><td></td><td></td><td></td><td colspan="2">1</td><td colspan="3">2</td><td>3</td></tr>
<tr><td>테곳(Tegot)</td><td></td><td></td><td></td><td></td><td></td><td></td><td colspan="2">1</td><td colspan="3">2</td><td>3</td></tr>
<tr><td>그웽디야
(Gwengdiya)</td><td></td><td></td><td></td><td></td><td></td><td></td><td></td><td></td><td></td><td colspan="2">1</td><td>2</td></tr>
<tr><td>징코미
(Jingkomi)</td><td></td><td></td><td></td><td></td><td></td><td></td><td></td><td></td><td></td><td colspan="2">1</td><td>2</td></tr>
<tr><td>민자(Minja)</td><td></td><td></td><td></td><td></td><td></td><td></td><td></td><td></td><td></td><td colspan="2">1</td><td>2</td></tr>
</table>

그림 3.3 참여한 학교들과 진급상황, 표의 숫자는 1~3단계 상황을 나타냄.

졸업 후 SLC 운영, 의지와 현실의 온도차

프로젝트 졸업 직전의 3군 학교들을 찾았다. 교사들은 그 동안 SLC를 통해 얻은 다양한 이점들을 언급했다. 팀워크가 생긴 점, 공개수업을 더 이상 두려워하지 않게 된 점, 수업에 자신감을 얻고 다양한 방법론으로 수업기술이 향상된 점, 수업에 쓸 수 있는 학습 자료를 만들었고 학생들과의 관계가 좋아진 점 등등이었다. 이러한 긍정적인 경험을 바탕으로 졸업 후에도 SLC를 지속할 것인지 물었고, 교사들의 의지는 확고했다.

실비아(아코니베도 초등학교 교사): SLC는 이미 우리의 것이기 때문에 지속하는 것은 당연해요.

모니카(팔렝아 초등학교 교사): 우리는 꼭 SLC를 지속해야만 해요. 이는 우리의 일부분이니까요. 선생님들에게도 학생들에게도 성장을 가져왔고, 이제 우리는 우리 스스로 서야 할 때죠.

교사들은 프로젝트 졸업 후 SLC를 지속하기 어려울 수 있다는 점도 알고 있었다. 그렇기에 자력으로 SLC를 지속하기 위한 전략도 이미 갖고 있었다. SLC를 학교 시간표에 넣어 정규화 하는 방안, 점심시간을 활용하는 방안, 학부모회로부터 지원받는 방안, 새로운 전입 교사에게는 교장이 '왜' SLC를 해야 하는지 설명해주고 환영해주는 방안, 또는 그들에게 참여 여부를 스스로 선택하게 하고 서서히 초대하는 방안 등. 역으로 졸업 후 새로운 교사들을 위한 워크숍 정도만 호이에게 제공받고 싶다는 제안까지 하며, 이대로라면 SLC는 문제없이 지속될 수 있을 듯 했다.

그러나 교사들의 의지와는 별개로, 실질적으로 SLC를 지속하는 것은 여간 어려워 보이는 것이 아니었다. 학교와 지역의 여건이 그대로이거나 더 나빠질 가능성이 큰 상황에서, 호이의 지원 없이 교사들의 활동을 뒷받침하기란 더 어려워질 것이기 때문이다. 특히 교사들의 잦은 전출이나 전입이 큰 문제일 것이다. 그 동안은 지역교육청 협력 하에 호이 파트너 학교 내에서만 전출입이 있었다. 그러나 졸업과 동시에 일반 학교와 전출입이 같이 처리될 것이다.

새로 전입한 교사들에게는 수업을 함께 준비하고, 공개하고, 이에 대해 토의하는 문화가 무척 낯설 것이다. 그들을 잘 설득해보더라도 SLC가 '시켜서 해야 하는 일'이 되기라도 한다면, 긍정적인 태도를 갖기는 쉽지 않은 일이다. 점차 교체되는 구성원이 많아질테고, 그렇다면 SLC라는 이름으로 함께 수업을 연구하고 성장하는 학교 문화가 과연 유지될 수 있을까. 다른 학교로 전출된 교사도 어려움을 겪기는 마찬가지일 것이다. 새 학교에 교사들이 연구하는 문화가 미비하다면, 혼자 힘으로 열정적인 교사로 살아남기는 쉽지 않을 것이다.

학교장 리더십 문제 또한, SLC의 지속운영에 막강한 영향력을 미치는 요인이다. 졸업 후 교사들이 SLC를 지속하고 싶어 하더라도 학교장이 그 비전을 공유하지 않는다면, 큰 어려움을 겪을 수밖에 없다. 격려는 커녕, 교사들의 목소리가 높아지는 것을 우려하며

SLC를 방해하는 주요 세력이 될 가능성도 있다.

학교의 재정문제도 교사들의 동기를 저하시키는 요인 중 하나이다. 2018년 여름, 이미 8월 중반을 넘어가고 있는데, 교사들은 7월 월급도 못 받은 상태였다. 학부모회로부터 SLC를 위한 재정적 지원을 기대할 수도 있겠지만, 일부 학교는 당장의 수업을 위한 필기구나 전지 부족을 호소하기도 했다. 아무리 SLC의 경험이 좋았다한들, 기본적인 재정문제가 해결되지 않는 상태에서 이전과 같은 참여와 열정을 기대할 수는 없는 노릇이다. 현실과 이상의 괴리는 이 곳 우간다에서 더 크게 다가왔다.

모범학교에 도대체 어떤 일이 일어난 걸까?

사진 3.21 STIC에서 SLC운영 우수사례를 공유하는 M 교사(사진: 김서연)

졸업한 1군, 2군 학교들을 찾았다. 역시나 현실은 녹록치 않았다. E 초등학교는 2군 학교 중 눈에 띄게 성실하고 단합도 잘되던, 말 그대로 모범적인 학교였다. 어려운 지역여건에도 불구하고 교사들이 하나로 뭉쳐 학생지도에 열과 성을 다했고, 매번 발전이 보이던 곳이었다. 그 일환으로 SLC의 리더였던 M교사는 2017년 워크숍에서 3, 4군 학교 교사들을 대상으로 효과적인 SLC 운영사례를 발표하기도 했었다. 현재 E 학교는 그런 기대를 완전히 저버리듯, 앞서 걱정한 여러 가지 한계점을 모두 드러내고 있었다.

대부분 학년은 이미 학기말 시험을 끝내고 문제풀이와 오답정리로 수업이 대체되고 있었다. 2학년 학생들만 아직 시험을 보지 못한 상태였는데, 학생들 중 몇 명이 시험 비용을 내지 못했기 때문이었다. 다음날까지 시험 비용을 가져오라고 하여 아이들을 집으로 돌려보냈고, 시험은 다음날로 미뤄졌다고 했다. 점심시간도 아닌 쉬는 시간이 점점 길어졌다. 교사들은 나무그늘 아래에서 삼삼오오 모여 이야기를 나누고 있었다. 2학년 교실에서는 학생들이 싸웠는지 한 아이가 교실이 떠나가라 울었지만 들여다보는 교사는 없었다. 새로 부임한 교장선생님은 점심시간이 돼서야 출근했다. SLC를 열심히 운영하던 그 때의 모습을 전혀 찾아볼 수 없었다. 시험이 끝난 학기말의 영향을 감안하더라도, 일시적인 분위기로 여겨지지 않았다. 무엇이 그들을 SLC 이전으로 돌아가게 했을까.

먼저, 교사의 전출이 유독 많았다. 강력했던 SLC 리더 교사를 포함해 핵심 구성원들 대다수가 전출했다. 협력을 주도하던 이들이 빠진 상태에서, 남아있는 시니어 교사와 신입 교사들만으로 SLC가

지속되기는 어려웠다. 새로 부임한 교장의 리더십 또한 SLC를 지속하는 원동력을 제공하지 못했다. 학교들이 SLC에 참여하는 초기에는 강력한 리더십보다는 느슨한 리더십이 도움이 되기도 한다. 그러나 프로젝트 졸업 후 교장의 느슨한 리더십은 의지와 열정부족의 또 다른 표현일 수밖에 없었다. 좀 더 심하게 표현하면, 학교운영 자체에 무관심해 보이기까지 했다. 이런 악조건이 더해져, 교사들의 일상은 협력이나 수업연구와 점점 멀어져갔다.

수업협의는 얼마나 하는지, 수업준비는 잘 되고 있는지 등등을 묻고 있는데, 한 교사가 문득 자신의 이야기를 풀어놓았다.

A(E 초등학교 교사): 전쟁 때 나의 부모님은 돌아가셨죠. 나에겐 두 딸이 있어요. 아이들을 혼자 다 키웠고요. 그렇게 키워 얼마 전 첫째는 대학에 보냈죠. 교사로 돈을 많이 벌지 못 해요. 그렇지만 둘째도 대학에 꼭 갔으면 좋겠어요. 학교도 물론 중요하지만...

시선을 마주치지 못하고 먼 곳을 보며 내쉬던 그녀의 한숨과 겸연쩍은 미소. 교사이기 이전에 한 사람으로 여기에 앉아 있는 그녀를 보며, 수업에 더 최선을 다해 달라고 차마 말할 수 없었다. 그렇다고 그들이 학교에 출근하는 것만으로 위안삼아야 하는 것일까. 무엇을 더 기대하기도, 기대하지 않을 수도 없음에 마음이 무거워졌다.

교사들은 호이가 더 자주 방문해줬으면 좋겠다고 말했다. 그동안 졸업 학교에 대한 모든 지원이 일시에 끊기는 것도 아니었고,

교사들은 호이의 교사 연수에도 참여했다. 또한 호이가 학기 초에 학교들을 방문해 수업공개와 SLC 회의 일정을 세우도록 오리엔테이션을 지원하기까지 했다. 그럼에도 그들은 SLC 리더의 빈자리와 함께, 홀로 남겨진 느낌을 받았던 것 같다. 피할 수 없는 프로젝트 졸업, 학교가 언제까지나 호이의 지원에 의존할 수만은 없으니 학교의 상황에 맞춘 후속 조치에 대해서는 더 많은 고민이 필요해 보였다.

민주적인 교장 리더십과 교사학습공동체의 시너지

실패만 있으란 법은 없다. 한계를 극복한 곳도 있었다. F 초등학교는 찾아가면서도 큰 기대를 하지 않았다. 교장과 교사 사이의 잦은 갈등, 그로 인해 교사퇴출까지 벌어졌던 곳이 아닌가. 그런데 그 곳이 달라진 것이다. 그것도 아주 많이. 졸업 후에도 자발적으로 SLC를 지속하고 있었을 뿐만 아니라 학교 전반과 교사들의 모습이 정돈되어 있으면서 활기차 보였다. SLC 2, 3단계로 오면서 교사들의 참여도나 실력이 좋아지던 모습을 기억한다. 그런데 거기에 모범적인 리더십을 갖춘 교장이 부임했던 것이다. 이 두 가지는 놀라운 시너지 효과를 발휘했다.

새 교장의 리더십은 남달랐는데, 먼저 그는 교장의 가장 기본적 역할인 행정가의 역할을 충실히 하고 있었다. 호이가 학교를 모니터링하면서 어려움을 겪는 부분 중 하나가 학교의 기본통계이다.

학생 출석, 교사 출근, 학생 입학이나 등록, 학업성적, 초등학교 졸업 시험 통과 비율 등등의 내용은 가장 기본적인 것임에도 현지의 특성상 체계적인 정리가 어려웠다. 반면 F 초등학교 교장은 자신 있게 잘 정돈된 자료를 제시했다. 여타 학교장들이 등록 학생수를 찾지못해 교장수첩 이곳저곳을 한참 들춰보던 것과는 달리, 이 분은 학생과 교사의 주간 출석 상황을 퍼센트로 계산하여 매주 기록하고 있었다. 그 외에도 학교의 여러 가지 현황과 정보가 차곡차곡 정리되고 있고, 이러한 자료를 바탕으로 교장은 학교의 현 상황을 정확히 파악해 그에 맞는 행정적 지원을 제공할 수 있었다.

특히 교장은 교사들과 비전을 공유하고 교사의 활동을 적극 지원했다. 새로 부임했기에 E 초등학교 교장과 마찬가지로 SLC를 경험해본 적이 없었다. 그러나 그가 처음 부임했을 때 교사들이 SLC의 좋은 점을 이야기하고, 지속하고 싶은 의지를 내보였고, 그 비전에 동의한 교장은 적극적으로 SLC를 지원했다.

무엇보다도 그는 학생들이 수업료를 내지 못해도 집으로 돌려보내지 않고 모두 학교에 오도록 했다. 우간다 UPE 정책은 초등학교 무상교육 실현을 목표로 초등학교에 재정적 지원을 한다. 하지만 실상은 재정이 부족하여 학생들은 학비를 내며 다녀야만 한다. 가정형편상 이 학비를 못 내는 경우, 교장 방침에 따라 학생들을 집으로 돌려보내는 학교도 많다. 학교를 중간에 못 오게 되면, 학생들의 배움에도 지장이 클 뿐 아니라, 가르치는 교사들에게도 기운이 빠지는 일이 된다. 현 교장은 학생이 학비를 내지 못하는 경우 학부모와 상의를 하고, 학비를 분납해서 내거나 기한을 연기하면서 독려하는 등

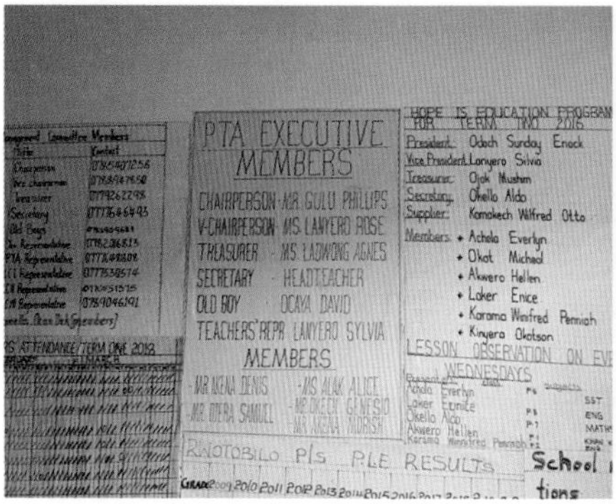

사진 3.22 **체계적으로 정리된 F초등학교 정보와 문서(사진: 조현아)**

최소한 학생들이 꾸준히 학교에 올 수 있도록 했다. 학생들이 출석을 잘 하는 것은 결과적으로 학생에게도 교사에게도 긍정적인 효과를 가져온다. 그 결과 현재 F 초등학교는 2017년 학생등록률 601명에서, 2018년 800명으로 더 많은 학생들이 학교에 등록하고 있다.

F 초등학교 교장의 탁월한 리더십은 어디에서 기인한 것일까? 그는 굴루 중심가의 학교에서 오래 근무한 경력이 있었다. 그 곳에 근무하며 롤모델이 될 만한 교장을 여럿 만났고, 그때 배웠던 것을 지금 실천하고 있다고 했다. 호이가 지원하는 지역이 상대적으로 열악하고 소외된 지역이다 보니, 퇴직을 앞둔 교장 또는 문제가 있는 교장이 부임하는 경우들이 종종 있었다. 아무래도 능력있고 열정적인 교장은 중심지에서 근무하기를 선호하고, 자연히 농촌지역 학교에는 괜찮은 리더십을 가진 교장도, 그런 롤모델을 보고 배울 수 있는 기회도 적을 수밖에 없었다. F 초등학교 교장처럼 자신의 출신

지역에 다시 기여하고자 농촌으로 돌아와 탁월한 리더십을 발휘해 주는 교장은 흔치 않지만, 그 덕분에 열정적인 F 초등학교의 교사 공동체와 학생들은 날개를 단 듯 성장하고 있었다.

교사, 지속가능성의 주체가 되다

호이 코디네이터 엠마누엘이 G 초등학교 교사들에게 볼멘 소리를 했다. 'SLC는 큰 돈이 들지 않는다. 점심 시간이든 쉬는 시간이든 선생님들끼리 같이 모여서 토의하는 게 곧 SLC 아닌가?' 오랜만에 방문했는데 SLC가 원활해 보이지 않아, 아쉬운 마음에 한 이야기이다. 잠자코 듣고 있던 B교사가 약간은 억울하다는 듯 '우리도 해요.'라고 나지막이 말했다. 그를 따라 교실에 들어가 수업을 참관했다.

인상적인 수업이었다. 다른 학생들이 칠판 앞에 나와 문제를 푸는 친구를 넋놓고 바라보게 하지 않는다. '○○의 풀이과정이 나의 풀이과정과 비슷한가요?' 하는 발문으로, 앉아있는 학생들이 자신의 풀이과정을 친구의 것과 비교하도록 했다. 참관하는 사람들이 있건 말건 수업에 집중하는 학생들은 수학문제를 쉼 없이 풀고 있다. 교사의 발문은 정련되어 있고, 학생들이 푼 풀이과정을 하나하나 꼼꼼하게 짚었다. 학생들은 모둠 안에서 같이 상의했다. 발표를 할 때 교사는 학생들의 이름을 하나씩 불러주었고, 칭찬도 잊지 않았다. 남학생 두 명이 연속으로 발표하자 자연스럽게 여학

사진 3.23 **소수점의 덧셈에 대해 공부하는 수학수업(사진: 김서연)**

생에게도 기회를 넘긴다. 프로젝트를 졸업한 지 1년도 지났는데, 그 수업에는 SLC를 통해 배우고 익혔던 다양한 교수법과 정신이 생생하게 살아있었다. 수업이 끝난 후 면담을 통해 학생들을 수준별 모둠으로 구성하여 학습효과를 높이고 있다는 점도 확인할 수 있었다. 또한 교수학습 지도안도 매일 쓰고 있었다. 본인의 수업을 위한 것이기도 했지만, 누구든 이 지도안만 있으면 수학을 잘 가르칠 수 있도록 다른 교사들과 공유하고자 체계적으로 작성하고 있다고 했다.

그에게 SLC에 대해 좀 더 물었다. 학교에 공식적인 SLC는 없었다. 그러나, 비록 공식적인 회의는 없어도 교사들은 삼삼오오 모여서 함께 수업 논의도 하고 준비도 한다고 했다. 고학년 교사는 고학년끼리, 저학년 교사는 저학년끼리 모이기도 하고, 수업자료를 만드는 것을 서로 돕기도 했다.

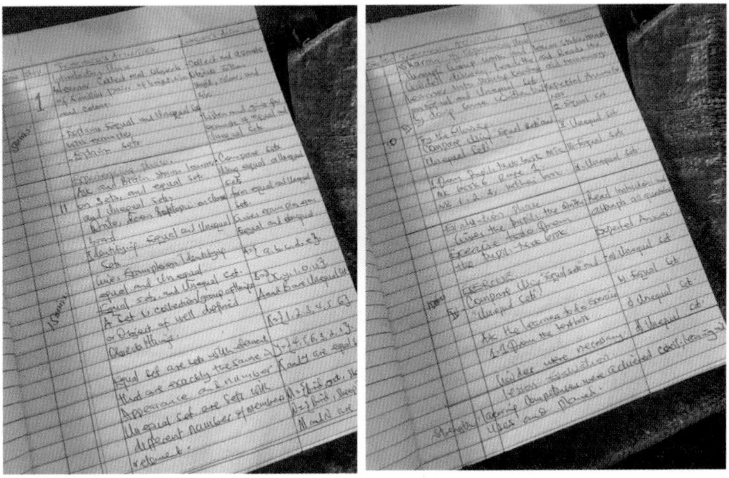

사진 3.24 **B교사가 매일 작성하는 교수학습지도안. 수업 후 잘된 점, 보완할 점을 매일 기록함. (사진: 김서연)**

B(G 초등학교 수학 교사): 제 지도안에 제가 그린 그림 봤죠? 저는 그림을 잘 못 그려요. 그래서 우리 교실에 있던 수학 그림 자료는 ㅇㅇㅇ선생님이 그려줬어요.

SLC를 통해 지속되기를 바랐던 우간다 교사들의 상호 협력과 자발적 전문성 향상, 그 희망의 씨앗이 비로소 호이의 품을 떠나 B교사에게 싹트고 있었다. 만약 SLC를 통해 이루고자 하는 것이 무엇인지 묻는다면, SLC의 형식이나 정례화를 넘어, 교사들의 협력을 이끌고, 전문성과 효능감을 높이는 게 그 대답이 될 것이다. 어떠한 형태로든지 교사들이 함께 성장해 나가기를, 또한 그런 이들이 하나, 둘 늘어나 학교 조직의 문화가 되고, 움직임이 되길 바라본다.

Chapter 11
지속가능한 교사의 변혁에 대해 고민하다

우리가 꿈꾸는 변화의 중심에 교사가 있다. 외부인인 호이는 다양한 시도와 자극을 주어 변화를 이끌어 왔다. 지금까지 작은 새싹을 틔웠다면, 이제부터 그것을 키우고 발전시키는 일은 우간다 교사들의 몫이다. 어떻게 교사들이 지속가능하게, 계속해서 변화하며 성장할 수 있을까?

교사에게 동기 부여하기

변화의 원천은 지속적인 동기부여다. 내적인 동기가 외적 동기보다 훨씬 더 지속적이고 강력하다. 교사들에게 물리적인 만족, 즉 급여나 복지제공 등의 처우, 근무환경 개선을 통한 동기를 충족시켜 주는 것도 중요하지만, 외부적인 요인은 한계가 있다. 교사의 내적 동기는 오히려 학교 현장의 교육 활동과 밀접한 관련이 있다. 교육 경험에 대한 평가, 교수 활동에 따르는 즐거움, 다양한 관계 속의 긍정적인 감정 상태 등등이 교사라는 직업의 만족감을 상승시킨다. 특히 일반적인 직업보다 주변의 우호적인 인식 상태가 매우 중요하다. 교직은 눈에 보이는 실적이나 성과에 의해 승진할 수 있는 구조가 아니기 때문이다.

굴루의 교사들에게 이런 부분을 물었다. 그들은 교사라는 직업에 대해 어떤 인식을 하고 있을까?

줄리엣(아코니베도 초등학교 교사): 직업만족은 눈으로 보이지 않죠. 가르치는 환경이 변하면 스스로가 이 직업에 만족스러운 느낌이 들 때가 있어요. 수치로 측정할 수 없지만, 제 감정이 긍정적으로 변화하는 순간들이요.

에릭(테곳 초등학교 교사): 저는 제가 열심히 일한다고 생각해요. 그런데 다른 사람들이 이 노력을 인정해 주지 않으면, 실망합니다. 물론 제가 일하는 것에 대한 보상이 충분하지 않을 때에도 그래요. 보상은 꼭 돈은 아니에요. 교사라는 일의 가치를 인정해 주는 것이 필요하지요. 가끔 지역공동체에서 학부모들이 '교사가 열심히 일하는 것은 당연하다'라는 식으로 이야기하는데, 그럴 때 제 노력에 대한 보상을 얻지 못하는 거 같아요.

마이클(로토빌로 초등학교 교사): 저는 제가 할 수 있는 것보다 과한 업무가 주어지면 좌절감을 느껴요. 성과를 달성할 수 있을까? 다 못해내면 어쩌지? 하는 걱정이 들고, 오히려 의욕이 떨어집니다. 내가 해낼 수 있는 업무들을 통해 성취감을 높인다면 교직에 대한 만족이 더 높아질 것 같아요.

이외에도 교사들은 전문지식이나 전문성을 활용할 수 있는 업무를 해낼 때, 권한과 책임을 지는 업무를 할 때 만족감을 느낀다고 대답했다. 물론 봉급, 승진, 근무환경 등을 가장 중요한 부분으로 꼽는 교사들도 적지 않았다. 기본적인 생존 기반조차 위협받는 열악한 우간다의 상황을 감안하면 당연한 대답이다. 그 와중에 주변의 인정, 교사로서의 성취감, 주변 환경을 극복하려는 마음 등등, 내적인 동기에 관해 이야기하는 교사들이 생기고 있다는 점은 고무적이었다.

교사가 직업에 대한 태도를 바꾼다면, 다양한 일들이 가능해진다. 아무리 훌륭한 교육정책이나 제도가 있어도, 정작 그것을 실행하는 교사가 없거나 부실하다면 교육은 바뀔 수 없다. 반면에 좋은 교사를 통해서 그가 만나는 많은 아이와 지역사회가 영향을 받게 된다면, 무기력한 굴루와 우간다 사회도 스스로 변하려는 의지가 생길 것이다.

학생과 함께하는 변화 1. 교실환경

교실은 학생들이 하루 대부분을 보내는 곳으로, 단순히 머무르기만 하는 물리적 공간, 그 이상의 의미를 가진다. 교실에는 아이들의 삶과 배움이 고스란히 담겨있다. 어떤 공간에 있는가에 따라 더 개방적이고 창의적인 생각을 할 수도 있고, 아닐 수도 있다. 억압적인 공간에서 경직된 자세로 수업시간을 보내는 아이에게 꿈과 희망을 이야기하는 것은 어불성설이다. 이는 교사에게도 적용된다. 채광과

환기는 고사하고, 비가 오면 수업 진행이 어려운 교실 건물, 아이들이 빽빽하게 들어앉은 좁은 공간, 먼지와 쓰레기가 그대로 방치된 곳에서 어떻게 배움의 즐거움을 구상할 수 있을까. 교실 환경을 어떻게 활용하는가에 따라 배움과 성과는 영향을 받을 수밖에 없다.

호이와 SLC를 진행한 후, 가장 눈에 띄는 변화는 교실 환경이었다. 건물을 증축하거나 조명이 생긴 것도 아닌데 점점 친근한 느낌이 들었다. 청소와 정리정돈 상태가 점점 좋아졌다. 부족한 물자에도 불구하고, 교사들은 학생의 배움을 위한 다양한 교육 자료를 활용해 교실 벽을 꾸미곤 했다. 쉬는 시간에 아이들이 그 앞에서 글을 읽거나 그림을 보고 이야기 나누는 모습을 흔히 볼 수 있었다. 교사들의 세심한 배려와 노력에 감사한 마음이 들었다. 여기에 더해 아이들 수에 맞는 적절한 공간, 발달 단계에 맞는 책걸상까지 갖추어진다면 얼마나 좋을까 하는 생각을 해 보았다.

사진 3.25 **교사들은 조금 더 친근한 교육환경을 만들고자, 교실 꾸미기에 많은 열정을 쏟음. (사진: 우간다지부)**

학생과 함께하는 변화 2. 더 많은 시간을 학생에게 할애하기

시골의 작은 공립학교는 행정을 지원해 줄 인력도 없고, 교사 수가 부족해서 한 교사가 맡아야 하는 일이 많다. 그렇지만 교사의 핵심 업무는 수업이고, 교사가 달성해야 할 목표는 학생의 전인적 성장이라는 점을 놓쳐서는 안 된다. 동기 부여가 잘 된 교사는 학생에게 더 많은 관심과 노력을 기울인다. 학급 운영 기술과 교수 방법을 잘 익힐수록 아이들에게 더 많은 배움의 기회가 돌아간다.

SLC 이후 교사들의 협력이 늘었고, 결과적으로 학교가 변화했다. 물론 처음부터 잘 된 것은 아니었다. 협력에 적응하는 데 더 많은 시간이 들었다. 그러나 지금은 교재를 함께 만들고 공유하며, 수업과 학생에 대한 고민 상담도 한다. 교사 간의 배움으로 교육 전문성은 늘어나고, 수업준비의 부담은 줄어든다. 그뿐만이 아니다. 적극적으로 협력하는 교사들은 학생들에게 긍정적 피드백을 잘 주는 교사가 되어간다. 교사 학생 간의 관계가 좋아진 사례가 늘어나면서, 학업 성취에도 긍정적인 영향을 주고 있다.

사진 3.26 교사들끼리의 협력은 학생들에게 더 좋은 피드백을 줌.(사진: 우간다지부)

학교의 변화 1. 학교풍토(School Climate)

학교풍토는 학교환경에 대한 주관적인 반응으로, 학생들의 성취와 발달, 안녕에 많은 영향을 준다. 그 안에는 물리적인 환경은 물론이고, 사회 체계, 교장 리더십, 교사와 학생 간의 관계, 공동체 의식, 윤리, 동료들 간의 규범, 안전 등이 포괄적으로 작용한다. 한국 뿐 아니라 굴루의 학부모들이 자녀를 '좋은 학교'에 보내려고 할 때 학교의 풍토는 평판과도 밀접한 연관이 있다. 호이가 함께한 학교들은 학교 평가, 교사 평가와 피드백, 협업, 전문학습공동체 운영, 학교 발전 등등에서 긍정적인 변화가 생겼다. 그 결과, 판단하고 질책하는 학교가 아니라, 협력하고 지원하는 풍토로 바뀌었다.

건강한 풍토의 학교에서는 어떤 일이 벌어질까? 호이가 함께 하는 학교에서 '협력'은 어렵고 귀찮은 일이 아니라 유용한 전략이고 자원이다. 교사들은 수업에서의 협력만이 아니라, 일상적인 활동에도 아이디어를 나누고 서로의 감정을 지지한다. 행정적인 업무나 전문성 개발로 연결되기도 하고, 집단적인 배움으로까지 확대되기도 했다. 최근 가장 좋은 평을 얻고 있는 민자(Minja) 초등학교에 가면, 교사부터 학생까지 우호적이고 안정적인 분위기에서 학습하는 것이 얼마나 삶을 윤택하게 만드는지를 깨닫게 된다. 교사들은 함께 수업을 준비하고, 회의한다. 분명히 공강인 교사인데, 함께 수업을 준비하던 다른 교사의 수업 진행을 보조하기도 한다. 그 결과는 학생들의 태도에 오롯이 나타난다. 지루함과 거리가 먼 초롱초롱한 눈빛, 하나라도 더 배우려고 애쓰는 모습. 한 명의 교사가 애를 쓴다고 해서 만들어지는 일이 아니다. 교장부터 교사, 학생 모두가 함께 했기에 가능하다.

학교의 변화 2. 전문성과 리더십

학교는 안정적인 행정 지원을 통해 양질의 교육을 담보해야 한다. 교사의 전문성 개발도 외부 지원에 의존해 일회성에 그칠 게 아니라, 학교 거버넌스를 통해 지속적으로 행해져야 한다. 물론, 우간다에서는 예산 부족, 실행력 부족 등으로 아직은 요원해 보인다. 거버넌스가 부족하니 교사의 전문성 개발부터 학교 안의 크고 작은 행정은 어떤 교장을 만나는가에 따라 큰 영향을 받았다. 호이가 교사들을 아무리 자극하고 키워도, 나쁜 리더십을 만나 제대로 꽃피우지 못하는 경우도 왕왕 있었다.

우간다에서 교장이 되려면, 오랜 교직 경력보다 학위 취득이 더 중요하다. 젊은 교장을 종종 볼 수 있는 이유다. 그래서일까, 때로는 노련한 교장보다 열의에 찬 교장이 학교를 더 발전시키기도 했다. 수업 장학, 학생과 교사의 출석 관리, 부정적인 교사들을 격려하는 일 등등. 좋은 리더십을 가진 교장은 이 모든 업무를 효율적으로 진행하며 짧은 기간 동안 학교를 몰라보게 발전시켰다. 굴루의 학교들이 지속해서 발전해 나가려면, 좋은 리더십 모델이 훨씬 더 많아져서 그들의 영향력이 커져야 했다. 그런 의미에서 2018년부터 리더십 어워드를 시행했다. 호이 파트너 학교가 아니더라도, 굴루에서 좋은 리더십을 발휘하는 교장을 발굴하고 알리는 게 목표이다. 이런 자극들을 통해 그들이 스스로 도약하는 순간을 그려본다.

사진 3.27 **리더십 연수중 학교발전계획에 대해서 발표하는 교장. (사진: 우간다지부)**

지역사회와 함께 하기

학교의 영향력은 학교 안에만 머무르는 게 아니다. 학생의 변화는 자연스럽게 그들의 가정으로, 지역사회로 연결되기 마련이다. 그래서 학교와 지역사회를 떨어뜨려서 생각할 수 없다. 학교는 학습활동의 과정과 결과를 공유함으로써, 학부모들을 격려해야 한다. 학생들의 어려운 가정 배경을 좀 더 우호적 정서로 바꾸어 주어야 한다. 반면, 학교운영에 지역사회를 참여시키는 일은 정보를 투명하게 하는 데 있어서도 중요한 의미를 갖는다. 학교와 지역사회가 서로의 문화와 비전, 과정과 결과를 공유했을 때 더 지속가능한 교육 발전을 도모할 수 있다.

우간다의 지역사회에는 다양한 교육 이해관계자가 있다. 학교운영위원회, 학부모회, 교사 기반 협의체 지역리더(Teachers Foundation Bodies(TFB) Local leaders), 학부모공동체 리더(Parents' Community leaders) 그리고 중앙과 지역정부 등이다. 이들이 학교와 교사에 대해 이해하는 정도가 다르기 때문에, 교육 발전을 위해서는 서로에 대한 인식을 높이고, 이해의 폭을 넓히려는 노력이 필요하다.

호이 프로젝트는 지속가능성을 위한 전략으로 '졸업'이라는 장치를 만들었다. 졸업한 학교에 대해 지원을 중단하자, 우려했던 대로 위기도 나타났다. 그러나 최근의 사례들을 보면, 졸업한 이후에 지역사회 이해관계자들이 SLC를 재정적으로 지원하는 일들이 일어났다. 졸업한 학교들이 SLC를 지속하려는 의지를 보였기 때문이다. 학교학습공동체는 교사와 학생의 배움의 질을 향상시키며 교사의 출근율과 학생의 출석률을 높였다. 자연히 학업 성취도 좋아졌다. 호이가 가졌던 신념과 방식, 학교 교육의 질을 높이고 유지하기 위한 학교의 노력이 조금씩 받아들여진 것이다. 바로 이 지점이 희망이다. 비록 시간이 들고 어려움을 겪었지만, 자신들의 힘으로 이해관계자를 설득하고, 지속적인 활동을 할 역량이 조금씩 자라는 중이다.

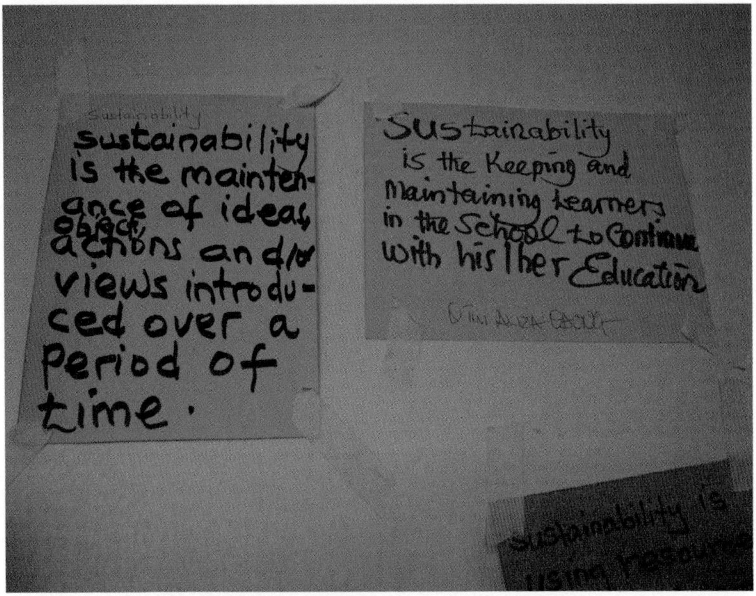

사진 3.28 **지속가능함이란 무엇일까? 각자의 답을 가지고 있는 교사들.(사진: 우간다지부)**

지속가능한 학교, 지속가능한 교육발전을 꿈꾸며

우간다 굴루의 학교들은 다양한 외부 지원으로 이어져왔다고 해도 과언이 아니다. 어느 날 지원이 끊긴다면, 그들은 어떻게 대응할까? 교육이 희망임을 믿고, 미래세대를 키우려고 모두가 노력하는 날이 올까? 멀고 먼 우간다에서 호이가 꿈꾼 것은 대단히 거창한 게 아니었다. 교육이라는 희망을 통해 한 사람이 바뀌고, 그 바뀐 사람을 보며 주변이 바뀌고, 이를 통해 조금씩 학교와 지역이 스스로 달라지려는 모습을 보고자 했다. 초기의 예상보다 훨씬 많은 자원이 투입되었고, 훨씬 많은 이들의 시간과 노력이 들어갔다.

우리의 바람과 기대보다는 느리고, 여전히 넘어야 할 산이 많지만, 변화는 시작되었다. 고무적인 것은 교사들이 '우리 스스로 해낼 수 있다.'라는 가능성과 자신감을 키워간다는 점이다. 아직은 주변 환경이 긍정적일 때만 적극적으로 반응하는 정도이지만, 조금 더 시간이 흘러 그들의 변화가 급물살을 탈 수 있는 때가 오지 않을까. 호이의 꿈이 곧 굴루 교사들의 꿈이자, 그 교사들이 꿈을 실현하는 주체가 될 날을 기다린다.

사진 3.29 **교사들 스스로 동기 부여가 돼서, 양질의 교육을 제공하는 주축이 된다면, 얼마나 많은 학생들을 성장시킬 수 있을까?(사진: 우간다지부)**

참고문헌

Amone, Charles. (2014). The Creation of Acholi Military Ethnocracy in Uganda, 1862 to 1962. 2.

Anguyo Kizito, (2015) 'The post-independence conflicts in Uganda: A manifestation of the classical imperialistic divide and rule policy of the British colonial administration in Uganda', Developing Country Studies, Vol.5, No. 20, 2015.

Collier, P. and Reinikka, R. (2001) 'Reconstruction and Liberalization: An Overview', in R. Reinikka and P. Collier (eds), Uganda's Recovery: The Role of Farms, Firms and Covernment (Kampala: Fountatin Publishers).

Ibingira, G. S. (1980) The Forging of an African Nation: The Political and Constitutional Evolution of Uganda from Colonial Rule to Independence, 1894-1962 (New York: Viking Press).

Kasozi, A. B. K. (1994) The Social Origins of Violence in Uganda (Montreal: McGill-Queen's University Press).

Thompson, G. (2003) Governing Uganda: British Colonial Rule and Its Legacy (Kampala: Fountain Publishers).

'Dance, Manhood and Warfare Amongst the Acholi People of Northern Uganda', The Library of Congress, last modified November 28, 2016, assessed November 13, 2018, https://blogs.loc.gov/kluge/2016/11/dance-manhood-and-warfare-amongst-the-acholi-people-of-northern-uganda/#_ftnref1.

'우간다 내전,' 한국국방연구원, 2014년 10월 수정, 2018년 11월 접속, http://www.kida.re.kr/frt/board/frtNormalBoardDetail.do?sidx=2166&idx=63&depth=3.

미주

1 우간다는 1년이 총 3학기로 구성된다. 최초에 선발한 3개의 파트너 학교를 1군으로, 이후 3개씩 학교를 추가할 때마다 2군, 3군으로 분류한다.

2 USAID(2019)의 자료에서 참고하였다.

3 아프리카연합(AU)에서 발간한 "Continental Education Sector Strategy, 2016-2025"를 참고하였다.

4 GEM 2019, p. 123.

5 아프리카연합(AU)에서 발간한 "Continental Education Sector Strategy, 2016-2025"를 참고하였다.

6 https://www.everyculture.com/To-Z/Uganda.html

7 반투(Bantu)족에 속한 간다(Ganda)부족의 사람들을 지칭하는 말로, 당시 왕조였던 부간다의 주류를 형성한 부족을 지칭한다. 이들이 사용하는 말은 Luganda라고 하고, 이들의 왕을 일컫는 표현은 Kabaka였다.

8 Uganda Bureau of Statistics (2018), 2018 Statistical Abstract (p.20)

9 Ministry of Education and Sport(Uganda), UNESCO, Teachers Initiative in Sub-Saharan Africa (TISSA) Ugdana (p.31)

10 Ministry of Education and Sports(Uganda), Education Policy and Planning Department(2016), Education Abstract 2016 (p.81)

11 Ministry of Education and Sports(Uganda), Education Policy and Planning Department, Education Abstract 2016 (p.71)

12 https://commons.wikimedia.org/wiki/File:Acholiland,_Uganda.png

13 수도 캄팔라를 포함한 우간다의 모든 중부 지역으로 구성된 현재의 우간다에서 가장 큰 전통 왕국이다.

14 https://commons.wikimedia.org/wiki/File:Ugandan_districts_affected_by_Lords_Resistance_Army.png

15 David Obol(굴루 교육청)

16 OECD(1996), Education at a glance: OECD indicators (p. 100) [online], Paris, Head of Publications Service, OECD, Available at: file:///C:/Documents%20and%20Settings/Admin/My%20Documents/Downloads/Statistical%20resource.pdf

17 David Obol(굴루 교육청), Ocii Santo(오모로 교육청)

18 Caesar Akena(굴루 교육청); Ocii Santo(오모로 교육청)

19 Caesar Akena(굴루 교육청)

20 David Obol(굴루 교육청)

21 David Obol(굴루 교육청)

22 Caesar Akena(굴루 교육청)

23 Ministry of Education and Sports (2017), Ministry of Education-Education (p1), Uganda, Available at: http://budget.go.ug/budget/sites/default/files/Sector%20Spending%20Agency%20Budgets%20and%20Performance/Ministry%20of%20Education-Education_0.pdf

24 Uganda National Household Survey (2017), Uganda National Household Survey 2016/17 (p21) [online], Uganda, UNHS, Available at: https://www.ubos.org/onlinefiles/uploads/ubos/pdf%20documents/UNHS_VI_2017_Version_I_%2027th_September_2017.pdf

25 Uganda National Household Survey (2017), Uganda National Household Survey 2016/17 (p84) [online], Uganda, UNHS, Available at: https://www.ubos.org/onlinefiles/uploads/ubos/pdf%20documents/UNHS_VI_2017_

Version_I_%2027th_September_2017.pdf

26 Worldometers licensing (2019), Uganda Population (Live) [online], Available at: http://www.worldometers.info/world-population/uganda-population/

27 Uganda National Household Survey (2017), Uganda National Household Survey 2016/17 (p38~39) [online], Uganda, UNHS, Available at: https://www.ubos.org/onlinefiles/uploads/ubos/pdf%20documents/UNHS_VI_2017_Version_I_%2027th_September_2017.pdf

28 World Bank Country Report (2012). The systems Approach for Better Education Results: Ugnada Teacher Policy

29 World Bank data base: world development indicators, last updated 2018.05.21.

30 https://commons.wikimedia.org/wiki/File:Africa-countries-horn.png

31 안녕, 아나베아 (박자연, 2012, 이콘) p.103-105.

32 Teachers Initiative in Sub-Saharan Africa(TISSA) 보고서 참조.

33 호이 프로젝트는 KOICA의 공모사업인 민관협력프로그램(Civil Partnership Program, CPP)의 일환으로, 정식명칭은 '우간다 북부지역 공립초등학교 교사의 교수역량강화 사업'이다.

찾아보기

공저자 약력

김서연 (교사, 서울도성초등학교)
박수연 (교사, 외삼초등학교)
박시현 (교사, 성환고등학교)
박에스더 (교사, 서울월촌중학교)
서빈 (교사, 서울숭례초등학교)
양지영 (교수, 한경대학교)
양현화 (지부장, 호이 우간다)
오순영 (교사, 환서초등학교)
오지영 (연구원, 고려대국제보건전략센터)
유성상 (교수, 서울대학교)
이청아 (교사, 서울도곡중학교)
조현아 (교사, 서울강서초등학교)
최희수 (어시스턴트, 호이 우간다)
하혜경 (매니저, (전)호이 우간다)

교육이 희망이다: 우간다 교사 성장 프로젝트

초판발행 2019년 11월 20일
중판발행 2020년 9월 10일

편저자 유성상·조현아
펴낸이 노 현

편 집 배근하
기획/마케팅 이선경
표지디자인 벤스토리
제 작 우인도·고철민

펴낸곳 ㈜ 피와이메이트
서울특별시 금천구 가산디지털2로 53 한라시그마밸리 210호(가산동)
등록 2014. 2. 12. 제2018-000080호
전 화 02)733-6771
f a x 02)736-4818
e-mail pys@pybook.co.kr
homepage www.pybook.co.kr
ISBN 979-11-90151-42-9 93370

copyright©유성상·조현아, 2019, Printed in Korea

* 잘못된 책은 바꿔드립니다. 본서의 무단복제행위를 금합니다.
* 저자와 협의하여 인지첩부를 생략합니다.
* 이 도서는 한국출판문화산업진흥원의 '2019년 우수출판콘텐츠 제작 지원' 사업 선정작입니다.

정 가 15,000원

박영스토리는 박영사와 함께 하는 브랜드입니다.